DAS LAND BREMEN
Oberzentrum im Nordwesten

DAS LAND BREMEN

Oberzentrum im Nordwesten

Monographien
deutscher Wirtschaftsgebiete

Redaktion

Handelskammer Bremen

Industrie- und Handelskammer
Bremerhaven

Werner Sauermilch Public Relations

Zweite, völlig neue Ausgabe 1993

VERLAG KOMMUNIKATION UND WIRTSCHAFT GMBH · OLDENBURG (OLDB)

Die Deutsche Bibliothek — CIP-Einheitsaufnahme

Das Land Bremen: Oberzentrum im Nordwesten/Red. Handelskammer Bremen . . . —
2., völlig neue Aufl. – Oldenburg (Oldb): Verl. Kommunikation und Wirtschaft, 1993
(Monographien deutscher Wirtschaftsgebiete) (Edition Städte — Kreise — Regionen)
ISBN 3-88363-111-6

Das Buch erscheint in der Edition «Städte — Kreise — Regionen»

Alle Rechte bei Kommunikation und Wirtschaft GmbH, Oldenburg (Oldb)

Printed in Germany 1993

Das Manuskript ist Eigentum des Verlages. Alle Rechte vorbehalten. Auswahl und Zusammen-
stellung urheberrechtlich geschützt. Das Buch enthält neben den im Inhaltsverzeichnis ge-
nannten illustrierten Beiträgen Bilder und Bildunterschriften der Firmen, Verwaltungen und Ver-
bände, die mit ihrer finanziellen Beteiligung das Erscheinen des Bandes ermöglicht haben. Sie
sind im Anhang aufgeführt. Für die Richtigkeit der auf diesen Seiten gemachten Angaben übernehmen Verlag und Redaktion keine Haftung.

Satz und Druck: Schlütersche Verlagsanstalt und Druckerei GmbH & Co., Hannover
Lithographien: Kropf Offsetreproduktionen GmbH, Essen

Bildnachweis: Seite 262

ISBN 3-88363-111-6

INHALTSVERZEICHNIS

TABLE OF CONTENTS

Der „Schütting" — Haus der bremischen
Kaufmannschaft, Sitz der Handelskammer

The "Schütting", the house of Bremen's merchants, is today the seat of the Chamber of
Commerce

Vorwort

Die Freie Hansestadt Bremen präsentiert sich heute als moderner, internationaler Industrie-, Handels- und Hafenplatz mit einer leistungsstarken und dynamischen Wirtschaft. Weltweit operierende Großunternehmen, ein starker Mittelstand und eine Vielzahl von Spezialisten bilden zusammen mit der neu entstandenen Forschungs- und Wissenschaftslandschaft eine attraktive Mischung.

Bremen ist Standort einer Reihe bedeutender Unternehmen, deren Produkte und Leistungen internationale Reputation genießen. Dies gilt für den Fahrzeug- und Schiffbau ebenso wie für die Luft- und Raumfahrt, für die Stahlerzeugung und die Elektronik sowie vor allem auch für die Nahrungs- und Genußmittelindustrie.

Nach wie vor sind die Häfen der Lebensnerv Bremens und die Grundlage der staatlichen Selbständigkeit dieser ältesten, noch fortbestehenden Stadtrepublik. Die hochspezialisierten Anlagen der Hafengruppe Bremen/Bremerhaven zählen zu den modernsten, schnellsten und zuverlässigsten in Europa. Ihre Bedeutung als Drehscheibe für den Im- und Export der deutschen Volkswirtschaft ist ständig gewachsen und wird im geeinten Europa weiter zunehmen.

Preface

Die bremische Wirtschaft und die Handelskammer Bremen haben sich stets den Herausforderungen der Zeit gestellt. Heute wie damals geschieht dies mit einem ausdrücklichen Bekenntnis zur Selbständigkeit des Landes Bremen. Maßgebend hierfür ist die Erfahrung, den Erfordernissen unseres Gemeinwesens und dem Wohl des Ganzen auf diese Weise am besten dienen zu können.

Diese Fakten und Zusammenhänge deutlich zu machen, ist Anliegen der Monographie, die nicht nur ein facettenreiches Bild der bremischen Wirtschaft bietet, sondern darüber hinaus auch Einblicke in Tradition, Kultur und Ambiente dieser Stadt vermittelt.

The Free Hanseatic City of Bremen is a modern international centre of industry, trade and shipping with an enterprising and dynamic economy. Large and globally active companies, a strong sector with small and medium-sized firms and many specialist companies together with a now substantial science and research landscape make up an attractive mixture.

Many important companies whose products and services enjoy an international reputation are located in Bremen. This includes vehicle construction and shipbuilding, aviation and aerospace, steel production and electronics as well as foods and stimulants.

The ports continue to be the vital nerve of the state of Bremen and the basis of the independence of this oldest and still thriving city-republic. The highly specialized port facilities at Bremen and Bremerhaven are among the fastest, most modern and reliable in Europe. The importance of their hub function for Germany's import and export trade has grown steadily and will continue to grow in a united Europe.

Bremen's trade and industry and the Bremen Chamber of Commerce have always faced with confidence the challenges of the times. Today no less than formerly this has gone with an avowal of faith in the independence of the state of Bremen, the conviction being that the needs of our community and the general welfare are best served in this way.

It is the purpose of this monograph to clearly express these facts and circumstances. It not only provides a many-faceted picture of Bremen's economy but also gives an insight into our traditions, culture and ambience.

Josef Hattig
Präses der Handelskammer Bremen

Chairman of Bremen Chamber of Commerce

Udo Immermann
Hauptgeschäftsführer und I. Syndicus
der Handelskammer Bremen

General Secretary and First Counsel
of Bremen Chamber of Commerce

Vorwort

Als im Jahre 1984 die Handelskammer Bremen und die Industrie- und Handelskammer Bremerhaven die erste Wirtschaftsmonographie für Bremen und Bremerhaven herausgaben, war der Gedanke einer gemeinsamen Darstellung der beiden völlig eigenständigen und in ihrem Charakter auch spürbar unterschiedlichen Städte für viele alteingesessene Bürger durchaus neu und ungewohnt bis fremdartig. Für Städtebeschreibungen anderen, zum Beispiel historischen Charakters mag auch heute noch die getrennte Abhandlungsform für jede Stadt angemessen sein. Aber schon das Buch von vor nunmehr knapp zehn Jahren erwies, wie sehr die Wirtschaft eine optimale gedankliche Klammer für eine Gesamtschau unseres Bundeslandes darstellt.

Wirtschaft ist im modernen Staatswesen ein Betätigungsfeld, welches in überwiegendem Maß grenzüberschreitendes Handeln nicht nur ermöglicht, sondern auch erfordert. Für die Städte Bremen und Bremerhaven waren der internationale Handel, der weltumspannende Seeverkehr und die Hafenwirtschaft von Beginn ihrer Geschichte an fundamentale Triebfedern des wirtschaftlichen Geschehens. Hier liegt auch heute noch die bedeutendste Interessengemeinsamkeit der beiden Städte am unteren Weserlauf.

Und so ist es für unsere Industrie- und Handelskammer als Selbstverwaltungskörperschaft der Bremerhavener Wirtschaft nur folgerichtig, wenn nunmehr eine neue Ausgabe einer gemeinsamen Wirtschaftsmonographie erscheint. Die grundlegenden wirtschaftsstrukturellen Veränderungen in unserem Raum sind ohne Zweifel der eine Grund für ein solches neues Buch. Eine Monographie kann immer nur für wenige Jahre Anspruch auf die Aktualität ihres Inhaltes erheben.

Aber es gibt noch einen weiteren, eher gewichtigeren Grund für das Erscheinen dieses Bandes zum jetzigen Zeitpunkt: Nur in äußerst mühsamen und zähen Verhandlungen konnte vor kurzem. der Bestand des kleinsten Landes unserer Bundesrepublik, nämlich Bremen, im politischen Raum — hoffentlich für eine längere Zukunft! — gesichert werden. Es bedurfte dazu sogar zweimaliger Gänge unserer Landesregierung zum Bundesverfassungsgericht.

Möge deshalb dieses Buch insbesondere Besuchern von auswärts und den Bürgern der gesamten Bundesrepublik nachdrücklich darlegen, daß das kleine Bundesland Bremen eben nicht nur eine vermeintlich lebensnotwendige Reminiszenz für ewig gestrige Stadtbürger, sondern ein eigenständiger kultureller und wirtschaftlicher Wert für unser wiedervereinigtes größeres Deutschland ist.

Es wird auch in Zukunft für regionale Vielfalt und Eigenständigkeit in einem sich zunehmend zusammenschließenden Europa bürgen!

Preface

When Bremen's Chamber of Commerce and Bremerhaven's Chamber of Industry and Commerce published the first economic monograph for the two cities in 1984, the idea of a joint presentation of two fully independent and in character contrasting cities was something new, unusual and even strange to not a few old-established inhabitants. For descriptions of some other kind, for example historical, a separate treatment of each city may still be appropriate today. But even the volume of almost ten years ago showed how much of an intellectual brace business is for an overall view of our federal state.

Business in the modern state is a field of activity which for the greater part makes cross-border transactions not only possible but even necessary. From the very beginning, international trade, worldwide shipping and the port industries were for Bremen and Bremerhaven a main spring of economic activity. Herein lies still today the outstanding community of interest of the two cities on the lower Weser.

And so for our Chamber of Industry and Commerce as self-administering body for Bremerhaven's economy, it is only logical when a new edition of a joint economic monograph appears. The far-reaching changes in the region's economic structure are reason enough for such a new volume. A monograph can claim to be relevant to the present for only a few years.

But there is a further and weightier reason why this monograph should appear now: It was only by dint of very difficult and prolonged negotiations that the continued political existence of the Federal Republic's smallest state — namely Bremen — could be assured, be it is hoped for a lengthy future. It even called for two visits by our state government to the Federal Constitutional Court. So it is to be hoped that the present volume will make clear to visitors and people everywhere in the Federal Republic that the little state of Bremen is not just a reminiscence for reactionary citizens, but is an independent cultural and economic factor in our reunited Germany. It will continue in the future to be a guarantee of diversity and independence in a Europe that is increasingly growing together.

Rudolf Hübenthal,
Präsident der Industrie- und Handelskammer
Bremerhaven
President of Bremerhaven Chamber of Industry
and Commerce

Dr. Gerhard Fricke,
Hauptgeschäftsführer der Industrie- und
Handelskammer Bremerhaven
General Manager of Bremerhaven Chamber
of Industry and Commerce

Kompetenz rund ums Automobil —

Fahrzeugbau und Automobiltechnik

Bremen ist von jeher Automobilstadt. Fahrzeugbau und Automobiltechnik des kleinsten Bundeslandes genießen weltweit einen guten Ruf. Namen wie Hansa-Lloyd, Borgward und Mercedes-Benz stehen für die mehr als achtzigjährige Tradition in dieser „Paradedisziplin" der deutschen Industrie. Von der Öffentlichkeit dagegen weitgehend unbemerkt arbeitet eine leistungsfähige, mittelständisch strukturierte Industrie rund um das Automobil. Vom Hersteller für Sitzgarnituren bis hin zum Marktführer für die Beschichtung von Synchronkörpern reicht die Palette bremischer Spezialfirmen. Größter privater Arbeitgeber des Landes — mit allen positiven Effekten für die Region — ist die Mercedes-Benz AG mit mehr als 15000 Mitarbeitern. Sie bauen jährlich rund 190000 Pkws, darunter auch den „Star" der Mercedes-Flotte, den SL-Tourensportwagen. In diesem Umfeld gedeiht eine leistungsfähige Zulieferindustrie: Etwa 1100 Betriebe der Region arbeiten mit und für Mercedes.

Der Automobilbau gehört mit mehr als einer Dreiviertelmillion Beschäftigten und fast 80 Mrd. DM Umsatz pro Jahr zu den Schlüsselindustrien der deutschen Wirtschaft. Eine der ersten Adressen unter den deutschen Produktionsstandorten ist Bremen. Klangvolle Namen sind untrennbar mit der Hansestadt verbunden: Borgward und Mercedes-Benz stehen für Automobile der gehobenen Klasse, für noble Eleganz und hohe Qualität. Die „Keimzelle" des bremischen Automobilbaus entwickelte sich bereits 1905. Nur zwanzig Jahre, nachdem Carl Benz seinen ersten motorgetriebenen Wagen konstruierte und baute, wurde in Bremen die „Norddeutsche Automobil- und Aktiengesellschaft (NAMAG)" gegründet, die ab 1907 einen elektrisch getriebenen Wagen mit der Bezeichnung „Lloyd" produzierte.

In den dreißiger Jahren und nach Ende des Zweiten Weltkrieges kam die große Zeit der Carl F. Borgward-Automobil- und Motoren-Werke. Fast schon einen legendären Ruf genießen der „Lloyd", liebevoll-ironisch auch „Leukoplast-Bomber" genannt, und die schöne „Isa-

bella", das erfolgreichste Modell der Borgward-Gruppe.

Was einst Borgward für den Standort Bremen war, ist heute die Mercedes-Benz AG. 1978 wurde auf dem ehemaligen Borgwardgelände das „Werk Bremen der Daimler-Benz AG" etabliert, nachdem schon zuvor am selben Standort Nutzfahrzeuge und Baumaschinen in Regie der Rheinstahl AG gebaut wurden. 1969 gingen die Fertigungsstätten an die Hanomag-Henschel-Fahrzeugwerke über, an der die schwäbischen Autobauer mehrheitlich beteiligt waren. 1977 schließlich begann man hier mit der Fertigung einer der erfolgreichsten Leichttransporter in der Geschichte von Daimler-Benz: Die TN-Reihe, die unter der Bezeichnung Baureihe 207/308 produziert wurde, bekam alsbald den Beinamen „Bremer Transporter". Ein Jahr darauf wurde auch die Pkw-Fertigung in Bremen wiederaufgenommen.

1984 eröffnete Mercedes-Benz sein zweites deutsches Pkw-Karosserie- und -Montagewerk nach dem Stammwerk Sindelfingen in Bremen. Es gehört zu den modernsten Automobilproduktions-

stätten weltweit und arbeitet in einem engen Produktions- und Qualitätsverbund mit den anderen zwölf Unternehmenswerken der Schwaben in Sindelfingen und Stuttgart-Untertürkheim. Seit der Eröffnung wird das erfolgreiche Modell der Baureihe 190 im wesentlichen hier produziert. Sämtliche Türen, Motorhauben und Böden für die 190er werden in Bremen gefertigt. Vorbauten, Dächer, Heckklappen und Seitenwände liefert Sindelfingen, und Stuttgart-Untertürkheim produziert die Motoren, Getriebe und Achsen. Die Montage erfolgt sowohl in Bremen als auch in Sindelfingen.

Das neue Bremer Werk ist speziell auf die Pkw-Fertigung ausgerichtet. In drei Gebäudekomplexen sind auf einer Grundfläche von über einer Million Quadratmetern die Produktionsstätten konzentriert. Dadurch können Rohbau, Montage und Lackierung optimal aufeinander zugeschnitten werden. Industrieroboter übernehmen insbesondere die Arbeit, die für den Menschen zu schwer oder gesundheitsgefährdend wäre, wie das Lackieren oder Schweißen. Dennoch kann und will Mercedes-Benz nicht auf die menschliche Arbeitskraft verzichten, denn Erfahrung und handwerkliches Können sind heute und in Zukunft gefragt. Nicht umsonst ist die Mercedes-Benz AG der größte private Arbeitgeber im Lande. Mehr als 15000 Menschen arbeiten hier.

Besonderen Wert legen die Bremer Automobilbauer auf umweltschonende und energiesparende Techniken. Beispiel Lackierung: Durch schwermetallfreie und lösemittelarme Zweikomponentenlacke sowie Lacken auf Wasserbasis und besondere Beschichtungs-

Seit 1978 produziert die Mercedes-Benz AG in Bremen hochwertige Automobile, die in mehr als 170 Länder der Welt exportiert werden. Mit über 15 000 Mitarbeitern ist das Unternehmen der größte private Arbeitgeber der Stadt.

High-quality automobiles for export to more than 170 countries have been produced at the Bremen plant of Mercedes-Benz AG since 1978. With a workforce of more than 15,000 the company is the city's largest private employer.

verfahren werden die Schadstoffemissionen stark reduziert. Höchste Qualitätsstandards in Entwicklung und Produktion zahlen sich aus: Die 190er-Klasse gehört zu den Bestsellern auf dem Automarkt. Von der Baureihe verlassen pro Arbeitstag rund 500 Einheiten das Bremer Werk. Rund 120 Fahrzeuge der T-Reihe rollen täglich in Bremen vom Band.

Absoluter Star und Flaggschiff der Mercedes-Flotte aber ist der Mercedes-Benz-SL-Tourensportwagen, der im März 1989 erstmals der Öffentlichkeit vorgestellt wurde, ausschließlich in Bremen gebaut wird und von dem pro Arbeitstag 100 Einheiten das Werk verlassen. Mit der gewaltigen Investitionssumme von 500 Mill. DM wurden in der Hansestadt innerhalb von nur drei Jahren die Voraussetzungen für die Fertigung des „Roadsters" geschaffen. Der Erfolg des Luxussportcoupés gibt den Automobilbauern recht. Die Lieferzeit liegt unterdessen bei mehr als einem Jahr, obwohl jährlich etwa 24000 dieser Luxusfahrzeuge produziert werden. Der größte Teil der Sportwagenproduktion ist übrigens für den Export bestimmt und wird über die europäische Automobildrehscheibe Bremerhaven nach Übersee verschifft.

Der wirtschaftliche Faktor Automobilbau kann nicht hoch genug eingeschätzt werden. So erreichte der Beitrag des Werks zur wirtschaftlichen Gesamtleistung des Landes Bremen bereits 1985 mehr als fünf Prozent. Eine Studie zu den regionalwirtschaftlichen Auswirkungen der Ansiedlung des Werkes — immerhin das größte industrielle Ansiedlungsvorhaben der Nachkriegszeit in der Hansestadt — kam zu dem Ergebnis, daß die Etablierung des Mercedes-Benz-Werkes nachhaltig zur Strukturverbesserung im kleinsten Bundesland beigetragen habe. So läßt der „Einkäufer" Mercedes-Benz bei knapp 1100 Zulieferbetrieben aus der Region jährlich 500 Mill. DM, und die jährliche Investitionssumme des Unternehmens liegt im langfristigen Durchschnitt bei etwa 250 Mill. DM. Zudem trägt das Werk zur Belebung der wissenschaftlichen Landschaft der Region bei. In zunehmendem Maße fördert das Unternehmen Kooperationen zwischen Wirtschaft und Wissenschaft, beispielsweise durch die Förderung von Stiftungsprofessuren, Sachspenden zur Ausstattung von Instituten, Mitwirkung in forschungsnahen Gremien, Vergabe von Forschungsaufträgen und der Vermittlung von Exkursionen, Praktika, Diplomarbeiten und Dissertationen.

Eine Beschreibung des Mercedes-Benz-Werkes allein aber genügt nicht, um die vielfältige „Techniklandschaft" Bremens rund um den Fahrzeugbau hinreichend darzustellen. Zahlreiche Bremer Betriebe beschäftigen sich mit Entwicklung und Produktion von technischen Komponenten und Zubehör für die Automobilindustrie. Beispiel Synchronisation: Die 1956 gegründete euroflamm GmbH ist europaweit Marktführer für die Beschichtung von Synchronkörpern für Pkw- und Lkw-Wechselgetriebe sowie für Kupplungslamellen und Allradfahrzeuge. Das 70-Mitarbeiter-Unternehmen im Norden Bremens sorgt mit modernster Beschichtungstechnik dafür, daß beispielsweise Getriebeteile gegen Verschleiß und Korrosion geschützt werden. Nur wenige andere Unternehmen in Europa verstehen es, Oberflächen so hochwertig, effektiv und präzise zu beschichten.

Beispiel Sitzgarnituren: Seit 1983 ist das Unternehmen Keiper Recaro mit Sitz in Bremen-Mahndorf Alleinlieferant von Sitzgarnituren für den Mercedes-Benz 190. 500 Mitarbeiter in den Bereichen Metallfertigung, Näherei, Zuschnitt, Polsterei und Montage fertigen in weniger als jeweils sechs Stunden Durchlaufzeit die 190er-Sitze, die just in time, also zur richtigen Zeit in der richtigen Reihenfolge, direkt an das Endmontageband von Mercedes geliefert werden. Mit diesem Logistikkonzept gehört Keiper Recaro zu den Pionieren auf diesem Gebiet.

Everything to Do with the Car:

Vehicle Construction and Automotive Technology

Bremen has always been a producer of automobiles. Vehicle construction and automobile technology in this smallest of the federal states have an excellent name worldwide. Names such as Hansa-Lloyd, Borgward and Mercedes-Benz represent a more than eighty years tradition in this the showpiece discipline of German industry. But largely unnoticed by the general public an efficient, medium-size structured industry is at work all around the automobile. The range of specialist Bremen firms extends from seating manufacturers to the market leader for the coating of synchromesh gear components. The largest private employer in the state — with all beneficial effects for the region — is Mercedes-Benz AG with a workforce of more than 15,000 and building about 190,000 passenger cars annually, including the "star" of the Mercedes range, the SL roadster. In such an environment an enterprising supply industry prospers, as witnessed by the fact that about 1,100 firms in the region work with and for Mercedes.

With more than a three-quarter-million workers and annual sales of almost 80 billion DM, car manufacture is one of the key German industries and Bremen is one of the leading German locations. Famous names are inseparably linked with Bremen: Borgward and Mercedes-Benz stand for superior class cars, for noble elegance and high quality.

Car manufacture in Bremen originated in 1905. Just twenty years after Carl Benz designed and built his first engine-driven carriage, the "Norddeutsche Automobil- und Aktiengesellschaft (NAMAG)" was set up in Bremen and from 1907 onward produced an electric-driven carriage under the name of "Lloyd".

euroflamm GmbH, Bremen

Serienbeschichtung von Synchronkörpern: Weiche Übergänge beim Schalten des Wechselgetriebes sichern molybdänbeschichtete Synchronkörper aus der Serienfertigung von euroflamm.

Serial coating for synchron blocker rings: soft gear changes with long term reliability are based on the molybdenum coating technology by thermal spraying at euroflamm.

17

The 1930s and the years after the end of the Second World War were the heyday of the Carl F. Borgward-Automobil- und Motoren-Werke. Almost legendary today are the "Lloyd", popularly known as the "leucoplast bomber", and the beautiful and stylish "Isabella", Borgward's most successful model.

Mercedes-Benz is for Bremen today what Borgward once was. In 1978 the "Werk Bremen der Daimler-Benz AG" was set up on the former Borgward site after it had been used by Rheinstahl AG for building commercial vehicles and construction machinery. In 1969 the works were taken over by Hanomag-Henschel-Fahrzeugwerke, in which Mercedes-Benz had a majority interest. And in 1977 they began here with the manufacture of the most successful light transporter in the history of Daimler-Benz: The TN series, which was produced as the 207/308, soon got the name of "Bremer Transporter". A year later the production of passenger cars was taken up again in Bremen.

After the main plant in Sindelfingen, Mercedes-Benz opened its second German car body and assembly plant in Bremen in 1984. It is one of the world's most modern automobile production facilities and works closely with the company's other plants in Sindelfingen and Stuttgart-Untertürkheim. Since the opening the most successful model of the 190 series has been mainly produced there. Bremen produces all doors, engine hoods and floors for the 190s, while Sindelfingen supplies the front ends, roofs, tailgates and sides, and Stuttgart-Untertürkheim supplies the engines, transmissions and axles. Assembly is done in both Bremen and Sindelfingen.

The new Bremen plant is specially laid out for car manufacture. The production facilities are concentrated in three building complexes covering a ground area of more than a million square metres, so that manufacture, assembly and painting are optimally matched to each other. Robots assume in particular the chores that are too heavy or health-endangering for the workers, such as painting or welding. Even so, the company will not dispense with the human element, for experience and craft skills will still be in demand in the future. Not for nothing is Mercedes-Benz the state's largest private employer, with more than 15,000 people working there.

The Bremen car makers attach particular importance to techniques that are energy-saving and easy on the environment. Painting is an example: By employing heavy-metal-free and low-solvent two-component systems and water-based paints as well as special coating methods, the emission of pollutants is greatly reduced. Highest quality standards in development and production pay off: The 190-Class is one of the bestsellers on the car market, with about 500 of them leaving the Bremen plant every working day, and about 120 of the T-series roll off the Bremen production lines daily.

But the absolute star and flagship of the Mercedes fleet is the Mercedes-Benz SL roadster, which was first presented to the public in March 1989. It is built only in Bremen, and 100 units are turned out per working day. With the vast investment of 500 million DM the conditions were created in just three years for the production of the roadster, and the success of this luxury coupé has fully justified the decision to build it. The delivery time is more than a year in spite of the fact that about 24,000 of the cars are produced annually. Most of them are exported, and are shipped overseas through Bremerhaven, Europe's automobile export hub.

The economic importance of automobile construction cannot be too strongly emphasized, and already in 1985 the contribution of the plant to the overall economic performance of the state of Bremen was more than five percent. A study of the regional economic effects of the setting up of the plant — the largest new industrial project to be realized in Bremen since the war — came to the conclusion that the establishment of the Mercedes-Benz plant had improved the economic structure in this the smallest of the federal states. Thus in its role as buyer Mercedes-Benz spends about 500 million DM annually in purchases from almost 1,100 suppliers in the region, while the company's annual investments are about 250 million DM in the long-term average. At the same time the plant contributes to the enlivenment of the region's scientific landscape. In increasing measure the company is promoting cooperation between the economy and the sciences, for example by lending its support to foundation professorships, contributions in kind for the equipping of institutes, playing a part in research-related groups and similar bodies, awarding research contracts and arranging excursions and study tours, practical training courses, diploma theses and dissertations.

A description of the Mercedes-Benz plant alone is not sufficient to adequately portray Bremen's diverse "technical landscape" all around the construction of vehicles. Numerous firms in Bremen are engaged in the development and production of components and accessories for the automotive industry. For example synchronization: euroflamm GmbH, founded in 1956, is Europe's market leader in the coating of synchromesh gears for car and truck gearboxes as well as for clutch discs and four-wheel drive vehicles. The 70-employee company in Bremen's north makes use of the most modern coating technology to ensure that, for example, gear parts are protected against wear and corrosion. Few other firms in Europe are able to give surfaces such a high-quality, precise and effective coating.

For example seating: The firm of Keiper Recaro in Bremen-Mahndorf has been the sole supplier of seating equipments for the Mercedes-Benz 190 since 1983. Some 500 workers with talents in metalworking, sewing, cutting, upholstery and assembly complete the seating for a 190 in less than six hours, which is supplied direct to the Mercedes final assembly line just-in-time and in the correct sequence. With this logistics concept Keiper Recaro is one of the pioneers in the field.

Zeitgemäße Maschinen — wie diese CNC-gesteuerte hydraulische 160-Tonnen-Tiefziehpresse — werden im Dreiha-Werk Hornkohl + Wolf GmbH & Co., Bremen, in der Fertigung eingesetzt. Die dargestellte Presse kann bis zu 200 Arbeitsprogramme speichern und erlaubt dadurch einen Programmwechsel in kürzester Zeit. — At Dreiha-Werk Hornkohl + Wolf GmbH & Co., Bremen, they employ the most modern machines, such as this CNC 160-tonnes hydraulic deep drawing press. The machine shown can store up to 200 work programmes, and so permits a change of programme in the shortest possible time.

Europäisches Zentrum der Luft- und Raumfahrtindustrie —
Bremer Know-how weltweit gefragt

Bremen ist ein Zentrum der europäischen Raumfahrtindustrie. Mit dem Produktbereich Orbitale Infrastruktur der Deutschen Aerospace AG bei der ERNO Raumfahrttechnik GmbH, der OHB-System GmbH und dem „Zentrum für angewandte Raumfahrttechnologie und Mikrogravitation" (ZARM) verfügt die Hansestadt über eine einzigartige Konzentration von High-Tech-Unternehmen und -einrichtungen im Bereich der Raumfahrt und der Schwerelosigkeitsforschung. — Das Werk Bremen der Deutschen Aerospace Airbus GmbH bildet im Rahmen eines hochspezialisierten Werke- und Fertigungsverbundes das Zentrum für die Flügelausrüstung aller Großraumflugzeuge im europäischen Airbus-Programm.

Die Raumfahrt ist für viele Menschen noch immer ein Thema für Science-fiction-Filme und -Romane. Der Weltraum ist aber keineswegs Spielwiese für Fantasten, sondern ein für die Zukunft der Menschheit wichtiges Forschungsobjekt. Er bietet zudem zwei Bedingungen, die auf der Erde nicht oder nur kurzzeitig erreicht werden können: die Nutzung der Schwerelosigkeit (Mikrogravitation) und die Freiheit von allen hindernden Einflüssen der Erdatmosphäre.

Die Entwicklungen der Raumfahrt beeinflussen unser tägliches Leben in einem hohen Maße. Das Telefonat mit dem Geschäftspartner oder Freunden in Übersee wird über Kommunikationssatelliten vermittelt. Die allabendliche Prognose der Fernsehmeteorologen basiert auf Wetterbeobachtungen per Satellit, und wenn die Ölheizung weniger Brennstoff verbraucht, ist dafür der „Raketenbrenner" verantwortlich, den deutsche Ingenieure mit Erfahrungen aus der Raumfahrt entwickelt haben. Doch damit nicht genug: Der Nutzen, den die Forschung aus der Raumfahrt zieht, ist ebenfalls enorm. Viele Erkenntnisse über unser heutiges Bild von der Welt und dem Universum, über Entstehungsgeschichte von Sternen, Planeten und Galaxien, über unsere Erde, ihr Klima, ihre Boden-schätze, basieren auf Daten aus dem All.

Im Frühsommer 1961 entwarfen Bremer Ingenieure Bauteile für eine europäische Trägerrakete. Das war der Beginn des Entwicklungsrings Nord, dem Vorläufer der ERNO Raumfahrttechnik GmbH. Heute ist das in das Geschäftsfeld Raumfahrt der 1989 gegründeten Deutschen Aerospace AG eingebettete Unternehmen federführend für bemannte und unbemannte Laboratorien und Plattformen und deren Betrieb verantwortlich.

1974 taten die Europäer den ersten Schritt in die bemannte Raumfahrt: Das wiederverwendbare Raumlabor Spacelab wurde für Amerikas Weltraumtransportsystem Space Shuttle in Bremen entwickelt. 1983 folgte der Jungfernflug, übrigens mit Ulf Merbold als erstem bundesdeutschen Astronauten an Bord. Zwei Jahre später startete die erste unter deutscher Verantwortung stehende Weltraummission D1 mit den Astronauten Reinhard Furrer und Ernst Messerschmid ins All an Bord von Spacelab. Die internationale Zusammenarbeit im Weltraum wurde und wird weiter ausgebaut, stellvertretend dafür steht der Begriff Columbus. Mit diesem Programm beteiligt sich die europäische Weltraumorganisation ESA an der Raumstation Freedom der amerikanischen Raumfahrtbehörde NASA. Die Ziele sind hochgesteckt: Eine eigene europäische Infrastruktur im All mit Beobachtungsplattform und Laborelementen soll langfristig entstehen. Als Brückenschlag zwischen dem Space Shuttle und den Raumstationen ist die erste frei fliegende und rückführbare Plattform EURECA (European Retrievable Carrier) gedacht. Sie wurde Mitte 1992 erfolgreich gestartet. Die Plattform hat eine Tonne an Nutzlasten mitgenommen. Die Experimente dienen der Mikrogravitationsforschung, Aufgaben in der Erdbeobachtung sowie der Weltraumforschung. Weiterhin werden Technologie-Erprobungen im Rahmen des Columbus-Programms durchgeführt. Für Labor wie Plattform entwickelt und baut der Bremer Produktbereich die Boden- und Betriebsinfrastruktur auf und plant den Betrieb und die Missionen.

Ein weiteres Standbein bildet das europäische Trägerraketenprogramm, bei dem die Bremer Hauptauftragnehmer für die zweite Stufe der „Ariane 4" sowie für die Zusatzraketen (Booster) sind. Seit Beginn des „Ariane"-Programms 1973 hat das Bremer Unternehmen mehr als 100 Stufen zum französischen Weltraumbahnhof Kourou an der Nordostküste Südamerikas geliefert. Und

Start der Raumfähre „Columbia" vom amerikanischen „Raumfahrtbahnhof" Cape Canaveral. Mit an Bord die deutsche D2-Mission mit Technik und Experimentaleinrichtungen aus Bremen. — The start of the space shuttle "Columbia" from Cape Canaveral, carrying the German D2 mission with technology and experimental equipment from Bremen. ▷

auch die komplette Oberstufe der jüngsten Generation der Trägerraketen, der „Ariane 5", entsteht in der Hansestadt. Zu den großen Weltraumprogrammen gesellen sich eine Vielzahl kleinerer Missionen, beispielsweise die Höhenforschungsprogramme Texus und Maxus. Texus steht für Technologische Experimente unter Schwerelosigkeit und bietet Mitfluggelegenheiten auf Höhenforschungsraketen. Während der bis zu sechs Minuten andauernden Mikrogravitationszeit der Parabelflüge können wissenschaftliche Experimente durchgeführt werden. Das Programm Maxus erweitert das Texus-Programm um den zweifachen Faktor dank des Einsatzes leistungsfähigerer Raketen. ERNO plant und organisiert die Missionen vom Start der Rakete bis zur Rückgabe der Nutzlast an den Auftraggeber.

Als Systemfirma im Raumfahrt- und Umweltbereich ist eine weitere Bremer High-Tech-Schmiede mit von der Partie: die OHB-System GmbH. Das 1958 gegründete mittelständische Unternehmen hat seinen Arbeitsschwerpunkt schon früh auf den Bereich Raumfahrt gelegt und ist an einer ganzen Reihe von Entwicklungen beteiligt. So entwickelte das Unternehmen für das europäische Weltraumlabor Spacelab eine Hochgeschwindigkeitszentrifuge, eine Holographiekamera und eine Kammer für Blasen- und Tropfenuntersuchungen. Für das Mikroba-Programm (Mikrogravitation mit Ballonen) zeichnet OHB als Hauptauftragnehmer verantwortlich. Hierbei wird eine Kapsel mit Hilfe eines Ballons auf eine Höhe von mehr als 40 Kilometer transportiert und dann abgeworfen. Dabei werden Mikrogravitationszeiten von bis zu 60 Sekunden erreicht.

OHB baut unter anderem auch Kleinsatelliten, wie zum Beispiel BremSat und SAFIR. BremSat wurde im Unterauftrag vom und gemeinsam mit dem ZARM entwickelt und gebaut. Sechs wissenschaftliche Experimente sind BremSat eingebaut. SAFIR ist zuständig, um unter anderem Umweltdaten weltweit zu übertragen. Europaweit ist die OHB-System GmbH das einzige Industrieunternehmen mit einem eigenen Satelliten, der von der OHB-TELEDATA als „eigene Post" betrieben und vermarktet wird.

Darüber hinaus ist das Unternehmen zusammen mit ERNO und der Bremer Atlas Elektronik GmbH am Entwurf und Betrieb des Fallturmes Bremen beteiligt, einer europaweit einzigartigen Einrichtung. Das neue, 146 Meter hohe Wahrzeichen der Hansestadt erlaubt die Durchführung von Kurzzeitexperimenten unter den Bedingungen der Schwerelosigkeit und ergänzt damit in idealer und darüber hinaus kostengünstiger Weise das bestehende und geplante Programm der Weltraumfahrt und der Parabel- sowie Ballonflüge.

Das Funktionsprinzip des Fallturmes ist einfach. Um Schwerelosigkeit in einer Kapsel zu erzeugen, muß sich diese auf Bahnen bewegen, die im Schwerefeld der Erde antriebslos möglich sind. Das sind parabolische, hyperbolische, ellipsen- oder kreisförmige Bahnen. Auch im freien Fall und beim Abwurf einer Kapsel herrscht in ihr Schwerelosigkeit. Im Fallturm Bremen können diese Verhältnisse für etwa viereinhalb Sekunden erreicht werden, so lange benötigt die Kapsel für die 110 Meter lange Strecke in der Fallröhre. Die Schwerkraftverhältnisse, die in ihr herrschen, sind mit denen im Innern eines Raumschiffes zu vergleichen.

Für Industrie, Wissenschaft und Forschung in aller Welt bietet der Fallturm unter Regie des „Zentrums für angewandte Raumfahrttechnologie und Mikrogravitation" (ZARM) *die* kostengünstige Alternative für Kurzzeitexperimente unter Schwerelosigkeit an: Etwa 5000 DM kostet ein Abwurf. Ein weiterer Vorteil ist die schnelle Verfügbarkeit der Experimentieranlage: Während potentielle Kunden mehrere Jahre auf eine Mitfluggelegenheit an Bord von Laboratorien in den Weltraum warten müssen, kann der Fallturm Bremen mehrmals täglich benutzt werden. Texus und Maxus starten bis zu viermal jährlich.

Von der Raumfahrt zur Luftfahrt. Eng mit der Hansestadt verbunden ist der Name Airbus. Das Werk Bremen der Deutschen Aerospace Airbus GmbH ist das Zentrum für die Flügelendmontage aller Großraum-Airbus-Flugzeuge. Die mit Steuerung, Hydraulik, Elektrik und allen beweglichen Teilen ausgerüsteten Tragflächen werden von hier aus mit dem La-

stenflugzeug „Super Guppy" zur Endmontage nach Toulouse (Frankreich) geflogen. Daneben montieren die Bremer das Höhenleitwerk für den niederländischen Passagierjet „Fokker 100" und rüsten es komplett aus. Außerdem werden die Landeklappen für die Airbus-Modelle A300, A310 und A321 hier gefertigt. Das Bremer Werk beschäftigt etwa 3600 Mitarbeiter und ist zweitgrößter deutscher Standort des Unternehmens, das im Rahmen internationaler Kooperationen an der Entwicklung und Produktion zahlreicher Passagier- und Transportflugzeuge beteiligt ist.

Der Standort ist darüber hinaus das Zentrum für die Blechteilefertigung. Bis zu zwei Millionen Teile jährlich werden an der Weser gefertigt, um dann in die verschiedenen Montagelinien des Unternehmens eingebracht zu werden.

Die Airbus-Produktion kann auf eine über zwanzigjährige Tradition zurückblicken. Das erste Modell flog am 28. Oktober 1972 — mehr als 1800 Flugzeuge im Gesamtwert von mehr als 100 Milliarden US-Dollar wurden bisher bestellt. Der Airbus ist ein europäisches Gemeinschaftsprojekt: Franzosen, Briten, Spanier und Deutsche bauen die erfolgreichen Flugzeuge.

Das Bremer Werk der Deutschen Aerospace Airbus GmbH setzt mit seiner erfolgreichen Arbeit eine über sechs Jahrzehnte alte Luftfahrttradition an der Weser fort. Am 1. Januar 1924 eröffneten Henrich Focke und Georg Wulf mit neun Mitarbeitern das erste Flugzeugwerk der Hansestadt, das in den Folgejahren erfolgreich Verkehrsflugzeuge, aber auch Sport- und Schulmaschinen baute. Zu den bekanntesten Produkten aus dem Hause Focke-Wulf zählt die legendäre „FW 200 Condor", ein Langstreckenflugzeug, das 1937 seinen Jungfernflug absolvierte. Nach dem Krieg initiierten die Firmen Weserflug, Focke-Wulf und Hamburger Flugzeugbau den Entwicklungsring Nord (ERNO), der sich zunächst mit Aufgaben der Luft- und Raumfahrt beschäftigte und der später als Tochterunternehmen der Vereinigten Flugtechnischen Werke (VFW) zu einem international anerkannten Raumfahrtunternehmen wurde. VFW schließlich fusionierte mit der Messerschmitt-Bölkow-Blohm GmbH. Aus deren Unterneh-

mensgruppe Transport- und Verkehrs-Flugzeuge entstand Ende der achtziger Jahre die Deutsche Airbus GmbH mit Sitz in Hamburg. Zum 1. Januar 1992 wurde diese als Tochtergesellschaft in die Deutsche Aerospace AG (Dasa) integriert und voll konsolidiert.

Innerhalb der Dasa ist die Deutsche Aerospace GmbH, wie der neue Name seit 1. November 1992 offiziell lautet, ein Produktbereich und neben den Produktbereichen Militärflugzeuge und Regionalflugzeuge dem Geschäftsfeld Luftfahrt zugeordnet.

Der Kleinsatellit BremSat für die Raumfahrtforschung und Umweltüberwachung ist ein Gemeinschaftsprojekt des mittelständischen Unternehmens OHB-System GmbH und der Universität Bremen. — The small satellite BremSat for space research and monitoring of the environment is a joint project between OHB-System GmbH and Bremen University.

European Centre of the Aviation and Space Industry
Bremen's Know-how Is In Demand Worldwide

Bremen is a centre of the European aerospace industry. With the orbital infrastructure product division of Deutsche Aerospace AG at ERNO Raumfahrttechnik GmbH, OHB-System GmbH and the Centre for Applied Aerospace Technology and Microgravity (ZARM), Bremen has a unique concentration of high-tech companies and facilities in space flight and zero-gravity research. Within the framework of a highly specialized works and production combine, Deutsche Aerospace Airbus GmbH is the centre for the wing assembly of all the large aircraft in the European Airbus programme.

For many people aerospace is still the setting of science-fiction films and stories, but space is in no way a playground for the fantasy-minded; rather is it an object of research important for the future of mankind. And it provides two conditions that can exist on Earth only briefly or not at all: weightlessness or microgravity, and freedom from all the unwanted influences of the Earth's atmosphere.

The developments in aerospace influence daily life to a high degree. Telephoning with business partners or friends overseas is effected by communications satellites. The evening weather forecast on television is based on observations per satellite, and if the oil-fired heating system needs less fuel it is because of the "rocket burner" developed by German engineers with aerospace experience. Research also benefits greatly from aerospace. Much of what we know about the world and the universe, about the origins of stars, planets and galaxies, about the Earth, its climate and mineral resources, stems from data gathered in space.

In the early summer of 1961 Bremen engineers designed components for a European carrier rocket. That was the start of Entwicklungsring Nord, the forerunner of ERNO Raumfahrttechnik GmbH.

Today the company is part of Deutsche Aerospace AG and responsible for manned and non-manned laboratories and platforms and their operation.

The Europeans took their first step in manned space travel in 1974 when the reusable Spacelab was developed for America's space shuttle in Bremen. The maiden flight was in 1983 with Ulf Merbold on board as West Germany's first astronaut. Two years later the first space mission D1 with German responsibility commenced with the astronauts Reinhard Furrer and Ernst Messerschmid on board Spacelab.

International cooperation in space is being further expanded, witness the Columbus programme, with Europe's space organization ESA taking part in NASA's Freedom space station. Its aims are ambitious, nothing less than Europe's own space infrastructure with observation platforms and laboratory elements, and the first free-flying and recoverable platform EURECA (European Retrievable Carrier) as link between the space shuttle and the space stations. It was started successfully in mid-1992. The platform carried a one-tonne payload. The experiments serve microgravity research, earth observation tasks and space research. Technology tests are also carried out within the framework of

the Columbus programme. The Bremen product division develops and builds the ground and operating infrastructure for laboratory and platform and plans operation and the missions.

Mention should also be made of the European launcher rocket programme, for which Bremen is the main contractor in respect of the second stage of "Ariane 4" and for the boosters. Since the "Ariane" programme started in 1973 the Bremen company has supplied more than 100 stages to the French space station Kourou in French Guyana. Also the complete upper stage of the youngest generation, "Ariane 5", is being built in Bremen.

In addition to the big space programmes there are also many smaller missions such as the high-altitude research programmes Texus and Maxus. Texus is short for Technological Experiments under Weightlessness and offers the chance of joining flights on high-altitude research rockets. Scientific experiments can be performed during the up to six minutes that microgravity exists in the parabolic arc. The Maxus programme expands the Texus programme twofold thanks to the use of more powerful rockets. ERNO plans and organizes the missions from the start of the rocket to the return of the payload to the customer.

A further Bremen high-tech company is in on the action as systems specialist in the space and environment sector. This is OHB-System GmbH, a medium-sized company founded in 1958 and today involved in a large number of developments. For the European spacelab, for example, a high-speed centrifuge, a holography camera and a chamber for the investigation of bubbles and drops. OHB is also the main contractor for the Mikroba programme, the name standing for Microgravity with Balloons. In this a capsule is carried to a height of more than 40 kilometres by means of a balloon and then released. This gives periods of microgravity of up to sixty seconds.

OHB also builds small satellites such as BremSat and SAFIR. The former was a subcontract from ZARM and was developed and built together with ZARM. Six scientific experiments are incorporated into BremSat, while SAFIR is capable, among other things, of transmitting environmental data worldwide. OHB-System GmbH is the only industrial firm in Europe with its own satellite, which is operated and marketed by OHB-TELEDATA as "own mail".

The company cooperates with ERNO and Atlas Elektronik GmbH (also of Bremen), in the operation of Bremen's free-fall tower, a facility unique in Europe. The 146-metre tower allows experiments to be performed in short periods of weightlessness, and thus ideally and economically complements existing and planned programmes of space travel and parabolic and balloon flights. The principle of the free-fall tower is simple. To produce weightlessness in a capsule, this must move on paths that are possible without power in the Earth's gravitational field. Such paths are parabolic, hyperbolic, elliptical or circular. Weightlessness also exists in a capsule in free fall and when dropped. These conditions can be achieved in the Bremen free-fall tower for about four-and-a-half seconds — the time needed by the capsule for the 110-metre distance in the tower. The gravitational conditions inside it can be compared with those inside a spaceship.

For industry, science and research everywhere, the free-fall tower operated by the Centre for Applied Space Technology and Microgravity (known for short as ZARM in German), is *the* economical alternative for brief experiments under weightlessness, namely about 5,000 DM per drop. A further advantage is the rapid availability of the set-up: Whereas would-be customers may have to wait several years for a slot on board laboratories in space, the Bremen tower can be used several times daily. Texus and Maxus start up to four times in a year.

From aerospace to aviation. The name Airbus is closely linked with Bremen. The Bremen plant of Deutsche Aerospace Airbus GmbH is the centre for the final wing assembly of all the large Airbus types. The wings complete with the controls, hydraulics, electrics and all moving parts are flown by the "Super Guppy" for final assembly in Toulouse, France. The horizontal tail unit for the Dutch passenger jet "Fokker 100" is assembled and fully equipped here, and the wing flaps produced for the Airbus models A 300, A 310 and A 321. The Bremen plant has about 3,600 workers and is the second-largest German facility of the company, which cooperates internationally in the development and production of numerous passenger and transport aircraft.

The location is also the centre of sheet-metal manufacture, with up to two million parts being produced annually on the Weser for dispatch to the company's various assembly lines.

Production of the Airbus goes back more than twenty years. The first model flew on October 28, 1972, and more than 1,800 aircraft to a total value of more than 100 billion U. S. dollars have since been ordered. The Airbus is a joint European project with the participation of the French, British, Spaniards and Germans.

The Bremen works of Deutsche Aerospace Airbus GmbH continue an aviation tradition on the Weser going back more than six decades. It was on January 1, 1924, that Henrich Focke and Georg Wulf opened Bremen's first aircraft works with nine employees, and proceeded to build commercial aircraft as well as sporting craft and trainers. One of the best-known planes to come from Focke-Wulf was the legendary "FW 200 Condor", a long-range aircraft that made its maiden flight in 1937. After the war, the firms of Weserflug, Focke-Wulf and Hamburger Flugzeugbau set up Entwicklungsring Nord (ERNO), which first concerned itself with aviation and aerospace and later became a subsidiary of Vereinigte Flugtechnische Werke (VFW), so becoming a recognized international space enterprise. Somewhat later VFW merged with Messerschmitt-Bölkow-Blohm GmbH. Out of the latter's transport and commercial aircraft group there emerged at the end of the 'eighties the Deutsche Airbus GmbH based in Hamburg. On January 1, 1992, the latter was integrated into Deutsche Aerospace AG (Dasa).

Deutsche Aerospace GmbH (as it was renamed on November 1, 1992), is a product division within Dasa and handles military aircraft, regional aircraft and aviation generally.

Schlüsseltechnologien für Europa:

Die maritimen Industrien

Die Weltmeere bedecken rund 70 Prozent der Erdoberfläche. Weit über 90 Prozent des interkontinentalen Güteraustausches gehen über See. Die explosionsartig wachsende Weltbevölkerung läßt die Meere als Nahrungs- und Rohstoffquelle im bevorstehenden 21. „ozeanischen" Jahrhundert erheblich an Bedeutung gewinnen. Damit wachsen auch den maritimen Industrien neue Aufgaben zu. Ausgehend von ihrer langjährigen Seehandelstradition gehören Bremen und Bremerhaven zu den europaweit führenden Standorten in diesem Feld.

„Alles ist aus dem Wasser entsprungen und wird durch das Wasser erhalten. Ocean gönn' uns dein ewiges Walten." Dieses Goethe-Wort ziert die Wand im Großen Sitzungssaal der Industrie- und Handelskammer in Bremerhaven. Seiner bis heute uneingeschränkten Aktualität trägt man im Lande Bremen in besonderer Weise Rechnung.

Schiffbau und Schiffahrt, eine leistungsfähige Zulieferindustrie und auch Forschung und Entwicklung haben als Träger maritimen Know-hows an der Weser eine starke Stellung. Die Schiffstechnik ist inzwischen unbestritten eine Hochtechnologie. Das Zusammenspiel vielseitiger und verschiedenartiger Techniken entspricht der modernen Entwicklung zur Systemtechnik. Mit diesem Know-how wird der Wirtschaftszweig seiner Rolle als strategische Industrie gerecht. Dabei geht es vor allem um die langfristige Sicherung des Transportbedarfs des europäischen Außenhandels.

Aufgrund seiner Schlüsselrolle für die exportabhängigen Volkswirtschaften ist der Schiffbau seit Jahrzehnten umkämpft. Die Folge ist ein durch Subventionen verzerrter Wettbewerb am Weltmarkt. Insbesondere Japan und Korea haben ihre Weltmarktanteile gezielt ausgeweitet. Unter dem Druck ruinösen Preiswettbewerbs haben sich selbst klassische Schiffbaunationen wie Finnland, Schweden und Großbritannien sowie außereuropäisch die USA weitgehend aus dem Handelsschiffbau verabschiedet. Auch in Deutschland wurden die Kapazitäten drastisch zurückgeführt. Die verbliebenen Schiffbauer — und insbesondere die Werften im Lande Bremen — haben es verstanden, durch hohe Produktivität und technologische Spitzenleistungen im Geschäft zu bleiben. Ohne überzeugende unternehmerische Konzepte und eine kontinuierliche Forschungs- und Entwicklungsarbeit wäre Deutschland heute sicher nicht — seinem Außenhandelsvolumen zumindest angemessen — das drittgrößte Schiffbauland der Welt und die Nummer eins in Europa. Die europäische Schiffbaupolitik hat dazu entscheidend beigetragen.

Herzstück der maritimen Industrie im Lande Bremen ist der maritim-industrielle Konzern der Bremer Vulkan Verbund AG. Als eine der bedeutendsten maritimen Industriegruppen in Europa vereint sie bedeutende deutsche Werften und führende Unternehmen der maritimen Elektronik und Systemtechnik (siehe hierzu auch das Kapitel „Garanten der Technologien von morgen: Elektronik

Fortsetzung Seite 32

Das Containerschiff „CGM PROVENCE" wurde von der Bremer Vulkan AG gebaut. Die großflächigen Lukendeckel, auf denen bis zu fünf Lagen Container gefahren werden können, wurden von der MACOR Marine Systems International GmbH, Bremen, konstruiert und geliefert.

The container ship "CGM PROVENCE" was built by Bremer Vulkan AG. The large hatch covers, which may be loaded with up to five tiers of containers, were designed and delivered by MACOR Marine Systems International GmbH, Bremen.

Die Bremer Vulkan Werft in Vegesack ist die Nummer Eins im Containerschiffbau. Modernste Technik trägt dazu bei. Mit ihrem Schwerlast-Transportsystem kann die Werft ausrüstungsintensive Hinterschiffe komplett und wetterunabhängig mit einem Gesamtgewicht von bis zu 3800 Tonnen in der Halle fertigen, bevor sie als ganze Sektionen ins Baudock abgesenkt werden.

The Bremer Vulkan shipyard in Vegesack is number one in the building of container ships, and the most modern technologies contribute to this. With its heavy-load transportation system the shipyard is able to build equipment-intensive afterbodies, complete and independent of the weather, to a total weight of 3,800 tonnes in the workshop hall which then are lowered as whole sections into the building dock.

Hochklassige Passagierschiffe, wie hier die „Royal Viking Queen", sind eine der Spezialitäten der zum Bremer Vulkan Verbund gehörenden Schichau Seebeckwerft AG in Bremerhaven. — Passenger ships of highest quality standards, such as the "Royal Viking Queen" seen here, are a speciality of Schichau Seebeckwerft AG in Bremerhaven, a member of the Vulkan Group.

Strom, Wärme und bei Bedarf auch Kälte können in Blockheizkraftwerken zeitgleich und damit unter optimaler Nutzung der Brennstoffenergie erzeugt und für den Verbraucher zur Verfügung gestellt werden. Speziell für den stationären Einsatz in Blockheizkraftwerken entwickelte schadstoffarme Verbrennungsmotoren bzw. Gasturbinen ermöglichen eine ebenso wirtschaftliche wie umweltfreundliche dezentrale Energieversorgung. Diese zukunftweisende Kombination von Ökonomie und Ökologie, realisiert von der zum Bremer Vulkan Verbund gehörenden Vulkan Engineering GmbH, gewinnt für Kommunen und Industriebetriebe immer größere Bedeutung. — Electricity, heat and, if required, refrigeration can be produced simultaneously and with optimal utilization of the fuel's energy in combined heat-and-power stations and supplied to the consumer. Low-emission internalcombustion engines and gas turbines specially developed for such stations permit a decentralized energy supply that is both economical and environment-friendly. This forward-looking combination of economy and ecology is practised by Vulkan Engineering GmbH, a member of the Vulkan Group, and is gaining increasing significance for municipalities and industrial works.

Die Fr. Lürssen Werft (GmbH & Co.) hat sich über vier Generationen, seit 1875, zu ihrer heutigen Größe entwickelt. Gefertigt wird in einer hochmodernen Anlage am Lemwerder-Weserufer; die Verwaltung hat ihren Sitz in Bremen-Vegesack. Mit einer Stammbelegschaft von 1000 Mitarbeitern plant Lürssen für die Zukunft, rund 50 Prozent der Manpower für den Yachtbau einzusetzen. — The shipyard Fr. Lürssen Werft (GmbH & Co.), founded in 1875, has grown to its present size over four generations. Production today is at a highly-modern manufacturing facility on the banks of the river Weser at Lemwerder, while the head offices are in Bremen-Vegesack. With a workforce of 1,000, Lürssen intends in the future to employ about 50 percent of the manpower in yacht building.

Die bei Lürssen vom Stapel gelaufe-
nen Schiffe tragen den Namen in die
ganze Welt. Die Leistungspalette ist
sehr umfangreich und umfaßt Spezialfahrzeuge für die Marine ebenso wie
eine Vielzahl von Yachten, u. a. die
weltgrößte Ganz-Aluminium-Yacht
(58 Meter) und eine vom Stardesigner
Bannenberg entwickelte 70-Meter-
Motoryacht. Die Aufnahmen zeigen
drei Beispiele aus dem anspruchsvollen Programm. Die 131 Fuß lange Lu-
xus-Motoryacht „Be Mine" (oben) wurde auf der Bootsausstellung in Fort
Lauderdale mit dem internationalen
„Design Award 1991" ausgezeichnet.
— The ships launched at the Lürssen
shipyard carry the builder's name all
over the world. The production range
is very extensive and includes specialized vessels for the Federal Navy and
many yachts (including the world's largest all-aluminium yacht at 58 metres
length) and a 70-metres motoryacht
developed by the star designer Bannenberg. The photos show three
examples from the programme. The
131-foot luxury motoryacht "Be Mine"
(above) received the international
"Design Award 1991" at the Boat Exhibition in Fort Lauderdale.

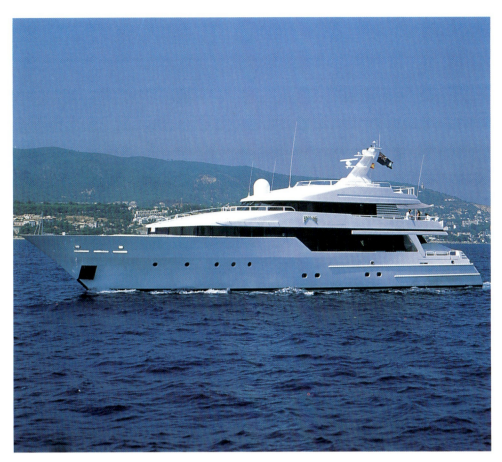

und Systemtechnik"). Im Schiffbau gehören neben der Bremer Vulkan Werft und Maschinenfabrik GmbH in Bremen-Vegesack die Schichau Seebeckwerft AG, Lloyd Werft GmbH und Geeste Metallbau GmbH in Bremerhaven zu diesem Verbund. Als weitere Komponente der seegehenden Logistik deckt er im Rahmen seiner Industrieaktivitäten u. a. den Bereich der Hafenumschlagtechnik ab. Der Konzern beschäftigt inzwischen über 25000 Mitarbeiter, davon über 11000 im Lande Bremen.

Die Entwicklung des Bremer Vulkan reicht nahezu 200 Jahre zurück. Im Jahre 1805 wurde das erste Seeschiff bei der Vorgängerwerft Johann Lange auf Kiel gelegt. Weit über 5000 Schiffsneubauten wurden inzwischen fertiggestellt. Immer wieder hat sich das Unternehmen als technologischer Schrittmacher erwiesen. Mit dem ersten deutschen Dampfschiff (1816), dem weltgrößten Tanker (1928), dem größten Kabelleger (1961), dem weltweit größten Bergungsschlepper (1969), Supertankern bis 320000 Tonnen Tragfähigkeit (1974) und dem weltgrößten Ro-Ro-Schiff (1979). Auch das erste deutsche Containerschiff wurde 1968 beim Bremer Vulkan gebaut: die „Weser Express" für den Norddeutschen Lloyd. Nach Stellplätzen (sogenannten „Twenty foot equivalent units" oder kurz TEU) gerechnet, ist der Bremer Vulkan heute weltgrößter Produzent von Containerschiffen. Im Marineschiffbau hat das Unternehmen insbesondere als Generalunternehmer für das Fregattenprogramm F 122 der Bundesmarine seine Leistungsfähigkeit bewiesen.

Die Schichau Seebeckwerft AG dokumentierte in jüngster Zeit u. a. mit den ersten Kanalfähren der vierten Generation, der größten Drei-Deck-Eisenbahnfähre sowie Luxus-Kreuzfahrtschiffen wie der „Royal Viking Queen" ihre richtungweisende Kompetenz und Leistungsfähigkeit im Fähr- und Passagierschiffbau. Die Lloyd Werft ist die internationale Top-Adresse für Umbauten und Reparaturen. Präzision, Qualität und absolute Termintreue insbesondere bei spektakulären Passagierschiffumbauten begründen diesen Ruf. Der Umbau der „Norway" in nur 31 Tagen zum größten Passagierschiff der Welt und der in 179 Tagen vollzogene größte Umbau der Schiffahrtsgeschichte an der „Queen Elizabeth II" sorgten weltweit für Schlagzeilen.

Trotz Spezialisierung in einigen Produktfeldern liegt in der Produktflexibilität dieser Verbund-Werften eine besondere Stärke. Gezielte Produktivitätssteigerungen, Forschung und Entwicklung auch im Rahmen großer europäischer Programme und zunehmend nationale und internationale Kooperationen sind weitere Eckpfeiler der künftigen Entwicklung. Der zukunftweisende European Ecological Tanker (E3-Tanker) ist ein Beispiel für eine erfolgreiche internationale Kooperation. Er wurde vom Bremer Vulkan gemeinsam mit vier weiteren europäischen Großwerften entwickelt.

Zur bremischen Werftenlandschaft gehören freilich auch mittelständische Unternehmen, die erfolgreich in verschiedenen Marktsegmenten operieren. So genießt die Lürssen Werft (GmbH & Co.) mit Yachten der absoluten Top-Klasse sowie kleineren Marineschiffen national und international höchste Reputation. Auch die Hegemann-Gruppe hat ihren Hauptsitz in Bremen. Nicht ausschließlich maritim orientiert, ist sie in den Bereichen Schiffbau, Bauindustrie, Stahl-, Maschinen- und Anlagenbau, Umweltschutz, Wertstoffrecycling, Deponietechnik, Naßbaggerei, Hafen- und Transportdienste sowie Reederei tätig. Die Hegemann-Gruppe ist an insgesamt vier Standorten mit Werftbetrieben aktiv: in Bremen-Hemelingen mit der Detlef Hegemann Rolandwerft GmbH, in Berne an der Unterweser mit der Detlef Hegemann Rolandwerft GmbH & Co. KG, in Berlin mit der Deutschen Industrie Werke GmbH und in Wolgast mit der Peene-Werft GmbH. Die Produktpalette umfaßt den Bau von Assistenzschleppern, Passagier- und Forschungsschiffen, Containerfeederschiffen, Küstenmotorschiffen und Marineschiffen.

In Bremerhaven hat sich die MWB Motorenwerk Bremerhaven GmbH als Spezialwerft für Umbau, Reparatur und kleinere Neubauten Profil erworben. Das beim Umbau von Geoseismik- und anderen Spezialschiffen gewonnene Know-how versetzt MWB in die Lage, Planung, Konstruktion und Umbau in der kürzestmöglichen Zeit nach den neuesten Erkenntnissen durchzuführen. Zum Neubauprogramm gehören Feuerschiffe, Spezialkutter für den Fischfang, geophysikalische Meßschiffe für flache Gewässer und Funkvermessungsschiffe. Durch die Zusammenarbeit mit den Unternehmensbereichen Motoren, Elektrotechnik/Elektronik bietet MWB einen umfassenden Service.

Innovativ, leistungsstark und vielseitig präsentiert sich daneben die Schiffbauzulieferindustrie. In diesem Markt operiert eine Vielzahl mittelständischer und auch kleinerer Betriebe, die aufgrund ihrer hohen Spezialisierung teilweise Weltgeltung besitzen und bis zu 70 Prozent ihrer Produktion exportieren. Das Spektrum reicht von Armaturen über Verschluß- und Förderanlagen, Containerlaschsysteme und maritime Lichtsysteme bis hin zu Schiffseinrichtungen und -kühlanlagen usw.

Als wichtiger Träger maritimen Knowhows unterhält nicht zuletzt die international tätige Klassifikationsgesellschaft Germanischer Lloyd bedeutende Niederlassungen in Bremen und Bremerhaven.

Auf dieser Grundlage werden sich die maritimen Industrien Bremens und Bremerhavens als Anbieter von Hochtechnologie für integrierte Transportsysteme und komplexe schwimmende Anlagen auch in der Zukunft weiter profilieren.

Mit kompletten Lichtsystemen für die Schiffahrt und Offshore hat sich die aqua signal Aktiengesellschaft, Bremen, weltweit einen Namen gemacht.

With complete lighting systems for shipping and the offshore sector, aqua signal Aktiengesellschaft, Bremen, has made a name for itself worldwide.

Key Technologies for Europe:

The Maritime Industries

Some 70 percent of the Earth's surface is covered by the oceans. Much more than 90 percent of intercontinental goods exchange goes by sea. The explosive growth of the world's population indicates that the seas will become even more important as source of food and raw materials in the coming 21st "oceanic" century. This amounts to a new challenge for the maritime industries. Considering their long traditions in sea-borne trade, Bremen and Bremerhaven will be among Europe's leaders in this field.

"Alles ist aus dem Wasser entsprungen und wird durch das Wasser erhalten. Ocean gönn' uns dein ewiges Walten." This reflection by Goethe to the effect that everything has its source in water and is carried by it adorns the wall in the large conference room of Bremerhaven's Chamber of Industry and Commerce. The sentiment is still as true today, and the state of Bremen takes account of it in a special way.

Shipping and shipbuilding, resourceful subcontractors paired with lively research and development have a strong position on the Weser as support of maritime know-how, and there can be no doubt that marine technology is today a high-tech field. The interaction of diverse technologies accords with the modern development to systems technology. With this know-how the sector is fulfilling its role as strategic industry. What is at issue in the long term is the securing of the transport needs of Europe's foreign trade.

Because of its key role in an exports-dependent economy, the shipbuilding market has for many years been hotly contested, with the result that competition has been distorted by subsidies. Japan and Korea in particular have sought to expand their shares of the world market. The ruinous competition has long since forced classical shipbuilding countries such as Finland, Sweden, Britain and also the U.S.A. to largely abandon merchant shipbuilding, while in Germany the shipbuilding capacity has been greatly reduced. The remaining shipbuilders — and particularly the yards in the state of Bremen — have been able to stay in business thanks to high productivity and technologically top performance. Without convincing entrepreneurial concepts and unremitting R&D work, Germany today would not be the world's third largest shipbuilding country and number 1 in Europe. European shipbuilding policies have decisively contributed to this.

The core of the maritime industry in the state of Bremen is the marine-industrial concern of Bremer Vulkan Verbund AG. As one of the leading marine industries groups in Europe it is made up of several important German shipbuilders and leading firms in marine electronics and systems engineering (see also the article on "Guaranteeing Tomorrow's Technologies: Electronics and Systems Engineering"). On the shipbuilding side the members include Bremer Vulkan Werft und Maschinenfabrik GmbH in Bremen-Vegesack, Schichau Seebeck- werft AG, Lloyd Werft GmbH and Geeste Metallbau GmbH in Bremerhaven. Within the framework of its industrial activities the group also covers the technologies of cargo handling. The Bremer Vulkan Verbund now has a workforce of more than 25,000, of whom more than 11,000 are employed in the state of Bremen.

Bremer Vulkan has a history going back almost 200 years. In 1805 its forerunner, the Johann Lange Werft, laid down its first sea-going ship, and since then far more than 5,000 vessels have been built. During this time the shipyard repeatedly showed itself to be a technological pacemaker: with the first German steamship (1816), the world's largest tanker (1928), the largest cable-layer (1961), the world's largest salvage tug (1969), supertankers of up to 320,000 tonnes capacity (1974) and the world's largest Ro-Ro ship (1979). In 1968 Bremer Vulkan also built the first German containership, this being the "Weser Express" for Norddeutsche Lloyd. Calculated in terms of container capacity (twenty-foot equivalent units or TEU), Bremer Vulkan is still today the world's largest producer of containerships. The company has also shown its abilities in naval construction work, especially as general contractor for the Federal Navy's F 122 frigate programme.

Schichau Seebeckwerft AG has just recently documented its abilities in ferry and passenger-ship construction with the first Channel ferries of the fourth generation, the largest three-deck railway ferry and luxury cruise ships such as the "Royal Viking Queen". The Lloyd

Die KAEFER Isoliertechnik GmbH & Co. KG, Bremen, hat auf den Kühlschiffen Chiquita Bremen und Chiquita Rostock, die bei der Schichau Seebeckwerft AG in Bremerhaven gebaut wurden, die Ladekühlräume und die Laderaumlukendeckel isoliert. Speziell entwickelte Techniken erlauben die optimale Belüftung der vier Laderäume und die platzsparende Stauung der Paletten.

KAEFER Isoliertechnik GmbH & Co. KG, Bremen, has carried out the insulation of the refrigerated cargo holds and hatchway covers on the two reefer vessels Chiquita Bremen and Chiquita Rostock built at Schichau Seebeckwerft AG at Bremerhaven. Specially developed techniques ensure the best possible ventilation of all four cargo holds and the space-saving stowage of pallets.

Werft is recognized as a top address internationally for conversion work and repairs, the reputation having been gained for precision, quality and absolute adherence to deadline especially in spectacular passenger-ship conversion jobs. The conversion of the "Norway" to the world's largest passenger ship in just 31 days and the conversion of "Queen Elizabeth II" in 179 days — the biggest such job in shipping history — were hailed in newspaper headlines all over the world.

In spite of their specialization in some fields, the product flexibility of these shipyards is their special strength. Higher productivity, research and development also within the framework of major European programmes and growing national and international cooperation are further features of the future development. The European Ecological Tanker (E3 tanker) is an example of successful international cooperation and was developed by Bremer Vulkan together with four other major European shipyards.

The Bremen shipyard scene also includes medium-sized firms operating successfully in various sectors of the market. There is for example Lürssen Werft (GmbH & Co.) which enjoys an absolutely top-class reputation for yachts and smaller naval craft both nationally and internationally. Also the Hegemann Group has its headquarters in Bremen, but is not exclusively maritime-oriented. In addition to shipbuilding it is active in the construction industry and in steel, machine and plant construction, environmental protection, materials recycling, refuse disposal technology, wet dredging, port and transport services and ship operating. Hegemann is active at four locations with shipyard facilities: at Bremen-Hemelingen with Detlef Hegemann Rolandwerft GmbH, at Berne on the Lower Weser with Detlef Hegemann Rolandwerft GmbH & Co. KG, in Berlin with Deutsche Industrie Werke GmbH and at Wolgast with Peene-Werft GmbH. The building programme includes harbour tugs, passenger and research ships, container feeder ships, motor coasters and naval craft.

MWB Motorenwerk Bremerhaven GmbH has made a name for itself as specialist for ship conversions and repairs and the building of smaller ships. The expertise gained in the conversion of geoseismic and other special-purpose ships has enabled MWB to plan, design and convert in the shortest possible time in accordance with the newest findings. The new-construction programme includes lightships, special fishing cutters, geophysical recording ships for shallow waters and radio survey ships. MWB is able to offer a comprehensive service in co-operation with the group divisions motors, electrical engineering and electronics.

Innovation and resourcefulness also are a feature of the subcontractors to the shipbuilding industry, many of them being small and medium-sized firms that nevertheless, thanks to being specialists, enjoy a worldwide reputation and often export up to 70 percent of their production. They produce everything from valves and fittings through sealing and conveying systems, container lashing systems and marine lighting systems to shipboard equipment and refrigerating plants etc.

An important link in the chain of marine expertise is the internationally active classification society Germanischer Lloyd with offices in Bremen and Bremerhaven.

With this large concentration of maritime industries, Bremen and Bremerhaven will continue to be in a strong position in high technology for integrated transport systems and complex floating installations of all kinds.

Von beeindruckender Größe sind die Schiffssektionen auf dem Gelände der Geeste Metallbau GmbH, Bremerhaven. Die hochwertigen Erzeugnisse des Unternehmens sind weltweit im Einsatz.

The ship sections produced at Geeste Metallbau GmbH in Bremerhaven are of an impressive size. The company's high-quality products do duty all over the world.

Garanten der Technologien von morgen:

Elektronik und Systemtechnik

Elektrotechnik, Elektronik und Systemtechnik verkörpern Hochtechnologie par excellence. Firmen von Weltruf aus diesem Bereich sind prägend für die bremische Industrielandschaft. Die Elektro- und Elektronikindustrie gehört mit rund 10 000 Beschäftigten und einem Umsatz von 1,9 Mrd. DM (1992) zu den bedeutenden Arbeitgebern des Landes. Namen wie Atlas Elektronik, DST Deutsche System-Technik, AEG, Siemens und STN Systemtechnik Nord stehen nicht nur für Wirtschaftskraft und hochqualifizierte Arbeitsplätze. Sie zählen — gemeinsam mit einer Reihe kleinerer Spezialfirmen — auch zu den Garanten der Technologien von morgen.

Vom „intelligenten Innenleben" eines Kraftwerks bis zum unbemannten Fluggerät, vom Anlagensimulator bis zum Navigations- und Schiffsmanagementsystem — das Angebot der in Bremen tätigen Elektronikspezialisten ist nahezu unerschöpflich. In unserer immer komplexer werdenden Welt rückt dabei der abstrakte Begriff der Systemtechnik zunehmend in den Vordergrund. Denn die technologischen Lösungen der Zukunft — ob zu Lande, zu Wasser oder in der Luft — setzen systematisch vernetzte Spezialkenntnisse auf ganz unterschiedlichen Fachgebieten voraus. Die Leistungsbreite der bremischen Industrie spiegelt dies eindrucksvoll wider: Hier wird auf höchstem Niveau geforscht, entwickelt und produziert. Neben den unternehmenseigenen Ressourcen tragen auch universitäre und private Forschungseinrichtungen am Standort dazu bei.

Eines der weltweit führenden Unternehmen auf dem Gebiet der Elektronik und Elektrotechnik ist seit über 100 Jahren an der technologischen und strukturellen Entwicklung des Wirtschaftsraumes aktiv beteiligt: die Siemens AG. Fachliche Schwerpunkte von Siemens in Bremen sind Anlagentechnik, Schiffbau, medizinische Technik, Datentechnik, private Kommunikationssysteme und Transformatoren, Drosseln und Ventilatoren. Die dynamische Entwicklung dieser Technologien zeigt sich nicht zuletzt auch in der Mitarbeiterstruktur: Der Schwerpunkt verlagert sich mehr und mehr von der Fertigung in vor- und nachgelagerte Bereiche wie Forschung und Entwicklung, Projektierung, Vertrieb und Service.

Auch das Herz eines europaweit bedeutenden Technologieverbundes mit dem Schwerpunkt Maritime Elektronik schlägt in Bremen. Er setzt sich zusammen aus der Atlas Elektronik GmbH und der STN Systemtechnik Nord GmbH. Gemeinsam bilden sie seit 1991 den Unternehmensbereich Elektronik und Systemtechnik der Bremer Vulkan Verbund AG.

Die Atlas Elektronik GmbH — mit über 4000 Mitarbeitern größtes Unternehmen der Branche in Bremen — entwickelt und produziert Anlagen und Systeme, die dem Menschen helfen, technische Prozesse zu beherrschen. Realisiert werden sie mit Hilfe der Signal- und Datenverarbeitung, Wasserschalltechnik, Hochfrequenztechnik und Optronik/ Optik. Zum Einsatz kommen sie fast überall: in Schiffahrt, Umweltschutz, Netzleittechnik, Lagerautomation, Forschung und Verteidigung.

Die Erzeugnisse von Atlas sind national

und international gefragt und auf einigen Gebieten weltweit führend. So liefert das Unternehmen Leitsysteme für die Ver- und Entsorgung, Industrieautomation, den öffentlichen Nahverkehr, den Hörfunk und das Fernsehen. Die Sparte Schiffselektronik nimmt seit vier Jahrzehnten eine führende Stellung in der Wasserschalltechnik und der Hochfrequenztechnik ein. Auf der ganzen Welt vertrauen Nautiker auf Navigationssysteme von Atlas. Die Echolot- und Sonartechnik wird zum Beispiel in der Fischerei und bei der hydrographischen Vermessung von Wasserstraßen zur Verbesserung der Verkehrssicherheit eingesetzt. Den Schwerpunkt der Sparte Marine bildet die Entwicklung und Fertigung von Sonaranlagen für Schiffe. Eine Spitzenstellung auf dem europäischen Markt nimmt Atlas mit Ausbildungs- und Trainingssimulatoren ein.

Dem Bereich Kommunikation verschafft das Unternehmen am Standort Bremen mit seinen neueren Aktivitäten zusätzliches Gewicht. Dazu gehört ein gemeinsam mit einem Partner entwickeltes mobiles Satellitentelephon. Besonders preiswert und handlich, kann es in unterschiedlichen Versionen in der Seefahrt, im internationalen Lkw-Verkehr oder von Geschäftsreisenden eingesetzt werden. Gleichzeitig ist es die Kommunikationskomponente des von der Schwesterfirma STN Systemtechnik Nord entwickelten, ebenfalls satellitengestützten Systems VELOC zur weltweiten Fahrzeugortung und -disposition.

Die der STN Systemtechnik Nord zugeordneten Geschäftsfelder liegen ebenfalls in der von Elektronik und Systemtechnik bestimmten Zukunft in Schiff-

bau, der Meerestechnik, Luftfahrt, Verkehr und Logistik. Das Erfahrungspotential des Unternehmens fußt auf der bewährten Basis der ehemaligen Marinebereiche von AEG und MBB, aus denen die STN hervorging.

Technologische Schwerpunkte sind unbemannte Unterwasser- und Fluggeräte, Sensorträger für Überwachungsaufgaben, Kommunikations- und Navigationssysteme, Simulatoren und eine weltweit anerkannte Schiffselektronik. Eine Kernkompetenz der STN Systemtechnik Nord bildet die Entwicklung von Drohnen. In der Entwicklungsphase des Aufklärungs- und Zielortungssystems KZO/Brevel arbeitete das Unternehmen eng mit dem französischen Matra-Konzern in der gemeinsamen Firma Eurodrone zusammen. Die fliegenden und schwimmenden Drohnensysteme der STN eignen sich auch für vielfältige Aufgaben in zivilen Bereichen, zum Beispiel zur Kontrolle im Umwelt- und Katastrophenschutz sowie zur Überwachung der Meere. Systematisch stärkt auch STN den Bereich der maritimen Kommunikation.

Ein noch junges Unternehmen ist die DST Deutsche System-Technik GmbH. Sie ist im Jahre 1990 durch Management-Buy-Out aus der Philips GmbH hervorgegangen. Mithin verfügen die zu DST gehörenden Bereiche in Entwicklung, Fertigung und Logistik elektronischer Produkte und Systeme über vier Jahrzehnte Erfahrung. Heute engagiert sich das mittelständische Telematik-Systemhaus vor allem bei der Entwicklung fortschrittlicher Systemlösungen für Anwendungen auf den Gebieten Verkehrsleittechnik, Sicherheitstechnik, In-

dustrieautomation und Umwelttechnik. Die dabei eingesetzten Technologien und die notwendige Software werden größtenteils in DST-eigenen Labors und Fertigungseinrichtungen entwickelt und produziert.

Die Leistungspalette der Technischen Vertriebsniederlassung Bremen der AEG Aktiengesellschaft reicht von der Problemanalyse über Lösungsvorschläge, Beratung, Angebot, Werkstattfertigung, Lieferung, Montage und Inbetriebsetzung bis hin zu Wartung, Service und Kundenschulung. Die Schwerpunkte liegen in den Geschäftsfeldern Industrie- und Automatisierungstechnik, Bahnsysteme, Elektrotechnische Anlagen und Komponenten.

Ebenfalls in der Hansestadt aktiv sind die zum AEG-Konzern gehörenden Lloyd Dynamowerke. Sie zählen zu den renommierten Herstellern elektrischer Antriebsanlagen in Deutschland. Für jede Aufgabe fertigen die Spezialisten die passende elektrische Maschine — von der 0,5-kW-Gleichstrommaschine über Synchron- und Asynchrongeneratoren, deren Leistungen von 37 bis 500 kW im Niederspannungsbereich und bis zu 22 000 kW im Hochspannungsbereich liegen. Dabei geht die Servicepalette weit über die Produktion hinaus: Die Maschinen werden entweder vor Ort oder in den AEG-Spezialwerkstätten gewartet und repariert.

Die Beispiele dieser Unternehmen zeigen: Elektrotechnik, Elektronik und Systemtechnik sind heute und in Zukunft Schrittmacher moderner Technologien. Im Lande Bremen haben sie einen starken Stand.

Schiffahrt, Umweltschutz, Netzleittechnik und Lagerautomation sowie Forschung und Verteidigung sind die Gebiete, auf denen die Atlas Elektronik Gruppe mit 4300 Mitarbeitern tätig ist. Die Luftaufnahme zeigt die Gebäude der Atlas Elektronik GmbH am Hauptsitz in Bremen. Bild links: Die Atlas Elektronik GmbH gehört zu Europas führenden Anbietern von Simulationssystemen. Ein Anwendungsbeispiel ist die Brandbekämpfung. Rechte Seite: Vessel Traffic Management System (VTS) von Atlas Elektronik im Hafen von Melbourne (oben). Unten links: Lasertechnik wird von Atlas Elektronik unter anderem im Umweltschutz eingesetzt. Unten rechts: Für mehr Sicherheit in der Seefahrt sorgt die elektronische Seekarte von Atlas Elektronik.

The Atlas Elektronik Group, with a workforce of 4,300, is active in shipping, environment protection, network control technology and warehouse automation. The aerial view shows the headquarters building of Atlas Elektronik GmbH in Bremen. Left: Atlas Elektronik is one of Europe's leading suppliers of simulation systems. One applications example is fire-fighting. Opposite: Vessel Traffic Management System (VTS) from Atlas Elektronik in the port of Melbourne (top). Below left: Laser technology is employed by Atlas Elektronik for, among other things, environment protection. Below right: The Electronic Sea Chart from Atlas Elektronik provides greater safety in shipping.

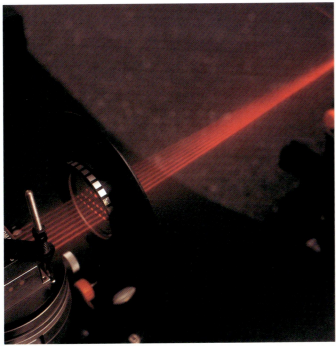

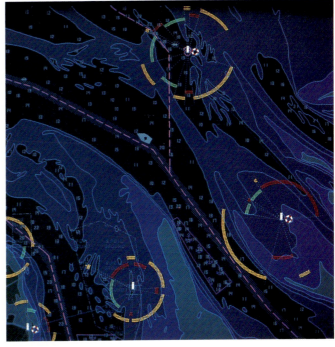

Anspruchsvolle Systemlösungen sind die große Stärke der STN Systemtechnik Nord, Bremen. Unter anderem ist das norddeutsche Unternehmen Generalunternehmer für die Minenjagdboote Klasse 332 der Bundesmarine.

Demanding system solutions are the particular strength of STN Systemtechnik Nord, Bremen. The company is, among other things, prime contractor for the Federal Navy's class 332 minehunter.

Das Kanalinspektionssystem „Gullyver", das von der STN Systemtechnik Nord entwickelt wurde, ermöglicht eine präzise und wirtschaftliche Untersuchung des Kanalrohrzustandes. Bei der Entwicklung konnte Know-how aus den wehrtechnischen Geschäftsbereichen der STN genutzt werden.

The sewer inspection system "Gullyver", developed by STN Systemtechnik Nord, permits an exact and economical examination of the condition of the sewer piping. In this development, use was made of the know-how gained in STN's defence technology sector.

Die DST Deutsche System-Technik GmbH, Bremen/Kiel (links/rechts), ist das mittelständische Telematik-Systemhaus für innovative Systemlösungen in den Märkten für Sicherheit, Verkehr, Industrie und Umwelt. 1000 Mitarbeiter in Entwicklung, Fertigung, Logistik und Service engagieren sich für ihre Kunden. Für die Leistungsstärke zwei Beispiele:

Modernste Kommunikationssysteme haben sich weltweit auf Schiffen im Einsatz bewährt. Ausfallsicherheit, schnelle Informationsübertragung und optimaler Bedienkomfort dienen zur Erreichung des Gesamtzieles: mehr Sicherheit auf See. Umfassende Tests des kompletten Systems (unten links) vor Auslieferung stellen dies sicher.

Leitsysteme tragen dazu bei, daß Bahnkunden zuverlässig und streßfrei an ihr Ziel gelangen. Ausgereifte und benutzerfreundliche High-Tech-Systeme im Kontrollzentrum der Bundesbahndirektion Köln (unten rechts) ermöglichen Zugverkehr im Minutentakt, absolute Pünktlichkeit und 100 Prozent Sicherheit.

DST Deutsche System-Technik GmbH, Bremen and Kiel (left/right), is a medium-sized telematic systems house which develops innovative system solutions in the fields of security, traffic, industry and environment technology. Some 1,000 employees engaged in development, production, logistics and service activities are committed to meeting the needs of the company's customers. Here are two examples of DST's technological expertise:

Advanced communication systems have proved indispensable on ships sailing all over the world. Failsafe reliability, high data-transmission rates and ergonomic design are the main features of equipment which has significantly raised safety standards on sea-going vessels. Production standards are high: each system undergoes comprehensive testing (below left) prior to delivery.

Control systems help get railway passengers to their destination punctually and unstressed. Fully matured and user-friendly high-tech systems in the control centre of the Federal Railway's Divisional Management Centre in Cologne (below right) permit train-a-minute timetables, absolute punctuality and 100 percent safety.

Guaranteeing Tomorrow's Technologies:
Electronics and Systems Engineering

Electrical engineering, electronics and systems engineering embody high technology par excellence, and world-renowned firms in these fields are prominent in Bremen's industrial landscape. With a workforce of about 10,000 and annual sales of 1.9 billion DM (in 1992), electrical engineering and electronics are a major source of employment in the state of Bremen. Names such as Atlas Elektronik, DST Deutsche System-Technik, AEG Siemens and STN Systemtechnik Nord stand not only for economic strength but also for specialization. Together with many smaller firms that are no less innovative, they guarantee the technologies of tomorrow.

From the "intelligent inner life" of a power station to the unmanned aircraft, from the plant simulator to the navigation and ship management system — what the electronics specialists in Bremen can offer is almost inexhaustible. In an increasingly complex world the abstract concept of systems engineering is coming more and more to the fore, for the technological solutions of the future — whether on land, at sea or in the air — will call for systematically linked expertise in many fields. This is well reflected in what is being done in Bremen, where research, development and production proceed at the highest level, and involve not only the companies themselves but also the universities and private research establishments.

A world leader in electrical engineering and electronics is Siemens AG, which has been involved in the technological and structural development of the region for more than a hundred years. Siemens in Bremen specializes in plant engineering, shipbuilding, medical technology, data systems technology, private communications systems, also transformers, inductors and fans. Developments in these technologies are reflected not least in the structure of the workforce, with the emphasis moving away from manufacture to what is done before and after, such as research and development, design, marketing and service.

Bremen is also the headquarters of a technology link-up of European importance in maritime electronics. This comprises Atlas Elektronik GmbH and STN Systemtechnik Nord GmbH. Since 1991 they have together made up the electronics and systems engineering division of Bremer Vulkan Verbund AG.

Atlas Elektronik GmbH — with more than 4,000 employees the largest electronics firm in Bremen — develops and builds plants and systems that help people to control technical and industrial processes, these being achieved by way of signal and data processing, underwater sound technology, high frequency technology as well as optronics and optics. They are used almost everywhere: in shipping, environmental protection, network control technology, warehouse automation, research and defence.

Atlas products are in demand domestically and globally, and in some sectors they are world leaders. Thus the company supplies control systems for tasks of supply and disposal, for industrial automation, local public transport, radio and television. For forty years the marine electronics division has played a leading part in underwater sound and high frequency technologies. All over the world seafarers put their trust in navigation systems by Atlas. Echo sounding and sonar technologies are used in fishing and in the hydrographic measurement of waterways to enhance traffic safety. The emphasis in the naval division is on the development and manufacture of sonar systems for ships. Atlas also occupies a leading position in the European market for training simulators. With its newest activities the company is adding further weight to the communications sector, for example a mobile satellite telephone developed in conjunction with a partner. It is specially economical and handy and can in its diverse versions be used in shipping, international truck transport or by commercial travellers. At the same time it is the communications component of the likewise satellite-assisted VELOC system for worldwide vehicle locating and scheduling which has been developed by the associated company STN Systemtechnik Nord.

The latter company's activities are also directed toward the electronics and system-engineering-focused future in shipbuilding, maritime technology, aviation, transport and logistics. The company's experience and expertise derive from the activities of the former marine divisions of AEG and MBB, out of which STN originated.

The technological emphasis is on unmanned underwater vehicles and aircraft, sensor carriers for monitoring tasks, communication and navigation systems, simulators and marine electronics with a high reputation worldwide. One of STN's special strengths is the development of drones. In the development phase of the KZO/Brevel reconnaissance and target locating system, the company cooperated closely with the Matra concern of France in the jointly

High-Tech-Schmiede in Bremen. Speziell für den deutschen Markt werden bei der BICC-VERO Electronics GmbH in Bremen bereits seit 1964 Komponenten für den Aufbau elektronischer Systeme konstruiert und gefertigt. Als einer der größten mittelständisch geführten Betriebe an diesem Standort beschäftigt das Unternehmen hier rund 350 Mitarbeiter. Die Angebotspalette der Bremer High-Tech-Schmiede reicht von 19-Zoll-Einschubsystemen, Schränken und Gehäusen bis hin zu Stromversorgungen und Mutterplatten sowie Netzwerktechnik.

The so-called High-Tech-Schmiede in Bremen. Since 1964 the BICC-VERO Electronics GmbH has been designing and producing components for the build-up of electronic systems. The company has a workforce of about 350 and is one of the largest medium-sized firms in the Bremen region. The production range extends from 19-inch plug-in systems, cabinets and housings to power supply units, master plates and network architecture.

operated firm of Eurodrone. STN's flying and floating drone systems also have many uses in the civilian sector, such as control tasks in environmental and other disasters and in monitoring the seas. STN also plays a part in maritime communication.

DST Deutsche System-Technik GmbH is still a young company, having been formed in 1990 by management buy-out from Philips GmbH, so that it can point to more than four decades of experience in development, manufacture and logistics in respect of electronic products and systems. Today the medium-sized telematics system house is engaged particularly in the development of advanced system solutions for applications in the fields of traffic guidance, safety and security, industrial automation and environmental technology. The methods employed and the necessary software stem for the greater part from DST's own laboratories and manufacturing facilities.

The range of activities of the Bremen technical sales office of AEG Aktiengesellschaft extends from problem analysis through proposed solutions and advice, offers, works manufacture, supply, assembly and commissioning to maintenance, servicing and training of customers' personnel. The main emphasis lies in industrial technology, automation, rail systems, electrotechnical systems and components.

Also active in Bremen is Lloyd Dynamowerke, a further member of the AEG group and one of the leading manufacturers in Germany of electrical power equipment. Electrical machines can be offered for every requirement — from an 0.5 kW direct-current electric motor through synchronous and asynchronous generators with capacities of 37 to 500 kW in the low-voltage range and up to 22,000 kW in the high-voltage range. Here too the services provided go far beyond manufacture. Machines requiring overhaul are serviced and repaired either in situ or at an AEG workshop.

The example of these companies shows that electrical engineering, electronics and systems engineering are the pacemakers of modern technologies today and in the future. They are in a strong position in the state of Bremen.

Der Maschinenbau:
Spezialisten auf vielen Gebieten

Der Maschinenbau — eines der Flaggschiffe der deutschen Industrie — hat auch im Land Bremen Bedeutung. Annähernd zehn Prozent der im verarbeitenden Gewerbe Beschäftigten sind in diesem Wirtschaftszweig tätig. Wie bundesweit typisch, ist die Branche auch an der Weser hoch spezialisiert und ausgeprägt mittelständisch strukturiert. Mit einer breitgefächerten Angebotspalette maßgeschneiderter Komponenten, Anlagen und Systeme sind viele dieser innovativen Firmen auch international erfolgreich.

Die Herstellung von Maschinen zur Verarbeitung importierter Rohstoffe sowie Komponenten für die maritime Wirtschaft — insbesondere den Schiffbau — gilt als Keimzelle des gesamten norddeutschen Maschinenbaus. In Bremen und Bremerhaven ist daraus ein breites Angebot mit hoher Spezialisierung entstanden. Bei so vielen Spezialisten fällt es nicht leicht, allgemeingültige Aussagen zu treffen. Fest aber steht: „Made in Bremen" hat in dieser Branche auch international einen guten Klang. Als Partner des produzierenden Gewerbes liefert der Bremer Maschinenbau Produkte, Systeme und Problemlösungen zur Steigerung der Produktivität für alle Zweige des verarbeitenden Gewerbes. Der Exportanteil liegt bei 40 Prozent.

Die Unterteilung des Maschinenbaus in Werkzeugmaschinen und Präzisionswerkzeuge, Textilmaschinen, Näh- und Bekleidungsmaschinen, Nahrungsmittel- und Verpackungsmaschinen, Apparatebau, Hütten- und Walzwerkeinrichtungen sowie Bergwerks- und Gießereimaschinen und Fördertechnik wird freilich der Bremer Maschinenbaulandschaft nicht voll gerecht. Das Spektrum ist weitaus breiter. Der hohe Anteil von Produkten und Systemen für den Umweltschutz ist hier ebenso herauszustellen wie technisch hochstehende Zulieferprodukte für den Weltschiffbau oder den Hafenumschlag. So hat sich eine Reihe von Bremer Unternehmen in ihren Marktsegmenten eine weltweit bedeutende, wenn nicht gar führende Stellung erobert, so zum Beispiel in den Bereichen automatischer Montageanlagen, Armaturen und Regelungstechnik, Wärmetechnologie, Fischverarbeitung, Motorenbau, Förder- und Verschlußanlagen, Spezialwerkzeuge u. a. m.

Die engen Kontakte der Maschinenbauunternehmen zu Kunden in allen Teilen der Welt verschaffen ihrer auch gemeinsam mit bremischen Forschungseinrichtungen betriebenen Innovations- und Entwicklungsarbeit zusätzliche Impulse. Ob in Forschung und Entwicklung, im kaufmännischen oder gewerblichen Bereich: Auf allen betrieblichen Ebenen bietet der Maschinenbau im Lande Bremen vor diesem Hintergrund attraktive Arbeitsplätze mit interessanten Perspektiven.

Die Erzeugnisse der HAAGEN & RINAU Mischtechnik GmbH, Bremen, sind weltweit im erfolgreichen Einsatz. Im Bild eine UNIMIX-Anlage, Typ SRA 2000, zur Herstellung von Cremes und Lotionen. Produktion, CIP-Reinigung und Sterilisation erfolgen über eine speicherprogrammierbare Steuerung.

The products of HAAGEN & RINAU Mischtechnik GmbH, Bremen, are successfully in use all over the world. The photo shows a UNIMIX plant Type SRA 2000 for the manufacture of creams and lotions. Production, CIP cleaning and sterilization proceed on a MPC system.

49

Johann A. Krause Maschinenfabrik GmbH, Bremen

Linke Seite: Installationsarbeiten für den Probelauf einer Einstell- und Prüfstation innerhalb einer Montagelinie für Pkw-Achsen. — Bild oben: Die Programmierung der Maschinensteuerung, wie hier bei einer Schraubstation, wird durch hochqualifizierte Inbetriebnehmer der Johann A. Krause Maschinenfabrik GmbH sowohl im Werk Bremen als auch weltweit bei den Automobilherstellern vor Ort ausgeführt. — Bild unten: Die autark arbeitenden Stationen in den Montagelinien für die Motor-, Getriebe- und Achsmontage sind durch das patentierte Transportsystem „Friktionsrollenbahn" verbunden.

Opposite: Installation work for the trial running of an adjustment and test station in an assembly line for car axles. — Above: The programming of the machine controls, such as here at a nutrunning station, is performed by the highly-qualified engineers of Johann A. Krause Maschinenfabrik GmbH, both at the Bremen works and at automobile manufacturers' plants worldwide. — Below: The self-contained stations in the assembly lines for engines, transmissions and axles are linked by way of the patented "friction roller conveyor" transport system.

Die hochwertigen Erzeugnisse der Spinnbau GmbH, Bremen, sind weltweit im Einsatz. Das Foto auf der linken Seite zeigt einen Blick in die Montagehalle. Hier werden die hochwertigen Anlagen vor der Auslieferung montiert und einer letzten Qualitätskontrolle unterzogen. Die obere Aufnahme zeigt eine „High-Tech-Nonwoven-Anlage" zur Herstellung von Filtermaterialien für die Papierindustrie.

The high-quality products of Spinnbau GmbH, Bremen, are in use all over the world. The photo opposite shows a view of the assembly hall, where the machines are assembled just before dispatch and subjected to a final quality check. The photo above shows a high-tech nonwoven-plant for the production of filter materials for the paper industry.

Mechanical Engineering:

Specialization in Many Fields

Mechanical engineering — one of the flagships of German industry — is also a significant feature of life in Bremen. Almost ten percent of the people employed in the processing industries work in this sector. On the river Weser as elsewhere in Germany the industry is characterized by a high degree of specialization in small to medium-sized companies. Many of these innovative companies that produce a wide range of tailor-made components, machinery and systems are also successful internationally.

The manufacture of machinery for processing imported raw materials and of components for the marine industry — especially shipbuilding — may be regarded as the nucleus of all mechanical engineering in North Germany. In Bremen and Bremerhaven this has resulted in a wide range of products and a high degree of specialization. With so many specialist companies it is not easy to make accurate general statements. But one thing is certain: "Made in Bremen" is regarded as a hallmark of quality even at international level in this industry. As partners of the producing industry, Bremen's mechanical engineering firms supply products, systems and solutions to problems aimed at increasing productivity in all sectors of the processing industry. Some 40 percent of the goods produced are for export.

But to divide the sector up into machine and precision tools, textile machinery, sewing machines and other machines for making clothing, machinery for the food and packaging industry, apparatus construction, smelting works and rolling mill plant, machinery for mines and foundries and materials-handling systems does not do full justice to mechanical engineering in Bremen. The spectrum is far broader. The large proportion of products and systems for environmental protection also deserves to be mentioned, as do technically sophisticated components for the shipbuilding industry throughout the world or the transshipment of goods in ports. A number of Bremen companies have achieved a significant or indeed leading position worldwide in their market segment; their fields include automatic assembly plant, fittings and control engineering, heat technology, fish processing, engine construction, conveying and sealing systems and special-purpose tools.

The close contacts between mechanical engineering companies and customers in all parts of the world give additional impetus to the work of innovation and development, which is in some cases carried out in collaboration with research institutions in Bremen. Whether in research and development, the commercial or industrial sector: against this background, mechanical engineering in Bremen offers attractive jobs with interesting perspectives at all company levels.

KSB-Pumpen helfen, das Binnenland trockenzuhalten. Bei der Errichtung des Schöpfwerkes Wasserhorst war die KSB Aktiengesellschaft, Bremen, maßgeblich an der Planung, Ausführung und Inbetriebnahme beteiligt. Das Ergebnis: ein Schöpfwerk, das effektiv und wirtschaftlich vor Überschwemmungen schützt.

KSB pumps help to keep the inland area dry. When the Wasserhorst pumping station was built, KSB Aktiengesellschaft in Bremen played a major part in its design, construction and commissioning. The result is a pumping station that effectively and economically prevents flooding of the land.

Stahlstandort Bremen — Die „Hütte am Meer"

Lange Jahre krisengeschüttelt, haben sich die deutschen Stahlkocher immer wieder auf ihre Stärken besonnen und die Produktivität ihrer Werke sowie die Qualität ihrer Erzeugnisse gleichermaßen stetig gesteigert. Zu den modernsten und leistungsfähigsten Hüttenwerken Europas zählt die Klöckner Stahl GmbH in Bremen. Die „Hütte am Meer" genießt in aller Welt einen ausgezeichneten Ruf als Lieferant von hervorragendem Flachstahl.

Zu Beginn der neunziger Jahre bewältigten die Bremer Stahlkocher eine der schwersten Krisen im Stahlgeschäft. Nachhaltige Verringerungen beim Kapitaldienst, eine Absenkung der Belegschaftsstärke und ein technisches „up-streaming" wichtiger Kernbereiche der Produktion waren die entscheidenden Weichenstellungen für eine neue Zukunft der Hütte am Meer, die 1993 mit mehr als 5000 Mitarbeitern zu den größten Arbeitgebern im Bundesland Bremen zählte.

1955 wurde der einzige Neubau eines integrierten Hüttenwerkes auf der „grünen Wiese" nach dem Krieg im Westen Deutschlands am Standort Bremen begonnen. Viele Gründe, insbesondere die Flächenverfügbarkeit und die küstennahe Lage, sprachen damals für die Standortwahl Klöckners in Bremens Norden. Der Transportweg Weser, der neben Schiene und Straße zur Anlieferung der Erze und zum Abtransport des Stahls genutzt werden kann, spielte ebenfalls eine große Rolle.

Mit der Inbetriebnahme des neuen Erzhafens Osterort im September 1991, für dessen Bau Investitionen in Höhe von rund 20 Mill. DM erforderlich waren, wurde es möglich, die Erze von selbstlöschenden Spezialfrachtern mit einer Tragfähigkeit bis etwa 40 000 Tonnen direkt vor dem Hochofen zu entladen.

Die Bremer Hütte setzte in den knapp vier Jahrzehnten ihres Bestehens immer wieder Maßstäbe. Mit großen Investitionsprogrammen in den siebziger und gegen Ende der achtziger Jahre wurden die Voraussetzungen für die Leistungsfähigkeit des Werkes geschaffen. 1973 wurden ein Großhochofen, eine zweisträngige Brammenstranggießanlage und eine vollkontinuierliche Warmbreitbandstraße fertiggestellt. Im Jahre 1986 wurde im Rahmen eines großangelegten Investitionsprogrammes eine Qualitätsoffensive vollzogen. Mitte 1993 nahm Klöckner zusammen mit einem belgischen Partner eine elektrolytische Verzinkungsanlage, die für die Produktion von 300 000 Tonnen pro Jahr ausgelegt ist, in Belgien in Betrieb. Gemeinsam mit finnischen und japanischen Partnern wurde in Bremen eine Feuerverzinkungsanlage mit einer Jahreskapazität von 400 000 Tonnen errichtet, die ebenfalls 1993 ihre Produktion aufnahm.

Das Produktionsprogramm der Klöckner-Hütte Bremen umfaßt die gesamte Palette der Flachstahlprodukte, die warm- und kaltgewalzt sowie verzinkt an die Automobilindustrie, Rohr-, Faß-, Haushaltsgerätehersteller und Stahl-Service-Center in aller Welt geliefert werden. Etwa 50 Prozent der Produkte werden exportiert. Eine Besonderheit ist die Lohnwalzung für Dritte, insbesondere für Edelstahlerzeuger in Europa und Fernost.

Umweltschutz wird bei Klöckner großgeschrieben. Beispiel: die Inbetriebnahme von Wasserkühlkreisläufen in der Stranggießanlage und im Warmwalzwerk der Hütte. Dadurch wird nicht nur der Wasserbedarf, sondern auch die Schadstoffbelastung der Weser entscheidend verringert. Rund 100 Mill. DM investierte Klöckner allein in diese Maßnahmen. Insgesamt wurden bisher etwa 316 Mill. DM in Umweltschutzmaßnahmen investiert. Ein weiteres Großvorhaben dient der Vermeidung von Kohlendioxydausstoß. Gemeinsam mit der Stadtwerke Bremen AG arbeitet die Hütte an einem Projekt, das einmal über 410 Millionen Kilowattstunden elektrischer Energie jährlich aus den beim Veredelungsprozeß von Erz in Stahl entstehenden Gasen gewinnen soll. Eine Menge, mit der rund 150 000 Haushalte ein Jahr lang mit Strom versorgt werden können! Derzeit wird Hochofengas zur Stromerzeugung genutzt und an die Deutsche Bundesbahn geliefert. Der Erfolg: Etwa jeder siebte E-Zug der Bahn fährt mit Strom aus der „Hütte am Meer".

Steelmaking in Bremen — The Mill by the Sea

Having repeatedly gone through difficult times, Germany's steelmakers have always remembered their strengths and have steadily enhanced their productivity and the quality of their products. So it is that Klöckner Stahl GmbH in Bremen is today one of the most advanced and high-performing iron and steel works in Europe. The "mill by the sea" has an excellent name worldwide as a supplier of high-quality flat rolled steel.

It was in the early 'nineties that Bremen's steelmakers overcame one of the worst crises in the business. Sustained reductions in the service of capital, a reduction in manpower and a technical "up-streaming" of important core production sectors were the decisive turning points toward a new future for the mill by the sea, so that by 1993, with a workforce of more than 5,000, it was one of the biggest employers in the state of Bremen. The only new project after the war in Western Germany was an integrated iron and steel works begun in 1955 on a green field site at Bremen. There were many reasons for the choice of location in the north of Bremen, especially the site availability and the proximity to the coast. A further important consideration was that the Weser, as well as road and rail transport, could be used for delivery of the ore and despatch of the finished steel.

With the opening of the new ore port of Osterort in September 1991, construction of which cost about 20 million DM, the ore could be discharged from self-unloading vessels of up to 40,000 tonnes capacity directly in front of the blast furnace.

In the barely four decades of its existence the steelworks repeatedly set new standards, and performance was greatly enhanced as a result of major investment programmes in the 1970s and toward the end of the 1980s. 1973 saw the completion of a large blast furnace, a two-strand continuous casting plant for slabs and a fully-continuous hot-rolling wide strip mill, and in 1986 a quality offensive took place within the framework of a large-scale investment programme. Together with a Belgian partner, Klöckner in mid-1993 put an electrolytic galvanizing plant into operation at a site in Belgium and designed for the production of 300,000 tonnes annually. In conjunction with Finnish and Japanese partners, a hot-dip galvanizing plant has been set up in Bremen with an annual capacity of 400,000 tonnes, production also commencing in 1993.

The production programme at Klöckner-Hütte Bremen covers the whole range of flat steel products — hot-rolled, cold-rolled and galvanized — these being supplied to the automobile industry, tube, cask, household appliance manufacturers and steel service centres all over the world. About 50 percent of production is exported. A special feature is job rolling for other steel producers, particularly for special-steel manufacturers in Europe and the Far East.

Environmental protection is written large at Klöckner, as exemplified by the installation of water cooling circuits in the continuous casting plant and in the hot rolling mill. This not only greatly reduces water consumption at the plant but also pollution of the Weser. Klöckner invested about 100 million DM in this measure alone, while so far a total of about 316 million DM has been spent on environmental protection. A further major scheme is intended to reduce carbon dioxide emissions. Together with Stadtwerke Bremen AG (the city's public utility), the Klöckner-Hütte is working on a project that will eventually yield more than 410 million kilowatt-hours of electrical energy annually from the gases produced during the whole process of ore preparation. This is enough to provide about 150,000 households with electricity for a year. At the present time the blast furnace gas is being used to produce electricity for supply to the German Federal Railway. This means that about every seventh electric-powered train runs on electricity from the "mill by the sea".

Die Weichen in eine neue Zukunft sind ge-
stellt. Die „Hütte am Meer" der Klöckner Stahl
GmbH genießt einen erstklassigen Ruf als
Lieferant von Flachstahl.

The course has been set for a new future.
Klöckner Stahl GmbH's "mill by the sea" has
an excellent reputation as supplier of flat
rolled steel.

Energieversorgung: Sicher, zuverlässig und wirtschaftlich

Zu den wichtigsten Aufgaben in einer modernen Industriegesellschaft gehört die sichere und zuverlässige Bereitstellung von Energie. Im Bundesland Bremen sorgen die Stadtwerke Bremen AG sowie die Bremerhavener Versorgungs- und Verkehrsgesellschaft mbH (BVV) dafür, daß „das Licht nicht ausgeht". Die Überlandwerk Nord-Hannover AG (ÜNH) als Strom-Großlieferant versorgt die Region zwischen Elbe und Weser.

Stadtwerke Bremen AG

Ein großes Schöpfrad an der Weser in Bremen war im 15. Jahrhundert eine vielbestaunte technische Attraktion. Die Gemeinschaftseinrichtung versorgte einige Häuser in Flußnähe mit Wasser. Ende des 18. Jahrhunderts betrieben die Hanseaten rund 300 Öllampen zur Erhellung ihrer Straßen und gründeten dafür eine Leuchtenstation. Aus solchen Anfängen entstand die Stadtwerke Bremen AG, deren rund 3000 Mitarbeiter Haushalte und Wirtschaft in Bremen — insgesamt etwa 330 000 Kunden — mit Strom, Erdgas, Wärme und Trinkwasser versorgen — zuverlässig, wirtschaftlich und umweltschonend, wie es in der Unternehmenssatzung steht. Der Betrieb gehört zu den fünf größten Unternehmen in der Hansestadt, und unter den Stadtwerken mit eigener Stromerzeugung nimmt das Unternehmen den zweiten Platz in Deutschland ein.

1854 gilt als Gründungsdatum für dieses kommunale Versorgungsunternehmen. Damals wurde unmittelbar neben dem Hauptbahnhof eine Gasanstalt gebaut, mit der die ersten 1100 Straßenleuchten versorgt wurden. 1873 wurde das Wasserwerk „Auf dem Werder" in Betrieb genommen, und 20 Jahre später entstand — wiederum am Hauptbahnhof — das erste Bremer Elektrizitätswerk. Diese drei Versorgungssparten wurden in den kommunalen „Erleuchtungs- und Wasserwerken" zusammengefaßt. Seit 1929 liefert ein Heizkraftwerk an der Bismarckstraße Fernwärme in Bremen. Damit erhielt das Querverbundunternehmen auch seine vierte Versorgungssparte.

Die besondere Struktur der Bremer Energieversorgung wird seit der Umwandlung in eine Aktiengesellschaft im Jahr 1941 zielbewußt ausgebaut: Im Gegensatz zu vielen anderen Kommunen werden in Bremen rund 90 Prozent des Strombedarfs in eigenen Kraftwerken mit Standorten in Hastedt, Industriehafen und Mittelsbüren erzeugt. Insgesamt verteilen die Stadtwerke pro Jahr etwa 4,5 Milliarden Kilowattstunden elektrischen Strom, wovon knapp 3,5 Milliarden Kilowattstunden an Großkunden und die Deutsche Bundesbahn geliefert werden. Beim Erdgas greifen die Bremer Energieversorger auf Fremdlieferungen zurück. Die Stadtwerke beziehen die umweltfreundliche Energie seit 1968 von der Ruhrgas AG und versorgen damit nicht nur Bremen, sondern auch die Umlandgemeinden.

Die Trinkwasserversorgung wird zu etwa 13 Prozent mit einem eigenen Grundwasserwerk im Norden der Stadt gesichert. 87 Prozent des Trinkwassers in Bremen werden aus Grundwasserwerken im niedersächsischen Umland bezogen.

Schon 1964 entschlossen sich die Stadtwerke und die Klöckner-Hütte zu einer zukunftsweisenden Zusammenarbeit. Gichtgas, das bei der Stahlproduktion zwangsläufig anfällt, wurde zur Erzeugung von Einphasenstrom für die Bundesbahn eingesetzt. 1991 fuhr etwa jeder siebte E-Zug der Bahn mit dem Strom aus Bremen. Der entscheidende Vorteil: Durch die Nutzung des Gichtgases wird der Verbrauch anderer fossiler Primärenergieträger reduziert und weniger Kohlendioxyd erzeugt.

Die Stadtwerke Bremen AG versteht sich als Partner der Wirtschaft und der Bürger mit der Zielsetzung, die für den täglichen Gebrauch und die Produktion benötigten Energien zuverlässig und bedarfsgerecht zur Verfügung zu stellen. Es ist zudem ein erklärtes Unternehmensziel, alle Kunden im Sinne einer sparsamen Energie- und Wasseranwendung objektiv zu beraten. Diese Dienstleistung wird seit 1987 wegen der noch größeren Verbrauchernähe in einem Beratungszentrum in der City interessierten Kunden angeboten.

Die Stadtwerke bemühen sich um den sparsamen und effektiven Einsatz von fossilen Brennstoffen wie Kohle und Erdgas. Bei der Stromerzeugung wird weitgehend nach dem technischen Prinzip der Kraft-Wärme-Kopplung verfahren und gleichzeitig Strom und Fernwärme produziert. Auf diese Weise kann der Energiegehalt der hierfür eingesetzten Steinkohle nicht nur zu rund 40, sondern bis zu 80 Prozent ausgenutzt werden. Ein immer größer werdender Teil des

Stadtwerke Bremen Aktiengesellschaft, Bremen

Ende 1989 ging das jüngste Kraftwerk in Hastedt ans Netz. Unmittelbar neben Block 14 (im Vordergrund), der mit Gas befeuert wird, wird im neuesten Block 15 nicht nur Strom produziert, sondern auch Wärme ausgekoppelt. Die Steinkohle für den Betrieb dieses Kraftwerks wird auf Binnenschiffen über die Weser angeliefert. Die gelungene Architektur und die unauffällige architektonische Einfügung in das vorhandene Stadtbild wurden 1990 mit dem Preis des Bundes Deutscher Architekten gewürdigt.

The newest power station in Hastedt was connected to the grid at the end of 1989. Immediately adjacent to block 14 (in the foreground), which is gas-fired, the new block 15 produces both electricity and heating. The hard coal for operating this power station is brought by inland waterway ships via the River Weser. The well-considered architecture and its harmonizing with the existing townscape was awarded the prize of the Association of German Architects in 1990.

Wärmebedarfs der Stadt soll auf diese Weise gedeckt werden, um mit der umweltfreundlichen Erdgasversorgung und den in den letzten Jahren errichteten Anlagen zur Rauchgasentstaubung, -entschwefelung und -entstickung ein noch höheres Maß an Umweltschutz zu erreichen.

Stadtwerke Bremerhaven AG

Seit 1969 sind das öffentliche Versorgungsunternehmen „Stadtwerke Bremerhaven AG" und das ebenfalls öffentliche Verkehrsunternehmen „Verkehrsgesellschaft Bremerhaven AG" organisatorisch, wirtschaftlich und finanziell in die Bremerhavener Versorgungs- und Verkehrsgesellschaft mbH (BVV) eingebunden.

Das moderne Dienstleistungsunternehmen BVV hat die Aufgabe, die Energie- und Wasserversorgung sowie den öffentlichen Personennahverkehr (ÖPNV) zu sichern, den rationellen und effektivsten Energieeinsatz zu realisieren, um damit einen entscheidenden Beitrag zur Verbesserung der Umwelt sowie der Lebensqualität zu leisten.

Eine der wichtigsten Aufgaben ist die Sicherung der Stromversorgung des Oberzentrums Bremerhaven. Hier nur einige Zahlen: So lieferten die Stadtwerke im Jahr 1991 325 Millionen Kilowattstunden direkt an ihre rund 77 000 Kunden im Stadtgebiet, von denen etwa 48 Prozent Haushaltskunden und 52 Prozent Industrie- und Gewerbekunden sind. Insgesamt verkaufte die BVV eine knappe halbe Milliarde Kilowattstunden, von denen etwa 174 Millionen Kilowattstunden an zwei Verteilerunternehmen zur Sicherung der Stromversorgung der Häfen in Bremerhaven weitergeleitet wurden.

Für diese Weiterleitung im Überseehafen ist das Hansestadt Bremische Amt Bremerhaven (HBA) und für den Fischereihafen die Fischereihafen-Betriebs- und Entwicklungsgesellschaft mbH (FBEG) verantwortlich.

Durch langfristig abgeschlossene Stromlieferungsverträge mit der Überlandwerk Nord-Hannover AG (ÜNH) sichern die Stadtwerke Bremerhaven AG die kontinuierliche Energiebereitstellung. Knapp 85 Prozent der elektrischen Energie beziehen die Bremerhavener von der ÜNH. Etwa elf Prozent werden vor Ort im Recyclingverfahren aus der Verbrennung von Müll durch das Müllheizkraftwerk der Bremerhavener Entsorgungsgesellschaft mbH (BEG) und die restlichen fünf Prozent durch zwei stadtwerkeeigene, erdgasbetriebene Blockheizkraftwerke (BHKW) gewonnen.

Neben der Stromversorgung Bremerhavens sichert das 1865 gegründete Unternehmen Stadtwerke zugleich die Belieferung mit Erdgas, Nah- und Fernwärme sowie mit Trinkwasser aus vier eigenen Wasserwerken.

Überlandwerk Nord-Hannover AG (ÜNH)

Der Hauptstromlieferant der Bremerhavener Versorgungs- und Verkehrsgesellschaft, die Überlandwerk Nord-Hannover AG, versorgt darüber hinaus die Region zwischen Weser und Elbe und damit ein Fünftel der Fläche des Landes Niedersachsen mit Strom. Das mit seiner Hauptverwaltung in Bremen beheimatete Unternehmen setzt auf die verstärkte Nutzung umweltfreundlicher Energie. So betreibt das Unternehmen eine Vielzahl von Windkraftanlagen im Windpark Cuxhaven und verstromt Deponiegas aus Hausmülldeponien in Blockheizkraftwerken. Der überwiegende Strombedarf — pro Jahr etwa 3,7 Milliarden Kilowattstunden — wird mit Hilfe der Kernenergie gedeckt.

Neben Bremerhaven versorgt das Unternehmen mehr als 200 Städte und Gemeinden zwischen Weser und Elbe mit etwa 1,1 Millionen Einwohnern mit Strom, den die VEBA-Tochter Preussen-Elektra, Hannover, erzeugt. Das Versorgungsnetz hat 25 000 Kilometer Leitungen auf verschiedenen Spannungsebenen. Ein modernes, computergesteuertes Netzleitsystem mit der Hauptrechneranlage in Bremen sorgt für die permanente Funktionsfähigkeit des Netzes und überwacht alle Vorgänge.

Seit 1987 werden Bremer im eigens dafür eingerichteten Kundenzentrum an der Sögestraße über alle Möglichkeiten zum sparsamen Umgang mit Energie und Wasser informiert. Das persönliche Gespräch mit den Experten wird ergänzt durch Schautafeln und eine ständig aktualisierte Ausstellung energiesparender Geräte.

A customer advice centre was set up in Bremen's Sögestrasse in 1987 to advise people on the economical use of energy and water. Personal discussion with the experts is backed up with charts and diagrams and an exhibition of energy-saving equipment that is kept constantly up to date.

63

Energy Supply: Safe, Reliable and Economical

One of the most important needs in a modern industrial society is safe and reliable energy. In the state of Bremen the Stadtwerke Bremen AG and the Bremerhavener Versorgungs- und Verkehrsgesellschaft mbH (BVV) ensure that the "lights don't go out", while the region between the Elbe and Weser rivers receives its electricity from Überlandwerk Nord-Hannover AG (ÜNH).

Stadtwerke Bremen AG

A bucket-wheel on the Weser at Bremen, used for supplying a few houses on the riverside with water, was a source of much astonishment in the 15th century. At the end of the 18th century Bremen had some 300 oil lamps for lighting their streets and set up a lamp station for the purpose. These were some of the beginnings of Stadtwerke Bremen AG, a public utility with about 3,000 employees and supplying electricity, natural gas, district heating and drinking water to about 330,000 customers — private and corporate — and that reliably, economically and environment-friendly, as set out in the company statute. It is one of Bremen's five largest companies, and occupies second place in Germany among public utilities producing their own electricity.

It dates from 1854, when a gasworks was built next to the central railway station to supply the town's first 1,100 street lamps. Then in 1873 the waterworks "Auf dem Werder" went into operation, while twenty years later the town had its first electricity works — again at the central station. These three facilities were in due course grouped together to form the municipal "Lighting and Water Works", while a fourth was added in 1929 when a combined heat-and-power station at Bismarckstrasse started to supply district heating.

The particular structure of Bremen's energy supply was further emphasized when a joint-stock company was formed in 1941: In contrast to many other municipalities, in Bremen some 90 percent of the electricity requirements is provided in its own power stations, namely at Hastedt, Industriehafen and Mittelsbüren. About 4.5 billion kilowatt-hours of electricity are supplied annually, with almost 3.5 billion going to large-scale users and the German Federal Railway. In the case of natural gas, however, Bremen resorts to outside suppliers, with Ruhrgas AG providing both Bremen and the surrounding communities with this environment-friendly energy since 1968.

Drinking-water supplies are obtained to about 13 percent from an own groundwater works in the north of the city, with about 87 percent coming from groundwater works in neighbouring Lower Saxony.

The Stadtwerke and the Klöckner-Hütte steelworks agreed in 1964 on a use for the blast furnace gas that occurs as a byproduct of steel production in that it is used to produce single-phase electricity for the Federal Railway (DB). Thus in 1991 about every seventh electric train on the DB was running on electricity

Eine Ver- und Entsorgung für Bremerhaven, die sich bewährt hat, leisten die Bremerhavener Versorgungs- und Verkehrsgesellschaft mbH (BW) sowie die Bremerhavener Entsorgungsgesellschaft mbH (BEG). Die 1969 gegründete BW versorgt die Seestadt rund um die Uhr mit Strom, Gas, Wasser, Nah- und Fernwärme. Mit ihrem modernen öffentlichen Personennahverkehr hat sie die Lebensqualität erheblich gesteigert. — Die BEG mit ihren Betriebszweigen Müll-Heiz-Kraftwerk, Kläranlagen, Deponie und Kompostierung entsorgt umweltfreundlich und energiebewußt Bremerhaven und weitere Gebietskörperschaften unter Nutzung der anfallenden Energie zur Strom- und Fernwärmeversorgung. — BW und BEG: die Partnerschaft für eine umweltschutzorientierte Zukunft!

Bremerhavener Versorgungs- und Verkehrsgesellschaft mbH (BW) together with the Bremerhavener Entsorgungsgesellschaft mbH (BEG) provide Bremerhaven with an efficient service covering utilities and waste disposal. The BW, founded in 1969, supplies the city 24 hours a day with electricity, gas, water and district heating, while its modern local passenger transport has added much to the quality of life. The BEG with its refuse-fired heat-and-power station, sewage purification plants, refuse dump and composting plant meets the needs of Bremerhaven and other area authorities for environment-friendly and energy-minded waste disposal by using this to provide electricity and district heating. BW and BEG: the partnership for an environment-oriented future!

from Bremen. By using the blast furnace gas other fossil fuels are spared and less carbon dioxide is produced.

Stadtwerke Bremen AG sees itself as in partnership with trade, industry and the citizen for the efficient and reliable production of the energy required daily for manufacture and household needs. It also pursues the objective of advising all customers on the economical use of energy and water. With an advice centre set up in Bremen's city centre in 1987 this service is now brought even closer to the interested customer. Fossil fuels such as coal and gas are used as sparingly as possible, and combined heat and power is employed wherever practicable, thus allowing the simultaneous production of electricity and district heating.

The energy content of the coal used can thus be utilized to up to 80 percent instead of only about 40 percent. An ever greater part of Bremen's heating requirements is to be met in this way. This together with greater use of natural gas and the already installed flue-gas filtering, desulphurizing and denitrification plants in power stations will do still more for environmental protection.

Stadtwerke Bremerhaven AG

In the year 1969 the public utility Stadtwerke Bremerhaven AG and the public transport company Verkehrsgesellschaft Bremerhaven AG merged to become Bremerhavener Versorgungs- und Verkehrsgesellschaft mbH (BVV), thus bringing together energy and water supply and local public transport for an improved environment and quality of life. One of the main tasks is safeguarding Bremerhaven's electricity supply. In 1991 the utility supplied 325 million kilowatt-hours directly to its approximately 77,000 customers in the urban area, of which 48 percent were households and 52 percent industrial and trade customers. In all, BVV sold almost a half-billion kilowatt-hours, of which about 174 million kilowatt-hours went to two electricity distributors supplying to the port areas in Bremerhaven. For this continuation to the "Überseehafen" the Hansestadt Bremische Amt Bremerhaven (HBA) is responsible, while for the Fishery Port the Fischereihafen-Betriebs- und Entwicklungsgesellschaft mbH (FBEG) is responsible.

Long-term electricity supply contracts with Überlandwerk Nord-Hannover AG (ÜNH) ensure continuing supplies to Stadtwerke Bremerhaven AG. The latter receives almost 85 percent of its electricity from ÜNH, while about 11 percent is produced locally at the refuse-fired heat-and-power station operated by Bremerhavener Entsorgungsgesellschaft (BEG). The remaining four to five percent is provided by the Stadtwerke's two natural-gas-fired combined heat-and-power stations.

The Stadtwerke, founded in 1865, not only supplies Bremerhaven with electricity, but also natural gas and district heating as well as drinking water from its four own waterworks.

Überlandwerk Nord-Hannover AG (ÜNH)

The main supplier of electricity to the BVV in Bremerhaven is Überlandwerk Nord-Hannover AG, which also supplies to the region between the rivers Weser and Elbe, and thus to a fifth of the area of Lower Saxony. The company, with headquarters in Bremen, is a protagonist of environment-friendly energy and so operates a large number of wind power plants at Cuxhaven's "Windpark" and produces electricity in combined heat-and-power stations from the gas obtained from household refuse dumps. Most of its electricity, however — about 3.7 billion kilowatt-hours annually — is obtained with nuclear energy.

The company supplies electricity not only to Bremerhaven but also to more than 200 towns and communities totalling about 1.1 million people between Weser and Elbe. The electricity is produced by the VEBA subsidiary PreussenElektra, Hannover. The supply network comprises 25,000 kilometres of transmission lines at various voltage levels. A modern, computer-controlled system with the master computer in Bremen ensures constant operability of the network and monitors everything.

Das Verwaltungsgebäude der Überlandwerk Nord-Hannover AG in Bremen wurde 1954 erbaut und 1982 durch einen Anbau erweitert. Es ist ebenfalls Geschäftssitz der Tochterunternehmen für Umweltschutz-Dienstleistungen.

The administration building of Überlandwerk Nord-Hannover AG in Bremen was built in 1954 and was extended in 1982. It is also the headquarters of the subsidiary company concerned with environmental protection services.

Die ganze Welt der Genüsse

Mit mehr als 13 000 Beschäftigten und einem Umsatz von etwa 8 Mrd. DM gehört die Nahrungs- und Genußmittelindustrie zu den klassischen Standbeinen des verarbeitenden Gewerbes im Lande Bremen. Die Branche kann auf eine zum Teil jahrhundertealte Tradition verweisen: So gilt die Hansestadt seit tausend Jahren als Weinstadt. Nur gut dreihundert Jahre später wurde an der Weser das erste Bier gebraut. Tabak, Kaffee und Kakao, Früchte, Fisch, Cerealien, Gewürze, Milch- und Fleischwaren sind weitere Genüsse, hinter deren Veredelung und Handel teils weltbekannte Namen aus Bremen und Bremerhaven stehen.

Gerstensaft mit Weltruf

In keinem Land der Welt gibt es so viele Bierspezialitäten wie in Deutschland. Etwa 1300 Brauereien produzieren mehr als 5000 Marken. Die meisten dieser ober- und untergärigen, aus Weizen, Gerste oder Roggen gebrauten Biere haben indes nur regionale Bedeutung. Ganz anders verhält es sich mit dem Bier aus Bremen: „Beck's" kann man nicht nur überall im Lande kaufen, das Pils in den charakteristischen grünen Schulterflaschen mit dem silbrigen Hals zeichnet sich auch durch den bundesweit höchsten Bekanntheitsgrad aus. Und weil die Bremer Brauer etwa die Hälfte ihres Ausstoßes exportieren, trägt das Bier mit dem Bremer Schlüssel auf dem Etikett den Namen der Hansestadt hinaus in alle Welt.

Bierbrauen hat in Bremen eine über siebenhundertjährige Tradition. Bereits im 13. Jahrhundert lieferten die Hanseaten ihren Gerstensaft nach Holland, Flandern, England und Skandinavien. 1489 wurde in der Hansestadt die „Bremer Brauer-Societät" gegründet, die als älteste berufsständische Vereinigung im deutschsprachigen Raum gilt. Der Export bremischen Bieres hat sich bis heute fortgesetzt. Mehr als 80 Prozent aller US-amerikanischen Bierimporte aus Deutschland entfallen auf Beck & Co,

und am Gesamtexport aller deutschen Brauereien halten die Bremer ein gutes Drittel.

Ausschließlich natürliche Zutaten, nämlich Malz, Hopfen, Hefe und Wasser, dürfen zum Brauen deutscher Biere verwendet werden — so will es das deutsche Reinheitsgebot. Danach verfahren auch die Bremer Bierspezialisten, und das mit wachsendem Erfolg. Fast fünf Millionen Hektoliter Qualitätsbiere werden von Beck & Co pro Jahr gebraut. Damit ist das renommierte Privatunternehmen eine der größten Braustätten Deutschlands geworden und gehört zu den wenigen Unternehmen, die auf einem stagnierenden Markt Zuwächse aufweisen können.

Kompetenz in Bohnen:
Kaffee und Kakao

Etwa gegen Ende des 17. Jahrhunderts beginnt Bremens Liaison mit dem Kaffee. Am 21. Juli 1695 verkündet der Rat der Hansestadt die Einführung einer „Consumtionssteuer" auf „Thee, Coffee, Choquelade und Toback". Die erste „Kaffeetrinkstube" wird im Schütting, dem Sitz der Kaufmannschaft, eingerichtet. Aus einem großen Kaffeetopf mit drei Hähnen dürfen sich die Gäste selbst bedienen. Das erste Adreßbuch

der Stadt erwähnt 1794 acht „Thee- und Coffeehäuser".

Doch die kleine anregende Bohne hat nicht nur Befürworter. Preußens König Friedrich der Zweite beispielsweise versuchte, den Kaffeekonsum seiner Untertanen zu drosseln, als er hörte, wieviel Geld sie für den schwarzen Trank ausgaben. Der Alte Fritz war der Überzeugung, daß das Volk wie eh und je Bier trinken sollte, und verbot kurzerhand den ungezügelten Kaffeeimport.

Heute gelangt der „schwarze Treibstoff der Gedanken" ungehindert ins Land und ist der Deutschen liebstes Getränk geworden. 1990 lag der Pro-Kopf-Verbrauch bei nahezu acht Kilogramm oder 190 Litern. Das vereinte Deutschland bringt es auf eine Importmenge von knapp zehn Millionen Sack mit einem Einfuhrwert von mehr als 3 Mrd. DM. Das entspricht etwa einem Siebtel der gesamten Agrareinfuhren der Bundesrepublik. Mehr als sechs von zehn Sack Rohkaffee, die in Deutschland verarbeitet werden, kommen dabei über Bremen ins Land, und jede zweite Tasse Kaffee, die der Bundesbürger zu Hause, am Arbeitsplatz oder in der Gastronomie trinkt, stammt aus Röstereien bremischer Unternehmen.

Zudem gilt die Hansestadt als Zentrum der europäischen Entcoffeinierungsindustrie, dessen Ursprünge bis zum Anfang unseres Jahrhunderts zurückreichen, als hier ein erstes kommerziell verwertbares Entcoffeinierungsverfahren erfunden wurde. Damit hat es die Bohne zu einem bedeutenden Wirtschaftsfaktor gebracht, der allein in der Hansestadt mehr als 7000 Menschen direkt oder indirekt Arbeit gibt. Spitzenunternehmen der deutschen Kaffeewirtschaft, wie Jacobs, Eduscho und Melitta, sind hier zu Hause.

Fortsetzung Seite 74

Die „Alexander von Humboldt" vor der New Yorker Skyline. Als Botschafter für das Bundesland Bremen und für das Spitzen-Pilsener „Beck's" ist die Dreimastbark der Deutschen Stiftung Sail Training (DSST) auf den Weltmeeren unterwegs. Die Brauerei Beck & Co, mit 35 Prozent Anteil an den Ausfuhren seit Jahren Deutschlands führender Bierexporteur, ist einer der DSST-Stifter.

The "Alexander von Humboldt" against the New York skyline. The three-masted barque of the German Sail Training Foundation (DSST) sails the world's seas as ambassador for the state of Bremen and for "Beck's", the top-quality Pilsener. The Beck & Co brewery, Germany's leading beer exporter for many years, holds 35 percent of the total German beer export business. It is one of the founders of the DSST.

Nur qualitativ hochwertige Kaffeesorten werden für Jacobs Café verarbeitet. Nachdem der Rohkaffee in Bremen entladen ist (Foto links), erfolgt eine Qualitätsüberprüfung durch Proberöstung in der Probenküche in Bremen-Hemelingen (unten). Die Bilder auf der rechten Seite zeigen die Kaffeeröstung sowie die Verpackung von Jacobs Krönung im Röstkaffeewerk Berlin.

Only the highest-quality coffees are used in producing Jacobs Café. After the raw coffee has been discharged in Bremen (photo left), the quality is checked through a roasting test in the sampling kitchen of Bremen-Hemelingen (below). The photos on the right hand side show the coffee roasting and packaging of Jacobs Krönung at the plant in Berlin.

Über die „Schlauchbeutelmaschine" werden die Milka Lila Stars in die Beutel eingefüllt. Die beiden Enden werden verschweißt und gelangen über ein Fließband zur Verpackungsanlage. — The Milka Lila Stars are filled into the bags by way of the tubular bag machine. Afterwards both ends of the bags are welded and passed over a conveyor belt to the packaging machine.

Nachdem Haselnüsse, Rosinen und Mandeln mit Milchschokolade umhüllt worden sind, laufen sie über eine sogenannte „Ishida-Waage". Hier werden die Milka Lila Stars für die unterschiedlichen Beutelgrößen genau abgewogen. — After hazel nuts, raisins and almonds have been covered in Milka chocolate, they are passed over to a so-called "Ishida weigher". Here the Milka Lila Stars are exactly weighed up for the different sizes of the bags.

Coffein-Analyse für Kaffee HAG

Caffeine analysis for Kaffee HAG

Kaffeetester in der Probenküche bei Jacobs Suchard in Bremen-Hemelingen. — Coffee
tasters at work in the sampling
kitchen of the Jacobs Suchard
plant in Bremen-Hemelingen.

Zunehmend gewinnt noch eine andere Bohne an Bedeutung: der Kakao. 1987 von der Londoner Kakao-Börse als offizieller Andienungshafen anerkannt, gelangen seither jährlich etwa 60 000 Tonnen des Rohstoffs über bremische Kajen nach Deutschland. Der größte Teil wird vom Marktführer auf dem Tafelschokoladenmarkt, Jacobs Suchard, verarbeitet.

Doch Schokogenuß made in Bremen beschränkt sich keinesfalls nur auf die Großen der Branche. Ein kleineres traditionsreiches Unternehmen hat ebenfalls seinen Sitz in der Hansestadt: Die Bremer Chocolade-Fabrik Hachez fertigt seit mehr als einem Jahrhundert edle Schokoladen und feinste Pralinen. Starprodukt des Nischenanbieters sind die „Braunen Blätter", seit mehr als fünfzig Jahren der absolute Renner des Mittelständlers, mit dessen Produkten der Kenner übrigens zwei typische Merkmale verbindet: eine leicht bittere Edelsüße und einen im Vergleich zum Wettbewerb hohen Preis. Das erstklassige Naschwerk des in der Bremer Neustadt ansässigen Unternehmens ist am oberen Ende der Preisskala angesiedelt.

Genüsse aus dem Meer

Die Seestadt Bremerhaven wird von Einwohnern wie Besuchern gleichermaßen häufig liebevoll-ironisch als „Fishtown" bezeichnet. Das kommt nicht von ungefähr: Die Stadt mit dem maritimen Flair lebt im beachtlichen Umfang mit und von Genüssen aus dem Meer. Nirgendwo in Deutschland ist die Dichte an Fischfachgeschäften so hoch wie hier. Der Seefischmarkt der Stadt ist der größte in der Bundesrepublik und zählt zu den bedeutendsten Europas. Zwei Drittel der deutschen Seefischanlandungen entfallen auf Bremerhaven, pro Jahr werden zwischen 150 000 und 200 000 Tonnen Fisch hier weiterverarbeitet.

Der Fischereihafen im Süden der Stadt gilt heute als ein aufstrebender moderner Standort der Nahrungs- und Genußmittelindustrie Deutschlands. Diesen Status verdankt der Komplex einem grundlegenden Strukturwandel. Durch die Ausdehnung internationaler Hoheitsgewässer und die damit einhergehende Reduzierung der deutschen Fischfangflotte, die zu einem großen Teil in Bremerhaven beheimatet war, entstand die Notwendigkeit, durch verstärkte Importe die Rohwarenversorgung zu sichern und die ehemalige Fischwirtschaft nach der Devise „Vom Fisch zum Tiefkühl-Fertigmenü" zu einem leistungsfähigen Produktions- und Dienstleistungsbereich umzuwandeln.

Der Fischereihafen ist heute wieder ein stabiler Faktor der regionalen Wirtschaft mit eigenen wissenschaftlichen Instituten, mit mehr als siebzig fischverarbeitenden Unternehmen vom Klein- und Mittelständler bis hin zum Großunternehmen, mit einer Reihe bedeutender Kühlhausbetreiber und mit einer betriebsübergreifenden Gesellschaft, die für die Unterhaltung und Neuschaffung von Infrastrukturen sorgt. Die Fischereihafen-Betriebs- und Entwicklungsgesellschaft m.b.H., Bremerhaven, hat sich zum Ziel gesetzt, den Fischereihafen zu einem Zentrum zukunftsorientierter Lebensmittelindustrie auszubauen.

Mit dem Projekt „Schaufenster Fischereihafen", bei dem ein historischer Teil des Areals zu einem touristischen Zentrum mit einer Vielfalt von Fischfachgeschäften, Bierstuben, Räuchereien und maritimen Geschäften ausgebaut wird, setzen die Bremerhavener Maßstäbe. Clou des Ganzen: Mitarbeiter der fischverarbeitenden Betriebe können sich während ihrer Arbeit „auf die Finger schauen lassen" und Seefahrt-Interessierte die „Gera", den letzten Seitenfänger, besichtigen.

Seit 1988 treffen sich zudem jedes Jahr mehr Experten rund um das eiweißreiche Nahrungsmittel zur Fischfachmesse in Bremen. Zur „Fisch '92" kamen beispielsweise mehr als dreihundert Aussteller aus vierzig Nationen an die Weser.

Frische Vielfalt: Frucht via Bremen

Im Fruchtumschlag und -handel nimmt das Land Bremen für Deutschland eine Schlüsselposition ein. Etwa die Hälfte aller in die Bundesrepublik importierten Südfrüchte gelangt über Bremen und Bremerhaven zum deutschen Verbraucher. Das sind pro Jahr rund eine dreiviertel Million Tonnen frisches Obst, exotische Früchte und verschiedenste Gemüsesorten. Mit der Scipio-/Atlanta-Gruppe hat zudem der europaweit größte Fruchtdistributeur hier sein Hauptquartier.

Wenn heute der Verbraucher in jedem Winkel Deutschlands zu jeder Jahreszeit frisches Obst und Gemüse von gleichbleibend hoher Qualität kaufen kann, so verdankt er das vor allem der Einführung moderner Transportsysteme in der Seeschiffahrt, leistungsfähiger Umschlaganlagen und Lagerfazilitäten in den Seehäfen sowie einem schonenden und zügigen Weitertransport der empfindlichen Ware bis in die Regale des Handels. Das ausgewiesene Know-how der Bremer Fruchtexperten gewährleistet die sachgemäße Behandlung und schonenden Weitertransport der verschiedensten Frucht- und Gemüsesorten zu jeder Zeit.

„Stars" unter den bremischen Importfrüchten sind vor allem Bananen und Zitrusfrüchte. Als Zentrum des Bananenumschlags gilt Bremerhaven mit einem neuen Fruchtterminal und der größten und modernsten Bananen-Zentralreiferei Europas. Die Bananenlöschanlage am Fruchtterminal kann durchschnittlich 90 000 Kartons Bananen pro Schicht aus einem Schiff in das Verteilersystem des Schuppens fördern. Von dort gelangt die Ware zur landseitigen Weiterverladung. Der gesamte Verladevorgang wird dem qualitativ hohen Anspruch der empfindlichen Früchte gerecht. Die Bananen werden weitestgehend temperaturkonstant ver- und umgeladen, das heißt, sie gelangen in einem klimageschützten, völlig geschlossenen System vom Schiff zum landseitigen Verkehrsträger.

Die EDV-gesteuerte Zentralreiferei kann in 41 Reifekammern gleichzeitig zwischen 50 000 und 55 000 Kartons à 18 Kilogramm Bananen pro Woche reifen — und zwar in jeder vom Kunden gewünschten Farbe. Dennoch wird auch in diesem hochmodernen Betrieb nicht auf die menschliche Erfahrung im Umgang mit der Frucht verzichtet. Der Reifemeister ist trotz aller Technik weiterhin persönlich und gefühlsmäßig mit der ihm anvertrauten Frucht verbunden.

Der Bremer Kaffeeröster Eduscho ist seiner Qualitätsphilosophie treu geblieben, in deren Mittelpunkt die natürlich-aromatische Kraft der ganzen Bohne steht. Die sorgsame Behandlung des Kaffees spiegelt auch heute die Philosophie des Eduscho-Gründers Eduard Schopf wider: „Guter Kaffee muß frisch sein. Man muß seine Kultur nicht nur schmecken, sondern auch erleben können!" — The Bremen coffee roasting firm of Eduscho remains faithful to its philosophy, the central tenet of which is the natural aromatic strength of the whole bean. The careful handling of the coffee is also reflected in the philosophy of the company founder, Eduard Schopf: "Good coffee must be fresh. Its culture must be tasteful and an experience at the same time."

In vino veritas

Wesentlich zum Ruf Bremens als Weinstadt hat der Ratskeller beigetragen, der die wohl umfassendste Karte für deutsche Weine bietet, die weltweit zu finden ist. Weiß- und Rotweine aus allen Lagen deutscher Weinbaugebiete lagern hier in einem ständigen Vorrat von rund einer halben Million Flaschen. Bremische Weinkultur indes beschränkt sich keinesfalls allein auf den vielgerühmten Keller des 1410 gebauten Rathauses. Insbesondere die Weinimporthäuser der Hansestadt tragen mit ihrem Sachverstand und ihrer oft jahrhundertealten Tradition zum guten Namen Bremens unter Weinliebhabern bei.

War die Hansestadt früher insbesondere als Bordeaux-Stadt bekannt — nicht wenige Bremer Importeure ließen sich an der Gironde-Mündung nieder —, haben sich inzwischen auch italienische, spanische, portugiesische und kalifornische Weine ihren Platz auf den Importlisten erobert.

Tabak: Voll Würze und Aroma

Tabak gehört zu den klassischen Import- und Handelsgütern bremischer Kaufleute. Verarbeitet wurde Tabak in Bremen — soweit bekannt — schon im Jahre 1663. Der Wirtschaftszweig erlangte rasch Bedeutung. So standen im Jahre 1850 etwa 10 000 Menschen — eine auch nach heutigem Maßstab beachtliche Zahl — bei 281 Zigarrenfabriken in Lohn und Brot. Zigarren aus Bremen wurden in viele Länder Europas geliefert. Ehe der Tabak um 1880 von der Baumwolle überflügelt wurde, war er sogar wichtigstes bremisches Einfuhrgut. Die Hansestadt war einer der großen Tabakmärkte Europas. Zu den bekanntesten Bremer Industrieunternehmen der Branche entwickelte sich die traditionsreiche Firma Brinkmann, die auch heute noch, wenngleich mit stark reduziertem Umfang, an der Weser tätig ist.

Von besonderer Bedeutung ist in Bremen seit über dreißig Jahren die Vermarktung der hochwertigen indonesischen Zigarrentabake aus Sumatra und Java. Keimzelle dafür war die 1959 gegründete Deutsch-Indonesische Tabak-Handelsgesellschaft (DITH) als eines der ersten deutsch-indonesischen Joint-ventures. Im Rahmen der jährlich mehrmals stattfindenden Verkaufsveranstaltungen in der Bremer Tabakbörse wurden seither indonesische Zigarrentabake im Gesamtwert von rund 3,5 Mrd. DM an die westeuropäische Zigarrenindustrie und den Rohtabakhandel verkauft.

Kernig, knusprig, gesund: Cerealien

Zum Frühstück werden sie am liebsten genossen: Cerealien wie Corn Flakes, Smacks oder Frosties aus Bremen. In der Hansestadt hat der amerikanische Kellogg-Konzern mit seiner Niederlassung seine Aktivitäten für Kontinentaleuropa angesiedelt. Seit der Inbetriebnahme eines Distributionszentrums im Frühjahr 1989 hat sich der Produktionsstandort Bremen auch zu einem Logistikzentrum entwickelt. Auf einer Grundfläche von 12 400 Quadratmetern wurden 222 000 Kubikmeter Raum umbaut und ein Gesamtkomplex von 159 Meter Länge, 75 Meter Breite und 40 Meter Höhe erstellt. Bei Vollauslastung kann das vollautomatische Hochregallager 33 000 Paletten aufnehmen. Von hier aus versorgt Kellogg mehr als fünfzig Zielländer in Europa und im Nahen und Mittleren Osten mit mehr als zwanzig Produkten in etwa hundert Variationen. Zudem übernimmt das Center für den deutschen Markt die Funktionen eines Zentrallagers.

Seit 1962 hat der Konzern mehr als 1 Mrd. DM in Bremen investiert, und weiteres Wachstum ist auch durch die Ausdehnung des Geschäfts in Richtung Osteuropa programmiert.

Von Anis bis Zimt . . .

. . . von Pfeffer bis Paprika — Gewürze aus Bremen sind das Salz in der Suppe zahlloser deutscher Haushalte. Seit 1923 steht eine Bremer Firma für ein breitgefächertes Angebot: die Ubena Gewürze GmbH. Ihren Namen entliehen sich die Gewürzspezialisten 1960 vom Schiff einer Reederei, die ihrerseits eine Anleihe bei dem ostafrikanischen Eingeborenenstamm „Ubena" machte. Heute steht Ubena für Güte und Frische, auch deshalb, weil die edlen Kräuter und Gewürze zu großen Teilen in Spezialgläsern verpackt in den Handel und somit zum Verbraucher gelangen.

Übrigens führt der Pfeffer die Gewürz-Hitliste der Deutschen an, gefolgt vom Paprika. Etwa 5000 Tonnen der verschiedensten Gewürze erreichen pro Jahr die Firma in Bremen, werden hier gereinigt, zerkleinert oder gemahlen und schließlich in Gläser, Dosen oder Beutel abgefüllt an den Handel weitergegeben.

Von glücklichen Kühen

Aus dem Marschenland der Norddeutschen Tiefebene kommt die Milch, die von der Bremerland Molkereigenossenschaft zu Sahne, Joghurt, Trinkmilch, Butter, Kefir und vielen anderen Spezialitäten verarbeitet wird. Mehr als 2300 landwirtschaftliche Betriebe liefern pro Jahr 325 Millionen Kilogramm Milch in die drei Produktionsstätten des Unternehmens. Über die gleichbleibende Qualität der Produkte wachen ein eigenes Untersuchungsinstitut für Rohmilch und Betriebslaboratorien. Ein Frischdienst sorgt für die schnelle und lückenlose Belieferung des Handels.

Nahezu die gesamte Region in Bremen „und umzu" sowie die Nachbarn Hamburg, Niedersachsen, Schleswig-Holstein, Nordrhein-Westfalen und teilweise auch die neuen Bundesländer sind in das Distributionssystem des Unternehmens mit eingebunden.

Wenn's um die Wurst geht

Auch bei Fleischwaren haben die Bremer „die Nase" vorn. So ist einer der größten Betriebe der Branche in der Bundesrepublik Deutschland seit mehr als sechzig Jahren in der Hansestadt aktiv. Die Karl Könecke Fleischwarenfabrik produziert heute in vier Werken in Bremen, Berlin und Delmenhorst. Innerhalb weniger Jahre erreichte das Unternehmen in einem stagnierenden Markt wachsende Umsätze, die bereits 1992 die 400-Mill.-DM-Grenze überschritten.

In der Bremer Tabakbörse im Freihafengebiet der Hansestadt werden die hochwertigen indonesischen Rohtabake aus Sumatra und Java vermarktet. Seit ihrer Gründung 1959 wurden in der Bremer Tabakbörse mehr als 3,8 Millionen Ballen Rohtabak verkauft.

The high-quality Indonesian raw tobaccos from Sumatra and Java are marketed at the Tobacco Exchange in Bremen's freeport area. More than 3.8 million bales of raw tobacco have been sold at the exchange since it was founded in 1959.

F.M.S. „Jan Maria" – Deutschlands größtes Fischereifahrzeug – hat bei 4497 Bruttoregistertonnen eine Fangkapazität von rund 2700 Tonnen gefrorene Fische. Die Entlöschung erfolgt über eine Seitenklappe, eine Neuheit in der Fischerei. – F.M.S. "Jan Maria", Germany's largest fishery vessel, is of 4,497 gross register tonnes and has a catch capacity of about 2,700 tonnes frozen fish. It is unloaded by way of a side door, a novel arrangement for fishery vessels.

Die Doggerbank Seefischerei GmbH ist das größte im Lande Bremen ansässige Fischfangunternehmen. Es betreibt die Fischerei auf Schwarmfische mit ihren eigenen Schiffen „Jan Maria" und „Dirk-Dirk" sowie über ihre Tochtergesellschaft Westbank Seefischerei GmbH mit deren Schiff „Gerda Maria". Zur Aufnahme und Vermarktung der Fänge dient das eigene Kühlhaus am Labradorhafen. – Doggerbank Seefischerei GmbH is the largest fishing company in the state of Bremen. It fishes for school fish with its own vessels "Jan Maria" and "Dirk-Dirk" as well as with the "Gerda Maria" operated by its subsidiary Westbank Seefischerei GmbH. The catches are stored in and marketed from the company's own cold store at Labradorhafen.

Büro- und Kühlhaus der Doggerbank Seefischerei GmbH am Labradorhafen in Bremerhaven. Davor die modernen Fischereifahrzeuge „Jan Maria" und „Dirk Diederik". – Doggerbank Seefischerei GmbH's offices and cold store at Labradorhafen in Bremerhaven, with the modern fishery vessels "Jan Maria" and "Dirk Diederik" in front.

A Whole World of Enjoyment

With a total workforce of more than 13,000 and a turnover of about 8 billion DM, the food and stimulants industry is one of the main supports of the manufacturing sector in the state of Bremen, and has been so for centuries. Bremen has featured in the wine trade for about a thousand years, and it was only some three hundred years later that the first beer was brewed there. Tobacco, coffee and cocoa, fruit, fish, cereals, spices, dairy articles and meats are further products behind the processing and trading of which stand internationally known names from Bremen and Bremerhaven.

World-famous Beers

Germany has more beer specialities than any other country in the world, with about 1,300 breweries producing more than 5,000 brands. Most of these — top- or bottom-fermented made from wheat, barley or rye — are of only regional importance. With Beck's beer from Bremen it is quite different: This can be had not only in and around Bremen, but all over the country. This Pils in the characteristic green shoulder bottle with the silvery bottle neck enjoys the highest degree of familiarity throughout Germany. And since the Bremen brewers export about half of their production, the beer with the key shown on the label carries the name of Bremen all over the world.

Beer has been brewed in Bremen for more than 700 years, and already in the 13th century it was going to Holland, Flanders, England and Scandinavia. The Bremen Brewers Society was founded in 1489 and is considered to be the oldest trade association in the German-speaking region. More than 80 percent of all beer imported by the U.S.A. from Germany comes from Beck & Co, while the latter accounts for a good third of all German beer exports.

The German purity ordinance states that only natural ingredients — hops, malt, yeast and water — may be used in the brewing of German beers. Almost five million hectolitres of quality beer are produced by Beck & Co annually. It is thus one of Germany's largest breweries and is one of the few firms that can show growing sales in a stagnating market.

A Wide Choice in Coffee and Cocoa

It was toward the end of the 17th century that Bremen's association with coffee began. On July 21, 1695, the town council announced the introduction of a "consumption tax" on "Thee, Coffee, Choquelade and Toback". The first "coffee drinking parlour" was set up in a building called the Schütting, the meeting-place of the merchants. Guests were able to serve themselves from a large coffee pot with three taps. The town's first directory in 1794 listed eight tea and coffee houses.

But coffee had not only supporters. Frederick II of Prussia, for example, tried to curb his subjects' coffee consumption when he heard how much money they spent on the black brew. It was his conviction that the people should continue to drink beer as always and forbade unrestricted coffee imports on the spot.

Today of course coffee comes to us unhindered and is in fact Germany's most popular drink. Consumption per head in 1990 was almost eight kilograms or 190 litres. For reunited Germany almost ten million sacks to a value of more than 3 billion DM are imported annually, which is about a seventh of the Federal Republic's total agricultural imports. More than six out of ten bags of coffee processed in Germany arrive via Bremen, and every second cup of coffee the Germans drink at home, at work or elsewhere comes from Bremen coffee roasters.

Bremen is also the centre of the European decaffeinating industry, which originated about 1900 when the first commercially viable decaffeinating process was introduced here. Coffee thus became an important economic factor, and in Bremen alone gives employment to more than 7,000 people directly or indirectly. Top firms in the German coffee industry, such as Jacobs, Eduscho and Melitta, are based in Bremen.

Of increasing importance is another type of bean: the cocoa bean. Bremen was officially recognized as delivery port by the London Cocoa Exchange in 1987, and since then some 60,000 tonnes of the beans arrive annually in Germany via Bremen. The greater part of this is processed by the leader in the bar chocolate market, Jacobs Suchard.

But chocolate made in Bremen is in no way limited to the big names on the market. A smaller and long-established firm also has its headquarters in Bremen. This is the Chocolade Fabrik Hachez, which for more than a century has been producing the finest filled chocolates and chocolate bars. The star product from Hachez are the "Braune Blätter", the medium-sized company's absolute big seller for more than fifty years. The connoisseur associates Hachez prod-

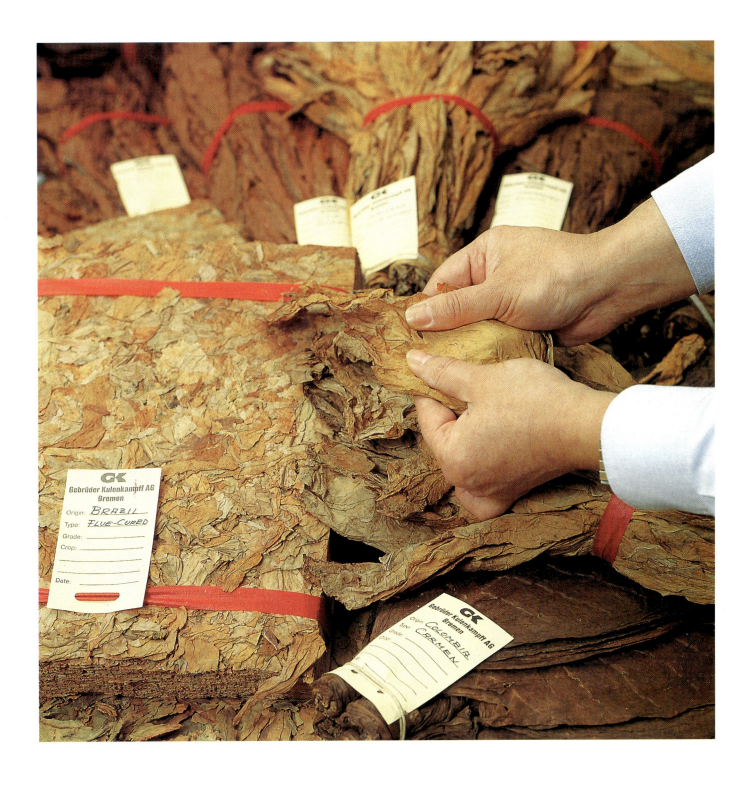

Prüfung von Rohtabakproben verschiedener Provenienzen aus diversen Ursprungsländern in der Gebrüder Kulenkampff AG, Bremen

Checking various types of leaf tobacco samples from different countries of origin at Gebrüder Kulenkampff AG, Bremen

„Fisch, Hummer und mehr" bietet die Hanseatische Hochseefischerei GmbH, Bremerhaven. Sorgfältige Auswahl guter und leistungsfähiger Handelspartner im In- und Ausland sowie schnellster Transport der fangfrisch angelandeten „Früchte des Meeres" garantieren den Kunden jederzeit hochwertige frische Ware.

Hanseatische Hochseefischerei GmbH in Bremerhaven offers "fish, lobster and more". The careful selection of good and capable business partners in Germany and abroad coupled with the fastest possible transport of the freshly caught "harvest of the sea" ensures that the customer gets high-quality fresh produce at all times.

Ein besonderer Leckerbissen sind Fische aus dem Räucherofen. Die Aufnahme entstand in der Räucherei der Werner Hoffmeister Fischindustrie GmbH & Co., Bremerhaven. Das Unternehmen hat sich u. a. auf die Heiß- und Kalträucherei von Seefischen spezialisiert und unterhält drei Niederlassungen in Minden, Essen und Brandenburg.

Fish from the smoking chamber is regarded as a special delicacy. The photo was taken in the smoke-curing plant of Werner Hoffmeister Fischindustrie GmbH & Co., Bremerhaven. The company specializes, among other things, in the hot and cold smoking of sea fish, and has branches in Minden, Essen and Brandenburg.

ucts with a slightly bitter, exquisite sweetness, and a price higher than those of the competitors.

Good Things from the Sea

Inhabitants and visitors alike often refer to Bremerhaven as "fishtown" because it lives to no small extent from the good things that come from the sea. Nowhere else in Germany are there so many fish shops per square mile, while the sea fish market is the largest in the Federal Republic and one of the most important in Europe. Some two-thirds of sea fish landings in Germany come through Bremerhaven, while annually between 150,000 and 200,000 tonnes of fish are processed there.

The fishery port in the south of Bremerhaven is today a thriving centre of the food and stimulants industry, this development being the result of a structural change. As a result of the expansion of international territorial waters and a consequent reduction of the German fishery fleet — which was mostly registered in Bremerhaven — there arose a need to boost fish imports and to transform the fishing industry in accordance with the motto "from fish to frozen instant meals", thus resulting in an enterprising production and service sector.

So the fishery port is again a strong factor in the regional economy, with its own scientific institutes, more than seventy small, medium-sized and large fish processing companies, a range of cold stores, and an overseeing company concerned with the upkeep and creation of infrastructures. Fischereihafen-Betriebs- und Entwicklungsgesellschaft m.b.H., Bremerhaven, aims to make the fishery port the centre of a future-oriented food industry.

The "Fishery Port Shop Window" project, where a historical part of the area will become a tourist centre with fish shops, pubs, fish curers and maritime-interest shops, will set new standards. The idea behind the whole thing is that visitors will be able to look on while the workers at the fish processing factories go about their job, and ship enthusiasts can inspect the "Gera", the last side trawler. Since 1988 the experts on the protein-rich food have been meeting each year at the Fish Fair in Bremen, with more than three hundred exhibitors from forty countries, for example, attending "Fish '92" on the Weser.

Fresh Diversity: Fruit via Bremen

The state of Bremen occupies a key position in Germany in the fruit trade, with about the half of all tropical and subtropical fruit imports entering via Bremen and Bremerhaven. That means about a three-quarter million tonnes annually of fresh fruit, exotic fruits and a wide range of vegetables. Here also Europe's largest fruit distributor, the Scipio/Atlanta group, has its headquarters.

When consumers today in every corner of Germany can buy uniformly high-quality fresh fruit and vegetables whatever the season, it is thanks mainly to the introduction of modern transport systems in seagoing shipping, efficient cargo-handling systems and storage facilities in the seaports and a careful and rapid onward transport to the shelves of the retailer. The proven know-how of Bremen's fruit experts ensures proper handling of the most varied fruits and vegetables right as far as the customer. The star performers among the imported fruits are bananas and citrus fruit. With its new fruit terminal and Europe's largest and most modern banana ripening plant, Bremerhaven is a centre of the banana trade. The banana unloading plant can transport an average of 90,000 cases per shift out of the ship and into the shed distribution system, from where the goods pass to the land forwarding system. The whole procedure accords with the quality requirements of the easily perishable fruit. The bananas are held at a constant temperature in a climate-controlled, fully enclosed system from the ship to the land carrier.

The computer-controlled central ripening plant with its 41 chambers has a capacity of between 50,000 and 55,000 cases of 18 kilograms each per week, and in any colour required by the customer. But even in this highly modern plant they do not dispense with human experience. In spite of all the technology the master ripener feels personally associated with the fruit entrusted to his care.

In vino veritas

Contributing considerably to Bremen's standing in the wine trade is the Ratskeller, one of Germany's oldest restaurants and wine bars, with probably the world's longest list of German wines. Its cellars contain about half a million bottles of white and red wines from every vineyard of the German winegrowing regions. But Bremen's wine culture is not limited to the cellar of the famous Town Hall, built in 1410. Especially the wine importers with their expertise and often centuries-old tradition have added to Bremen's good name among wine enthusiasts. Whereas Bremen used to be known particularly for wines from the Bordeaux region — not a few Bremen importers settled at the mouth of the Gironde — today Italian, Spanish, Portuguese and Californian wines have won their place on the import lists.

Tobacco: Full Flavour and Aroma

Tobacco is one of the classical import and trade goods of Bremen's merchants, and was processed in the town already in the year 1663. It rapidly became an important branch of the economy, and by 1850 there were about 10,000 people — even today a substantial number — at work in 281 cigar factories. Cigars from Bremen were exported to many countries of Europe. Before tobacco was overtaken by cotton in about 1880 it was Bremen's most important import. The city was in fact one of Europe's largest tobacco markets, and one of the best-known firms in the trade was Brinkmann, which is still today active in Bremen, although to a much reduced extent.

For more than thirty years the marketing of high-quality cigar tobaccos from Sumatra and Java has been of particular importance in Bremen, the origin of which was the setting up in 1959 of the Deutsch-Indonesische Tabak-Handelsgesellschaft (DITH). This was one of the first German-Indonesian joint ventures. Within the framework of the several-

Die Meistermarken-Werke GmbH in Bremen ist Hersteller von großverbrauchergerechten Spezialnahrungsmitteln für das Backhandwerk, die Außer-Haus-Verpflegung und die Nahrungsmittelindustrie. Im Margarinewerk des Unternehmens entstehen Spezialmargarinen und Spezialfette als 2,5-Kilogramm-Stangen, 10-Kilogramm-Blöcke oder abgefüllt in Containern.

Meistermarken-Werke GmbH in Bremen is a manufacturer of special products for the large-scale baking sector, convenience foods for charitable institutions, and for the food industry. The company's margarine plant produces special margarines and fats as 2.5-kilogram bars, 10-kilogram blocks or filled into containers.

times-a-year auctions at the Bremen Tobacco Exchange, Indonesian cigar tobaccos to a total value of about 3.5 billion DM have been sold to the West European cigar industry and the leaf tobacco trade.

Cereals: Crisp, Crunchy, Healthy

They are most enjoyed at breakfast, cereals such as Corn Flakes, Smacks or Frosties from Bremen, where Kellogg of America has set up a branch to serve continental Europe. Since the opening of a distribution centre in early 1989 the Bremen production facility has become a logistics centre. This consists of 222,000 cubic metres of built-up space on a ground area of 12,400 square metres and measures 159 by 75 metres with a height of 40 metres. The high-level racking store is all-automatic and has a capacity of 33,000 pallets. From here Kellogg ships its products to more than fifty countries in Europe and in the Near and Middle East. There are more than twenty products in about a hundred varieties. The centre also assumes the functions of a central warehouse for the German market. Kellogg has invested more than a billion DM in Bremen since 1962, and further growth is programmed with the expansion of business in Eastern Europe.

From Aniseed to Zanzibar Cloves . . .

. . . from pepper to paprika — spices from Bremen are the salt in the soup in countless German households, and a Bremen firm has been offering them in the widest range ever since 1923: Ubena Gewürze GmbH, as it is today. It was in 1960 that the spice specialists took the name from the ship of a shipowner that in its turn borrowed the name "Ubena" from an East African tribe. Ubena today stands for quality and freshness, not least because the fine herbs and spices are to a large extent packed in special glass containers.
Pepper is the most popular spice in Germany, followed by paprika. About 5,000 tonnes of the most varied spices reach the company every year and are there cleaned, crushed or ground and then filled into glasses, cans or bags and supplied to the trade.

From Contented Cows

The milk processed by the Bremerland Dairy Cooperative to become cream, yoghurt, market milk, butter, kefir and many other specialities comes from the marshland of the North German plain.

More than 2,300 farms annually supply 325 million kilograms of milk to the cooperative's three production plants, and its own testing institute and plant laboratories ensure a uniformly high product quality. A fresh-delivery service ensures fast supply to the trade. Almost the entire Bremen region as well as Hamburg, Lower Saxony, Schleswig-Holstein, Northrhine-Westphalia and parts of the new East German states are covered by the cooperative's distribution system.

Where Meats and Sausage are Concerned . . .

. . . Bremen is out in front. One of the largest firms in the trade in Germany has been active in Bremen for more than sixty years. Karl Könecke Fleischwarenfabrik today produces in four factories in Bremen, Berlin and Delmenhorst. In a stagnating market the company has been able to report increasing sales over several years, and in 1992 achieved a volume of more than 400 million DM.

Das gesamte Frucht- und Gemüseangebot, von A wie Ananas bis Z wie Zucchini, liefert die Atlanta Aktiengesellschaft, Bremen, täglich an ihre ▷ Abnehmer innerhalb und außerhalb der Bundesrepublik. Mit einem dichten Netz von Niederlassungen wird ein Höchstmaß an Kundennähe und Frischequalität garantiert. — Fruit and vegetables in their entire variety, from A for apples to Z for zucchinis, are supplied daily by Atlanta Aktiengesellschaft in Bremen to its customers both in Germany and elsewhere. A close-knit network of branches ensures closeness to customers and constant product freshness.

An die „gute, alte Zeit" erinnert diese bemalte Hausfassade in Bremen: die Abbildung des Gründungsgeschäftes aus dem Jahre 1929 am Werkseingang der Karl Könecke Fleischwarenfabrik GmbH & Co. KG in Sebaldsbrück, Entwurf und Ausführung Peter K. F. Krüger. Aus diesem Schlachterladen hat sich ein international bedeutendes Fleischwarenunternehmen entwickelt, mit bekannten Markenartikeln, die in Deutschland zur Spitze innerhalb der Branche zählen. Wurst aus dem Hause Könecke ist überall eine gute Empfehlung.

This decorated façade at the works entrance to Karl Könecke Fleischwarenfabrik GmbH & Co. KG in Bremen-Sebaldsbrück recalls the "good old days" and shows the original shop from the year 1929. Design and execution by Peter K. F. Krüger. Out of this butcher's shop there grew an international meat products manufacturer with well-known branded articles that are among the best in Germany. Sausage products from the House of Könecke are a good reference everywhere.

Qualitäts- und Leistungskontrollen, das ist der Auftrag an die qualifizierten Laborfachleute. Über 16 000 Milchkühe der Mitglieder der Molkerei-Union eG, Milcherzeugergemeinschaft in Bremen-Lesum, stehen hier unter Kontrolle. Cottage Cheese, Sahneschichtkäse, Konsummilch und Schlagsahne unterliegen sehr scharfen Kontrollen. Das Mineralwasser „Lesumer Urquelle" wird seit 1991 hier abgefüllt und kontrolliert. Dieses natürliche Mineralwasser ist ein Schatz, der jetzt entdeckt wurde: 8000 Jahre alt und frisch, für gesundheitsbewußte Menschen von heute.

Quality and performance control is the task of the laboratory experts. More than 16,000 dairy cows belonging to the members of Molkerei-Union eG, a milk producers association in Bremen-Lesum, are under supervision here. Cottage cheese, cream layer cheese, milk and whipping cream are subject to very exacting checks. "Lesumer Urquelle" mineral water has been checked and bottled here since 1991. This natural mineral water is a treasure that has only now been discovered: 8,000 years old and fresh, something for today's health-conscious people.

Tiefgekühlt —

Spezial-Know-how für Lagerung und Transport

Frischer Fisch, Obst und Gemüse oder die Pizza für den kleinen Hunger — Lebensmittel und tischfertige Mahlzeiten aus der Tiefkühltruhe gehören heute zum Lebensstil des modernen Verbrauchers. Die Versorgung der Konsumenten mit gekühlten und tiefgekühlten Gütern kann aber nur mit ausreichenden Kühlhauskapazitäten und ausgefeilten Logistikstrategien erfolgreich gesichert werden. Bremen und Bremerhaven bieten beides: Kühlhausfaszilitäten und Know-how im Transport temperaturgeführter Güter.

Als eine Keimzelle des heutigen Tiefkühlzentrums Bremen/Bremerhaven gilt der Fischereihafen Bremerhaven. Der größte Fischereihafen auf dem europäischen Kontinent benötigte seinerzeit Eis- und Trockeneisfabriken, um die Versorgung der Konsumenten mit frischem Fisch sicherzustellen. Diese Zeiten sind längst vergangen. Heute dominieren durchgehende Kühlketten vom Produzenten zum Verbraucher den Markt, in dem das Bundesland Bremen eine herausragende Rolle spielt. Ganz Europa wird von hier aus mit Tiefkühl- und Kühlprodukten versorgt. Führende Unternehmen der Branche engagieren sich an den beiden Standorten an der Weser, haben riesige Kühlhäuser und Produktionsanlagen mit modernster Technik aufgebaut. So steht in Bremerhaven die größte Tiefkühlfischfabrik der Welt, die über 250 unterschiedliche und qualitativ hochwertige Produkte für die Verbraucher in Europa herstellt.

Fisch ist zwar ein wichtiges, längst aber nicht mehr das ausschließliche Tiefkühlgut. Gemüse, Obst und Früchte, Teig- und Backwaren, Fleisch und Fruchtsäfte sowie Teil- und Fertiggerichte stehen in der Gunst des Verbrauchers ganz oben, und ein Ende des kalten Booms ist noch nicht abzusehen. Das Land Bremen hat die Entwicklung insbesondere des Bremerhavener Fischereihafens zu einem der wichtigsten Plätze der deutschen Lebensmittelindustrie und zu dem europäischen Zentrum der Tiefkühlkost nach Kräften gefördert. Ein Meilenstein war in diesem Zusammenhang der Bau einer Qualitäts- und Marketingzentrale für die Fisch- und Lebensmittelwirtschaft in der Seestadt Bremerhaven.

Rund eine Million Kubikmeter Kühl- und Tiefkühlkapazitäten werden in Bremen und Bremerhaven vorgehalten. Etwa 415000 Kubikmeter davon entfallen allein auf den Fischereihafen Bremerhaven. Weitere Kapazitäten sind auf dem Container-Terminal und im Kaiserhafen der Stadt angesiedelt. In Bremen konzentriert sich die Kühlhausbranche im Güterverkehrszentrum. Hier werden etwa 45000 Kubikmeter von einem Unternehmen bewirtschaftet, das je nach Bedarf Kühlraum an andere Firmen zur Verfügung stellt.

Neben Tiefkühlgütern werden an der Weser auch empfindliche Südfrüchte wie Apfelsinen, Bananen und Kiwis gehandelt, die je nach Fruchtart bei Temperaturen zwischen null und 13 Grad Celsius gelagert und gereift werden müssen. Die Bananen-Zentralreiferei am Fruchtterminal der Seestadt bietet Platz für knapp 100000 Kartons der gelben Frucht und gehört zu den größten und modernsten Anlagen ihrer Art in Europa.

Zu einem Tiefkühlzentrum von internationalem Rang gehören neben den Kühlhäusern auch die Spezialisten für den Transport und die Distribution „temperaturgeführter Güter". Namhafte Fachspeditionen, darunter Deutschlands TK-Spediteur Nummer eins, haben ihren Sitz in der Hansestadt und sorgen für die sach- und termingerechte Verteilung an den europäischen Handel.

Tägliche Verbindungen mit allen bedeutenden Fischereiplätzen Europas garantieren die überragende Qualität der Fischprodukte der Seefisch Vertriebsgesellschaft mbH & Co. KG, Bremerhaven, bei ihren Direktlieferungen an die Kundschaft.

Daily connections with all leading European fishery centres ensure topmost quality in the fish products of Seefisch Vertriebsgesellschaft mbH & Co. KG, Bremerhaven, by direct delivery to their customers.

Die 1896 gegründete „Nordsee" Deutsche Hochseefischerei GmbH, Bremerhaven, ist heute das führende Unternehmen der Fischwirtschaft. Als modernes, auf Fisch spezialisiertes Handels- und Produktionsunternehmen betreibt „Nordsee" bundesweit die gleichnamigen Fischfachgeschäfte und Restaurants. Wichtigste Produktionsstätte ist die hochtechnisierte Fabrik in Bremerhaven. In dieser größten Tiefkühlfischfabrik der Welt werden über 250 unterschiedliche, hochwertige Produkte für den europäischen Markt produziert.

The "Nordsee" Deutsche Hochseefischerei GmbH in Bremerhaven, founded in 1896, is today the leader in Germany's fishing industry. As a modern production and trading company specializing in fish, "Nordsee" operates under that name specialty fish shops and restaurants throughout Germany. The main production facility is the highly technical factory in Bremerhaven. More than 250 different, high-quality products are made at this, the world's largest deep-freeze fish factory.

Deep-Frozen —

Special Know-how for Storage and Transport

Fresh fish, fruit and vegetables or the pizza as snack in between — food and ready-to-serve meals from the freezer are part of the way of life today. But the modern consumer can only be provided with chilled and frozen foods if there is enough cold-storage capacity and a supporting logistics system. Bremen and Bremerhaven offer both: all the cold store facilities necessary and know-how in the transport of temperature-controlled wares.

Bremerhaven's fishery port may be regarded as the origin of today's cold storage centre operated jointly by Bremen and Bremerhaven. In the beginning, the largest fishery port on the European continent needed ice and dry-ice factories to provide customers with an assured regular supply of fresh fish. But the days of the ice factories are gone, and today they have freezer chains linking the producer to the customer, and in this the state of Bremen plays an outstanding role. All of Europe is supplied from here with chilled and frozen food. Leading firms in the trade have facilities in both Bremerhaven and Bremen — vast cold stores and production plants using the most modern technologies. Bremerhaven, for example, has the world's largest deep-freeze fish factory, where they produce more than 250 different high-quality products for the markets of Europe.

Fish is an important but certainly not the exclusive deep-freeze product, and must share popularity with fruit and vegetables, pastry products, meats and fruit juices and the whole range of ready-to-serve meals. Bremerhaven's fishery port has become one of the main centres of the German food industry and a European frozen-food centre, and it was a milestone when a quality and marketing centre for the fish and food industry was built in Bremerhaven.

About a million cubic metres of cooling and deep-freeze capacity are available in Bremen and Bremerhaven, with about 415,000 cubic metres of this at Bremerhaven's fishery port, while there is further capacity at the container terminal and at the Kaiserhafen basin. In Bremen the cold store capacity is concentrated at the freight transport centre, where about 45,000 cubic metres are managed by a company that leases space to other firms as required.

On the Weser they deal not only in deep-frozen products but also in tropical and subtropical fruits such as oranges, bananas and kiwis, which must be stored and ripened at temperatures between zero and 13 degrees C. depending on the type of fruit. The central banana ripening plant at Bremerhaven's fruit terminal can accommodate almost 100,000 cartons of fruit and is one of the largest and most modern of its kind in Europe.

A cold store centre of international standing also needs specialists for the transport and distribution of temperature-controlled goods. Leading specialist carriers, including Germany's number 1 low-temperature experts are based in Bremerhaven and ensure prompt and product-conform distribution to the trade throughout Europe.

Die Spedition Erwin Brüssel, Bremerhaven, seit über 40 Jahren zuverlässiger Transportpartner, hat sich bundesweit als Fachspedition im Lebensmittelbereich einen Namen gemacht. Ende 1993 werden im Fischereihafen Bremerhaven neue Lagerräume für Trocken- und Kühlgut bezogen, damit die Be- und Entladevorgänge verkürzt werden, denn Zeit ist bekanntlich Geld. Neue Büroräume und eine neue Werkstatt werden ebenfalls zur Verbesserung des täglichen Ablaufs dienen.

The shipping and forwarding agent Spedition Erwin Brüssel of Bremerhaven has been a reliable transport partner for more than forty years, and has made a name for itself throughout Germany especially in the food sector. New warehousing facilities for dry and chilled goods were opened at Bremerhaven's fishery port in 1993 so as to speed up loading and unloading operations, for time is money here. New offices and a new workshop will further contribute to an enhancement of the service to customers.

Die Welt des Tafelsilbers —

Edler Glanz auf dem gedeckten Tisch

Wilkens, Koch & Bergfeld und BSF sind klingende Namen in der Welt des Tafelsilbers. Die Erzeugnisse dieses hanseatischen Dreigespanns, mithin Deutschlands älteste Silbermanufakturen, genießen Weltruhm. Silberbesteck und silberne Korpuswaren aus Bremen zierten schon Fürstentafeln und so manches Staatsbankett. Wilkens, Koch & Bergfeld und BSF bürgen für Kompetenz und Perfektion, für Eleganz und Qualität. Die Traditionsmarken aus den Werkstätten der alteingesessenen Unternehmen bescheren Bremen den Ruf einer Silberstadt: Nirgendwo in Deutschland wird so viel Silber für Tafelgeräte verarbeitet wie an der Weser. So hat sich ein Stück Kulturgeschichte mit der Stadt- und seiner Industriegeschichte verwoben.

„Da ich mich vor kurzem hier etabliert habe", verkündete Martin Heinrich Wilkens im Dezember 1810 in den „Bremer wöchentlichen Nachrichten", „so nehme ich mir die Freiheit, solches meinen geehrten Gönnern und Freunden hierdurch anzuzeigen, mit der ergebensten Bitte, mich mit ihren Aufträgen auf Silber- und Goldarbeit, wie auch die Einfassung von ächten Perlen und Steinen gütig zu beehren." Was der Bremer Gold- und Silberschmiedemeister Wilkens vor über 180 Jahren in seiner Heimatstadt gründete, wuchs zu einem Unternehmen von europäischem Rang heran und ist heute die älteste deutsche Silbermanufaktur.

Das Geschäft des Martin Heinrich Wilkens florierte. 1840 wurde M. H. Wilkens & Söhne zur offiziellen Münzprägestätte Bremens bestellt, 1859 die Wilkens-Besteckfabrik in Hemelingen — damals noch vor den Toren Bremens — errichtet. In den zwanziger Jahren dieses Jahrhunderts erwarb das Haus Wilkens die 1905 gegründete Bremer Silberwarenfabrik AG, die ihre Produkte unter der Marke BSF anbot.

Im Segment echtsilberner Bestecke und silberner Tafelgeräte gehört die Unternehmensgruppe Wilkens Bremer Silberwaren AG, heute in der fünften Generation von der Familie Wilkens geführt, in Deutschland und Europa zu den führenden Unternehmen. Im Segment Edelstahl, das in den sechziger Jahren in die Produktpalette aufgenommen wurde, ist sie die Nummer zwei auf dem deutschen Besteckmarkt. Während Wilkens vornehmlich als Topmarke für Silber gilt, deckt BSF heute mehr den Bereich Edelstahl ab.

Wer Silber erwirbt, der setzt auf bewährte Klassiker, verlangt nach Sicherheit. Damit ist er nirgends besser aufgehoben als in Deutschlands traditionsreichster Silbermanufaktur. Das Repertoire von annähernd 200 Besteckmustern umfaßt viele traditionelle, seit über 100 Jahren beliebte Modelle wie Spaten, Augsburger Faden oder Chippendale, aber auch zahlreiche neue Entwürfe in preisgekröntem Design. Das gute Zusammenspiel von Gestaltern und Kaufleuten, von Design und Betriebswirtschaft sind die Bausteine der Wilkensschen Erfolgssaga. Ein solcher Baustein sind die anspruchsvollen, zeitlosen Kreationen von Chefdesigner Walter Storr, vielfach ausgezeichneter Stardesigner ohne Starallüren.

Die Bezeichnung Manufaktur hat auch heute noch ihre hohe Berechtigung. Die Herstellung von Qualitätsbestecken verschließt sich weitgehend der Automation und enthält viele ausschließlich handwerkliche Arbeitsgänge. In einer Zeit, in der der Trend gegen die indu-

stri018le Massenfertigung verläuft, erfährt solch individuelle Handarbeit hohe Wertschätzung. Fest in dieser Tradition steht auch Koch & Bergfeld als Spezialist für handwerklich gefertigte Tafelgeräte und Bestecke aus Echtsilber. Lange pflegte die Firma hanseatisch-vornehmes Understatement und brachte von 1884 bis 1990 keinen eigenen Namensstempel auf ihre Produkte, heute Sammlerstücke, auf.

Das Haus Koch & Bergfeld, gepriesen als wohl schönste Silberschmiede Deutschlands, atmet Geschichte. Wer durch die Werkstätten hinter den Mauern der Villa mit ihrer Gründerzeitfassade im Neustädter Kirchweg schlendert und den Silberschmieden und Ziseleuren, Metalldrückern und Graveuren über die Schulter schaut, fühlt sich unversehens ins 18. Jahrhundert zurückversetzt. Dies historische Ambiente inmitten der uralten klobig-derben Werkbänke wird bewußt gepflegt als Zeugnis der ununterbrochenen Handwerkstradition und setzt einen auffälligen Kontrapunkt zu dem edel glänzenden kostbaren Material, das mit flinken Händen gehämmert und ziseliert, gestanzt, gewalzt, geprägt, gepreßt, geschliffen und poliert wird.

Kostbare alte Musterbücher mit Originalentwürfen berühmter Künstler bewahren einen reichen Fundus an Formen und Mustern. So manches Erbstück kann hier um sein Pendant ergänzt werden. 1829 hatte Gottfried Koch seine Gold- und Silberschmiedewerkstatt in der Innenstadt gegründet und fünf Jahre später den Steinschneider Ludwig Bergfeld als Teilhaber hinzugewonnen. Die Silberschmiede blühte auf und konnte kräftig expandieren. Im Jahre 1914 wurden an die 800 Mitarbeiter beschäftigt.

1989 übernahm die saarländische Villeroy & Boch AG das Bremer Unternehmen und konzentriert sich seitdem mit der Marke Koch & Bergfeld ganz auf den Echtsilbermarkt. Mit Bestecken und Tafelgeräten der Marke „Paloma Picasso", Kreationen der berühmten Designerin, werden heute schon „Antiquitäten von morgen" präsentiert. Außerdem werden in Bremen hochversilberte Bestecke für Villeroy & Boch gefertigt.

Silber ist und bleibt ein Klassiker für höchste Ansprüche, es trotzt allen konjunkturellen Schwankungen und allem modischem Zeitgeist. Seit alters begehrt, symbolisiert Silber Tafelluxus und Lebensstil und ist darüber hinaus hygienisch. Sternstunden der Tischkultur — dafür standen und stehen Häuser wie Wilkens Bremer Silberwaren und Koch & Bergfeld.

The World of Table Silver —
Brilliance at the Festive Table

Wilkens, Koch & Bergfeld, BSF are well-sounding names in the world of table silver. The products of these three, among Germany's oldest silverware manufacturers, are world-famous. Silver flat and hollow ware from Bremen has long lent brilliance to princes' tables and state banquets. The names of all three stand for competence and perfection, for elegance and quality. The traditional brands from their old-established workshops give Bremen the reputation of a silver town, for nowhere else in Germany is so much silver processed for tableware as on the Weser. Thus a piece of cultural history has interwoven with the town and its industrial development.

"Since I have recently set myself up here", announced Martin Heinrich Wilkens in December 1810 in the "Bremer wöchentlichen Nachrichten", "I am so free as to notify my honoured patrons and friends, with the humble request that they honour me with their orders for silver and gold work as well as the setting of real pearls and stones." What the Bremen master gold and silver smith Wilkens thus commenced more than 180 years ago in his home town grew to become a company of European renown and is today Germany's oldest silver manufactory.

The business flourished and in 1840 M. H. Wilkens & Söhne was made Bremen's official mint, while in 1859 the cutlery factory was opened in Hemelingen, at that time still outside the town. In the 1920s Wilkens acquired Bremer Silberwarenfabrik AG (founded 1905), which marketed its products under the BSF brand.

Wilkens Bremer Silberwaren AG, today managed by the Wilkens family in the fifth generation, is a leader in Germany and Europe in real-silver cutlery and sil-

ver tableware. In stainless steel, which was added to the range in the 1980s, it is number two in the German cutlery market. Wilkens is seen mainly as the top brand for silver, while BSF is more associated with the stainless sector.

Whoever buys silver puts his trust in a classic, want to be sure, and nowhere is he better served than by Germany's most traditional silver manufactory. The range with almost 200 patterns includes many traditional models, much in demand for more than a hundred years, such as "Spaten", "Augsburger Faden" or "Chippendale", but also many new prize-winning designs. Close cooperation between designers and sales executives, arrangers and management have been the building blocks of the company's success, including the exacting, timeless creations of chief designer Walter Storr, a star designer with many awards but without airs and graces.

The description manufactory is still appropriate today. The making of quality cutlery largely excludes automation and contains many strictly manual oper-

ations. In a time in which the trend is away from mass industrial production, such individual hand work is highly prized. Firmly planted in this tradition is the firm of Koch & Bergfeld, specialist for hand-crafted tableware and cutlery in real silver. For a long time the company exercised a distinguished reserve in that — from 1884 to 1990 — it did not affix its own name stamp to its products, which are today collectors' items.

Koch & Bergfeld, considered to be Germany's finest silversmiths, breathes history. Anyone walking through the workshops behind the walls of the villa from the time of about 1870 in Neustädter Kirchweg and looks over the shoulders of the smiths, engravers and metal workers will feel transported back to the 18th century. The historical ambience amidst the ancient, massive workbenches is carefully preserved as witness of an unbroken craft tradition. It sets a counterpoint to the noble material that is here hammered, engraved, punched, rolled, stamped, pressed, ground and polished by hand.

Precious old pattern books with original designs by famous artists provide a rich store of forms and specimens. Many an heirloom can here find its counterpart. Gottfried Koch set up his gold- and silver-smith workshop in the town centre in 1829 and was joined five years later by the lapidary Ludwig Bergfeld as partner. The enterprise flourished and expanded strongly, so much so that in 1914 there were about 800 employees.

Villeroy & Boch AG in Saarland took over the Bremen company in 1989 and concentrated the Koch & Bergfeld brand entirely on the real silver market. With "Paloma Picasso" cutlery and tableware, creations of the famous designer, "antiques of tomorrow" are already being presented. Highly silver-plated is also produced for Villeroy & Boch in Bremen. Silver is and remains a classic for the most exacting tastes, it defies all the fluctuations of the business climate and the moods of fashion. From time immemorial silver has symbolized luxury at the table and a higher life style, and it is moreover hygienic. Historic and festive moments graced now and in the past by the creations of such as Wilkens Bremer Silberwaren and Koch & Bergfeld.

Textiles aus Bremen — Know-how in Fasern

In den vergangenen 100 Jahren hat sich in der Hansestadt Bremen eine herausragende Kompetenz in Fasern herausgebildet, die für Handel und Industrie, Forschung und Qualitätsprüfung weltweit Markenzeichen setzt. Die bremischen Häfen sind europaweit führend im Handel und Umschlag von Baumwolle — ein Markt, der sorgsam gepflegt wird von der Bremer Baumwollbörse, einer bundesweit einmaligen Institution. Und die Kammzüge feiner Merino-Schurwolle aus dem Hause der Bremer Woll-Kämmerei (BWK) genießen in allen Erdteilen hohes Renommee und bürgen für Qualität. Mit strengem Auge wacht zudem das Bremer Faserinstitut — eine Art Woll- und Baumwoll-TÜV — über Wert und Güte der Naturfasern.

Zwei von drei Ballen Baumwolle, die in der Bundesrepublik verarbeitet werden, werden via Bremen importiert. Die Hansestadt ist zur Drehscheibe des europäischen Baumwollhandels geworden. Im Jahr 1788 schiffte ein Bremer Kaufmann die erste Partie — ganze drei Ballen — von Baltimore nach Bremen. War die Einfuhr der weißen Flocken zunächst purer Gelegenheitshandel, schwollen die Importe Mitte des 19. Jahrhunderts merklich an.

Dabei spielte der Zufall eine wesentliche Rolle. Während die Segelschiffe der Bremer Reedereien Auswanderer über den Ozean nach Amerika beförderten, brachten sie aus den Vereinigten Staaten — dem führenden Baumwollexporteur — als Rückfrachtgut die Pflanzenfaser an die Weser mit. So hatte sich Bremen zu Beginn des 20. Jahrhunderts im Zuge der aufblühenden Textilindustrie zum führenden Baumwollmarkt auf dem Kontinent entwickelt. Im Jahr 1912 wurde mit 2,8 Millionen Ballen die bis heute gültige Umschlag-Rekordmarke erreicht.

Baumwolle ist der wichtigste textile Rohstoff der Welt: Fast jede zweite Tonne des gesamten Welttextilverbrauches wird von ihr erbracht. Aus 40 Erzeugerländern wird sie heute in den bremischen Häfen angelandet und gelöscht. Von hier aus werden der deutsche und der europäische Markt versorgt. 1991 betrug das Gesamtaufkommen in Bremen rund 973 000 Ballen. Damit rangiert die Hansestadt nach dem japanischen Kobe unter den internationalen Baumwollumschlagplätzen an zweiter Stelle.

Nicht denkbar wäre der florierende Handel ohne die Bremer Baumwollbörse, heute neben der New York Cotton Exchange älteste Baumwollbörse der Welt. Sie wurde 1872 als „Komite für den Bremer Baumwollhandel" von einer Reihe von Baumwollhändlern und -maklern gegründet, um gegen die Dominanz der klassischen Baumwollmetropole Liverpool anzutreten. Den Gründervätern war es, wie ein zeitgenössischer Bericht der Handelskammer schrieb, an „der Herbeiführung neuer Usancen im Baumwollhandel" gelegen.

Denn bis dato gab es für den deutschen Markt noch keine klaren Geschäftsbedingungen für Kontrakte mit diesem sensiblen, leichtgewichtigen Rohstoff, über dessen Wert und Güte so leicht Meinungsverschiedenheiten ausbrechen können. Die Bremer Bedingungen regeln Qualitätsarbitrage und Schieds-gericht und haben weltweit Geltung erlangt.

Qualitätsarbitrage und Schiedsverfahren vermeiden bei Kontraktstreitigkeiten den oft langwierigen Weg über die ordentlichen Gerichte und entscheiden sachkundig, zügig und für beide Parteien verbindlich. In der Arbitrage wird Tradition noch großgeschrieben und Stapel, Klasse, Farbe und Charakter der Faser abgeschätzt. Ob weich oder rauh, kurz oder lang, weiß oder grau, sauber oder verschmutzt — die Qualität wird auf klassische Weise manuell/visuell geprüft.

Der Börse gehören nicht nur die Händler, sondern auch die Baumwollverarbeiter an. Sie sitzen zu gleichen Teilen im Vorstand. Diese Kooperation von Handel und Industrie hat neben der überregionalen Ausstrahlung ihr Image geprägt. Insgesamt 260 Mitglieder aus 27 Ländern sorgen für internationales Flair. Zu den Aufgaben der Börse gehören auch labormäßige Prüfungen, die Vertretung der Interessen der deutschen Baumwollwirtschaft und die Marktbeobachtung und -analyse.

Die immer höheren Ansprüche, die an die Qualität der Baumwolle in Konkurrenz zur Chemiefaser gestellt werden, erfordern heute neben der herkömmlichen Klassierung modernste Meß- und Prüftechnik. Darüber verfügt das 1969 gegründete Faserinstitut Bremen e. V., Prüflabor der Baumwollbörse und des Woll-Labor e. V. Ob vollautomatische HVI-Faserteststraße oder Rasterelektronen-Mikroskop — das unabhängige Forschungsinstitut wartet mit Spitzentechnik auf.

98

Bremer Woll-Kämmerei AG — 110 Jahre Kompetenz in Wolle

Bremer Woll-Kämmerei AG — competence in wool for 110 years

Seit 1987 ist es durch einen Kooperationsvertrag mit der Universität Bremen verbunden und erforscht neben den traditionellen Naturrohstoffen Wolle und Baumwolle auch Spezialfasern und Faserverbundwerkstoffe für den Maschinenbau. Sein besonderer Reiz besteht in der engen Verzahnung von Wissenschaft und Forschung auf der einen und Qualitätskontrolle und -prüfung als Service für Handel und Industrie auf der anderen Seite.

Das Faserinstitut genießt weltweit Anerkennung bei der Standardisierung von Meß- und Prüfverfahren für textile Rohstoffe. So gehört es zu den sechs einzigen internationalen Laboratorien überhaupt, die vom amerikanischen Landwirtschaftsministerium zur Erstellung der allgemein benutzten Standards zur Geräte-Kalibrierung auserwählt worden sind. Darüber hinaus wird viermal jährlich der internationale „Bremer Baumwoll-Rundtest" veranstaltet, der die Prüfeinrichtungen der weniger entwickelten Baumwoll-Erzeugerländer harmonisieren soll. Alle zwei Jahre versammelt die „Internationale Baumwoll-Tagung Bremen" zudem Hunderte von Baumwollexperten aus aller Herren Länder und aus allen Branchen in Bremen.

Weit über die bremischen Grenzen hinaus aktiv ist das Institut in Sachen Wolle. Aus der ganzen Welt landen Wollmuster in den vollklimatisierten Laborräumen zur Qualitätsprüfung. Die Expertise der Hanseaten fließt in den „Bremer Wolltest" ein, eine internationale Vergleichsprüfung. Für Interwoollabs, die internationale Dachorganisation der Wolltextillaboratorien, verwaltet und versendet das Faserinstitut die internationalen Standards, speziell ausgewählte Wollkammzüge, zur Kalibrierung der Geräte zur Feinheitsmessung.
Wie Handel, Börse und Faserinstitut Bremens Ruf als Baumwollzentrum begründen, so wird das exklusive Kapitel der Wolle von der Bremer Woll-Kämmerei (BWK) geschrieben. Das mehr als ein Jahrhundert alte Traditionsunternehmen ist der zweitgrößte Kammzuganbieter der Welt und liefert seine Produkte an Kammgarnspinnereien rund um den Erdball.

Mit der unaufhaltsamen Expansion überseeischer Rohwolle entwickelte sich Bremen im letzten Jahrhundert zu einem bedeutenden Importhafen. Die gut betuchten Wollhändler an der Weser taten noch ein übriges: Mit der Gründung einer Wollwäscherei und später einer Kämmerei verschafften sie dem

Textiles from Bremen — Know-how in Fibres

In the last hundred years an outstanding competence in fibres has been built up in Bremen which has set a worldwide standard for trade and industry, research and quality testing. The ports of Bremen are the leaders in Europe in the handling of cotton, a market that is carefully nurtured by the Bremen Cotton Exchange, an institution unique in Germany. And the tops of fine merino clipped wool from Bremer Woll-Kämmerei (BWK) enjoy a high standing on all continents. While the Bremen Fibre Institute keeps a watchful eye on the quality of the natural fibres.

Two out of three bales of cotton processed in Germany are imported via Bremen, which has become the hub of the European cotton trade. In 1788 a Bremen merchant shipped a first consignment — just three bales — from Baltimore to Bremen, but what was at first a purely occasional trade soon grew impressively by the mid-19th century, although pure chance played a role here. While the sailing ships of the Bremen shipowners brought emigrants to America, they brought back — from the leading cotton exporter — bales of cotton as return freight. So at the beginning of the 20th century Bremen became the leading cotton market on the continent. In 1912 the record figure of 2.8 million bales received was reached, and it still stands today.
Cotton is the world's most important textile raw material: Almost every second tonne of world textile consumption is furnished by it. It is discharged today at the ports of Bremen from 40 producer countries for the German and European markets. 1991 saw 973,000 bales landed in Bremen, thus making Bremen second only to Kobe in Japan as cotton trading centre.
The flourishing trade would not be conceivable without the Bremen Cotton Exchange, which along with that in New York is the world's oldest. It was set up in 1872 by local cotton dealers and brokers in opposition to the classical cotton centre Liverpool, the idea of the founders being — as a contemporary report of the Chamber of Commerce says — "to bring about new usages in the cotton trade".
For until then there were no clear business conditions on the German market for contracts with this sensitive light-weight material over which differences of opinion could so easily arise. The Bremen conditions govern quality arbitrage and arbitration court and are accepted worldwide. These avoid often protracted disputes before the ordinary courts and are binding on both parties. Arbitrage considers staple, class, colour and character of the fibre. Whether soft or rough, short or long, white or grey, clean or dirty — the quality is checked in the classical manual/visual way.
The Exchange belongs not only to the dealers but also to the processors, and all are equally represented in the management. A total of 260 members from 27 countries provide an international flair. The Exchange arranges laboratory tests, attends to the interests of the German cotton trade and observes and analyzes the market.
The ever higher demands on cotton quality in competition with man-made fibres call for the most modern measuring and testing in addition to conventional procedures. These are available at the Bremen Fibre Institute, founded in 1969, the Cotton Exchange Test Laboratory and the Wool Laboratory. Whether all-automatic HVI fibre test line or scanning

Wollgewerbe ein industrielles Standbein erster Güte.

In ihrer Kompetenz aus 110jähriger Erfahrung in der Verarbeitung der Rohwolle, in dem beharrlichen Streben nach Spitzenqualität und in der Zuverlässigkeit ihres Services sieht die BWK die Eckpfeiler ihres Erfolges auch für die Zukunft. Mit dem Erwerb der Riesenbrache von 500 000 Quadratmetern im damals noch preußischen Blumenthal hatten die Gründerväter 1883 — weitsichtig und risikofreudig — den Grundstock für das Wachstum des Unternehmens gelegt. Das Gelände ist auch heute noch ein idealer Standort für die Produktion.

Die Kapazitäten reichen aus, um täglich die Wolle von 50 000 Schafen zu verarbeiten.

Zur traditionellen Wollveredlung ist in den dreißiger Jahren die Verarbeitung zellulosischer Chemiefasern getreten. In den fünfziger Jahren kamen die synthetischen Chemiefasern hinzu, schließlich die Texturierung und die Herstellung von Kunststoffgarnen. Zusammen umfassen diese Sparten rund ein Viertel der gesamten Produktionsleistung der BWK. Von überragender Bedeutung ist aber nach wie vor die Aufbereitung des natürlichen Rohstoffes Schurwolle zum verspinnbaren Kammzug. Die Perfektionierung von Qualität und Produktivität erfordert einen hohen Aufwand an Forschung und Entwicklung und Jahr für Jahr hohe Investitionen. Wollverkämmung heute ist textile Hochtechnologie.

1993 stößt das über 1100 Mitarbeiter starke Wolltextilunternehmen das internationale Tor ein großes Stück weiter auf. Mit einer eigenen Produktionsstätte in Geelong im Süden Australiens wollen die Hanseaten auf dem asiatischen Markt präsent sein und sich im Haupterzeugerland für Wolle langfristig den Zugang zu ihrem wichtigsten Rohstoff sichern.

electron microscope — the independent research institutes can provide the very newest and exacting technologies.

Since 1987 there has been a cooperation agreement with Bremen University for the research not only of the traditional materials, but also special fibres and fibre composites for machine construction. Its special attraction lies in the close interlinking of science and research on the one hand and quality control and testing as service to trade and industry on the other.

The Fibre Institute has gained worldwide recognition in the standardizing of measuring and testing methods for textile raw materials. It is one of the just six international laboratories chosen by the U.S. Department of Agriculture for the drawing up of generally used standards for equipment calibration. There is also the four-times-a-year "Bremen Cotton Round Test" which aims to harmonize the test equipments of the less developed cotton producer countries, while every two years there is the "International Cotton Conference Bremen" which is attended by hundreds of cotton experts from all over the world.

Active far beyond Bremen is the Wool Institute. From all over the world wool samples are sent to its fully airconditioned laboratories for quality testing. Bremen's expertise flows into the "Bremen Wool Test", an international comparative test. For Interwoollabs, the international apex organization of the wool textile laboratories, the Fibre Institute manages and distributes the international standards.

Just as Bremen's renown as cotton centre was founded by the trade, the Exchange and the Fibre Institute, the exclusive chapter on wool is written by Bremer Woll-Kämmerei (BWK). The company is more than a century old, is the world's second-largest tops supplier and sends its products to worsted spinning mills around the world.

With the rapid expansion of overseas raw wool exports, Bremen became an important destination in the last century. And the prosperous wool dealers set up a wool scouring plant and later a combing plant, so that the wool trade achieved a good industrial base.

In its 110 years of experience in processing raw wool, in the striving after top quality and in the reliability of its service, BWK sees the cornerstone of its future success. Its founders had the farsightedness in 1883 to acquire a vast plot of 500,000 square metres in the then still Prussian territory of Blumenthal, and the site is still today an ideal production location. The facilities are sufficient to process the wool of 50,000 sheep a day.

During the 1930s the processing of cellulose man-made fibres was added to the traditional wool finishing, and in the 1950s came the synthetics, then the texturizing and the manufacture of synthetic yarns. These together account for a quarter of total production at BWK, but the production of spinnable tops from the natural clipped wool is still of paramount importance. The perfectioning of quality and productivity call for great effort in research and development and large investments year for year. Wool combing today is textile high technology.

The 1,100-employee wool textiles firm is pushing the international gateway still wider open in 1993 with the setting up of an own production facility in Geelong in South Australia. This will provide a presence on the Asian market and also, in this the main wool producing country, ensure access to its main raw material over the long term.

Holzhandel und -industrie

Bremen ist ein Holzhandels- und -importplatz mit großer Tradition. Seit über 1000 Jahren ist Holz ein wichtiges Handelsgut der Bremer Kaufleute. Die bremischen Häfen sind der bedeutendste deutsche Umschlagplatz für Holz und Holzprodukte. Zugleich befindet sich in den Bremer Industriehäfen ein Schwerpunkt der deutschen Hobelindustrie.

Als gefragter Werkstoff ist Holz von jeher ein wichtiges Handelsgut. Die Bedeutung Bremens als Holzhandelsplatz reicht über 1000 Jahre zurück in die Geschichte. Nachdem zunächst Holz in Flößen über die Weser herangebracht wurde, kam es bald auch zu Lieferungen aus dem Ostseeraum, die teils in andere Länder weiterverschifft wurden.

Von herausragender Bedeutung für Bremen als Handelsplatz war das Privileg Kaiser Karls des V. aus dem Jahre 1541, das Bremen das Stapelrecht sicherte. Holz wurde damit zum bremischen Stapelgut bestimmt, das heißt, alle, die Holz über Bremen transportierten, mußten es in der Stadt öffentlich zum Verkauf anbieten. Mit diesem Stapelrecht gewann Bremen praktisch auch das Seehandelsmonopol für sein Wirtschaftsgebiet.

Die Unabhängigkeit der Vereinigten Staaten von Amerika mit ihren Impulsen für den freien Welthandel belebte auch in Bremen das Geschäft. Es begann der weltweite Bezug von Holz aus Amerika, Afrika, Asien und Südamerika. Bremen schloß in dieser Zeit eine große Zahl günstiger Handelsverträge, und um 1840 stand die Hansestadt mit fast allen bedeutenden Ländern im Verhältnis gegenseitiger Meistbegünstigung. Die Holzeinfuhr und der bremische Holzhandel gewannen eine hervorragende Stellung. Die Weserkorrektion durch Ludwig Franzius und der Ausbau der Häfen in Bremen haben dieser Entwicklung zusätzlichen Schub gegeben.

Heute ist Bremen der Hafen mit dem größten Holzumschlag in Deutschland. Jährlich werden rund 543000 Tonnen Rundholz, Schnittholz sowie Furniere, Sperrholz und Platten über die bremischen Häfen eingeführt, wobei der Grad der Containerisierung stetig zugenommen hat.

Die starke Stellung Bremens als Einfuhrplatz prägt auch die Bedeutung der Stadt für den deutschen Holzhandel. Die bremischen Importfirmen beliefern den Handel in der gesamten Bundesrepublik, aber auch darüber hinaus. Der Importhandel besteht aus mehreren Sparten. Nadelholzimporte kommen vorwiegend aus Nordeuropa und Amerika, leistungsfähige, weltweit als Einschlagsunternehmen tätige Firmen importieren Laub- und Schnittholz sowie Furniere.

Wichtig für die Inlandsversorgung sind auch die Firmen des Plattenwerkstoffimports. Ein bedeutender Zweig des Bremer Holzimports sind darüber hinaus die Importhobelwerke, eine Industrie mit hohem Bekanntheitsgrad in der deutschen Holzwirtschaft.

Eine große Vielzahl an Holzarten und Dimensionen bestimmt das Lieferprogramm der Bremer Firmengruppe Enno Roggemann. Als Holzimporteur und -großhändler bietet Roggemann einen kompletten Service rund ums Holz und um Holzwerkstoffe aus aller Welt, wobei die Qualität einen hohen Stellenwert einnimmt. — The Enno Roggemann Group in Bremen as wood importer and wholesaler offers a large variety of timber species and sizes, and a complete service covering wood and wood materials from all over the world in which quality comes first.

The Timber Trade and Industry

Bremen has a long tradition as a centre of timber trading and importing. For more than a thousand years timber has been a trading commodity for Bremen's merchants, and still today Bremen's ports are Germany's main handling centre for timber and timber products. At the same time, Bremen's industrial port complex is a focal point of the German planing mill industry.

As a material much in demand, timber has always been actively traded, and Bremen's position as timber trading centre was already well established more than a thousand years ago. In the beginning, logs were rafted across the Weser to the town, but soon the timber was coming from the Baltic Sea area, and much of it was shipped further to other countries.

Of great importance for Bremen's position as trading centre was the privilege granted by Emperor Charles V in 1541 which gave Bremen the so-called staple right. Timber thus became a Bremen staple commodity, so that all the timber that was transported via Bremen had to be publicly offered for sale there. This practically gave Bremen the sea-borne trade monopoly for its economic area. The achievement of independence by the U.S.A. gave new impetus to free world trade and also enlivened business in Bremen, and worldwide timber imports commenced, from America, Africa, Asia and South America. During this time Bremen concluded many advantageous trade agreements, and by about 1840 it had mutual most-favoured arrangements with almost all important countries. Timber imports grew rapidly and Bremen's timber trade prospered, especially following the work of correcting the course of the Weser performed by Ludwig Franzius and the improvement of the port system in Bremen.

Bremen is today Germany's largest timber-handling port. Some 543,000 tonnes of round timber, sawn timber, veneers, plywood and boards are imported annually via the ports of Bremen, with ever more of it arriving in containers. Bremen's strong position in timber imports is also reflected in the city's importance for the German timber trade. Bremen's importers supply to the trade all over Germany and beyond. Softwood timber comes mainly from Northern Europe and America, while globally active logging firms import hardwood timber, sawn timber and veneers.

Also of importance for the domestic market are the board importers. An important branch of the Bremen timber trade consists of the import planing mill firms, a well-known sector of the German timber industry.

Ein Blick in eine der Lagerhallen des führenden deutschen Holzwerkstoffimporteurs Gottfried Lauprecht GmbH, Bremen. Hauptimportgebiete sind Nord- und Südamerika, Südostasien sowie Skandinavien.

The scene in one of the warehouses at Germany's leading timber importer, Gottfried Lauprecht GmbH in Bremen. Imports come mainly from North and South America, South-East Asia and Scandinavia.

Spezialisten und Spezialitäten —

Bunter Branchenmix

Zu den industriellen Aushängeschildern des Landes Bremen gehören insbesondere die Automobilindustrie, die Elektronik und Elektrotechnik, die Nahrungs- und Genußmittelindustrie, die Luft- und Raumfahrt, der Schiffbau sowie der Maschinen- und Anlagenbau. Neben diesen „Paradepferden" gibt es eine Reihe von Spezialisten und Spezialitäten, die den Standorten an Weserstrom und -mündung zu einem interessanten Branchenmix verhelfen.

Zuliefererbetriebe ebenso wie Nischenanbieter haben sich in Bremen und Bremerhaven fest etabliert und profitieren von der zentralen Lage des Stadtstaates im Wirtschaftsraum der Europäischen Gemeinschaft, ebenso wie die eher im verborgenen, dennoch aber nicht weniger erfolgreich arbeitenden Spezialisten.

So hat beispielsweise ein europaweit führender Hersteller von Fahrgeschäften seinen Sitz in Bremen. Wer sich also auf dem Münchner Oktoberfest oder dem Bremer Freimarkt in Achterbahn oder Ranger kopfüber ins Vergnügen stürzt, vertraut zugleich auch exzellenter Technik aus der Hansestadt. Auch einer der renommierten Produzenten auf dem Gebiet der Pyrotechnik ist im Lande Bremen zu Hause. Die Seenotrettungsausrüstungen aus Bremerhaven, gefertigt nach den strengen Vorschriften des internationalen Schiffssicherheitsvertrages, helfen auf allen Meeren der Welt, Leben zu retten.

Einen hohen Stellenwert genießt von jeher die genußmittel- und lebensmittelverarbeitende Industrie im kleinsten deutschen Bundesland. Ein nicht unerheblicher Teil ihrer Zuliefererbetriebe ist hier zu Hause, so einer der größten Hersteller von Dichtungsmassen für Verpackungen der Getränke- und Lebensmittelindustrie und ein anerkannter Spezialist für Verpackungen und Verpackungsanlagen.

Zahntechniker in mehr als 100 Ländern der Erde vertrauen ebenfalls auf Knowhow aus Bremen. Komplette Geräte und Materialsysteme für die Kronen- und Brückentechnik sowie den Modellguß werden hier gefertigt. Weitere Highlights setzen Unternehmen, die im Möbeldesign oder der Entwicklung von Software für die industrielle Anwendung tätig sind.

Eine vollständige Auflistung aller Arbeitsbereiche würde den hier gegebenen Rahmen sprengen. Gleichwohl aber bleibt festzuhalten, daß die industrielle Struktur vielschichtig ist. Industrie und Zulieferer jedenfalls haben die Weichen für die Zukunft gestellt. Sie bestimmen in zunehmendem Maße die ökonomische Attraktivität des Landes als Wirtschaftsstandort im geeinten Europa mit.

BEGO Bremer Goldschlägerei Wilh. Herbst GmbH & Co., Bremen

Aufeinander abgestimmte Geräte- und Materialsysteme für den Zahntechniker sind das Erfolgsrezept des weltweit tätigen Unternehmens BEGO. Wichtiger Bestandteil dabei ist die Weitergabe des Know-hows: In zwei eigenen Schulungszentren vermitteln sieben Kursusleiter das Wissen, welches heute für hochwertige Zahntechnik erforderlich ist.

Closely matched equipment and material systems for the dental technician are the formula for success of this worldwide active company BEGO. Another important feature is the passing-on of the relevant know-how: in the company's two training centres, seven course instructors impart the expertise necessary today for leading-edge dental technique.

Die DS-Chemie GmbH ist einer der größten und weltweit anerkannten Hersteller einer breiten Palette von Dichtungsmassen für Verpackungen der Getränke- und Lebensmittelindustrie sowie von speziellen Compounds für Streich-, Spritzguß- und Extrusionsverfahren mit Kunden in über 90 Ländern.

DS-Chemie GmbH, with customers in more than 90 countries, is known worldwide as one of the largest manufacturers of a wide range of sealing compounds for packaging in the food and beverage industries as well as special compounds for coating, injection moulding and extrusion processes.

Komplettierung und Versand von Seenotsignalen für die Handelsschiffahrt in der Comet GmbH, Pyrotechnik — Apparatebau, Bremerhaven

Completing and dispatch of distress signals for merchant marine vessels at Comet GmbH, Pyrotechnik — Apparatebau, Bremerhaven

Specialists and Specialities —
Unusual Variety of Industries

The mainstays of Bremen's industry are automobile manufacture, electronics and electrical engineering, the food, beverage and tobacco sector, the aerospace industry, shipbuilding and mechanical engineering. But in addition to these "flagships" there are a number of highly specialized companies and special products that give the locations on the River Weser and its estuary an interesting diversity.

Component suppliers and companies with a market niche have firmly established themselves in Bremen and Bremerhaven and profit from the central location of the city state within the European Community; so do the "specialists", who attract little public attention but flourish nevertheless.

For example, one of the leading European manufacturers of fairground equipment has its headquarters in Bremen. So those who plunge headlong into the joys of Munich's "Oktoberfest" or Bremen's "Freimarkt" on the roller-coaster or the ranger are putting their trust in the excellent skills of Hanseatic engineers. One of the best-known manufacturers of pyrotechnical products has a factory near Bremen. The rescue equipment made in Bremerhaven according to the strict requirements of the International Convention for the Safety of Life at Sea helps to save lives on all the oceans of the world.

An industry that has always had a high standing in this smallest German state is the processing of food, tea, coffee, alcoholic drinks and tobacco. Moreover, a considerable proportion of the industry's suppliers are local firms, including one of the leading manufacturers of sealing compounds for food and drink packs and a recognized specialist in packaging materials and plant.

Dental technicians in more than 100 countries throughout the world also rely on know-how from Bremen. Complete systems of equipment and materials for making crowns and bridges or casts are produced here. Further highlights are companies specializing in furniture design or the development of software for industrial applications. To give a complete list of all the fields represented would go beyond the scope of this article, but the above examples serve to show the diversity of Bremen's industrial structure. Certainly industry and its suppliers have set the course for the future and are becoming an increasingly important feature of Bremen's attractiveness as an economic centre in a united Europe.

Mit über 150 Jahren gehört die Wilh.^m Jöntzen GmbH, Verpackungstechnik, in Lesum zu den traditionsreichsten Unternehmen der Branche und des Landes Bremen.

With more than 150 years in business Wilh.^m Jöntzen GmbH, packaging specialists in Lesum, belongs to the oldest companies in this sector and in the state of Bremen.

Die bremischen Häfen: schnell und zuverlässig

Sie sind Lebensnerv und wirtschaftliches Fundament des Landes — die bremischen Häfen. Rund ein Drittel des Bruttosozialprodukts wird in den beiden Hafengruppen in Bremen und Bremerhaven erwirtschaftet. Etwa 10000 Seeschiffe verbinden sie jährlich mit etwa 1000 Häfen in allen Teilen der Welt. Deutlich mehr als 30 Millionen Tonnen Güter mit einem Wert von über 80 Mrd. DM werden hier pro Jahr bewegt. Gleichzeitig wächst auch das Dienstleistungsspektrum der Seehafenverkehrswirtschaft. Durch die Öffnung Osteuropas und das Zusammenwachsen im europäischen Binnenmarkt sind Bremen und Bremerhaven noch stärker in das logistische Zentrum Europas gerückt und zum „Sprungbrett" auf die Märkte geworden.

Modernste Technik, gut ausgebildete Facharbeiter und eine breite Dienstleistungspalette bilden die Basis des Logistikzentrums bremische Häfen. Ihre starke Position als große Universalhäfen an der nordwesteuropäischen Küste verdanken sie mehreren Faktoren:

Da sind die natürlichen Standortvorteile. Die Hafenanlagen in Bremen-Stadt befinden sich, obwohl tief im Binnenland gelegen, am „seeschifftiefen" Wasser und machen die Hansestadt zum südlichsten deutschen Seehafen überhaupt. Unmittelbar an der offenen See liegt Bremerhaven, „main-port" für die großen transkontinentalen Containerlinien. Die effiziente Arbeitsteilung zwischen beiden Standorten ist kennzeichnend für die Leistungsfähigkeit des Gesamtkomplexes.

Die Schnelligkeit des Güterumschlags zeichnet die bremischen Häfen ebenso aus wie die zunehmende Tiefe ihres Dienstleistungsangebots: Über den reinen Umschlag hinaus bieten sie Logistik- und Distributions-, EDV- und Telekommunikationsdienstleistungen an.

Mit Weitsicht und Flexibilität bewältigen die Bremer die stetig steigenden Anforderungen von Verladern und Transportwirtschaft in aller Welt. Beispiel Container: Wie keine andere Idee hat die Einführung der „genormten Kisten" die Seeschiffahrt und damit auch den Hafenbetrieb revolutioniert. Bremen richtete sich — trotz der von vielen Seiten vorgetragenen Bedenken — als erster deutscher Seehafen auf den Umschlag von Containern ein. Im Mai 1966 brachte ein amerikanisches Vollcontainerschiff die erste „schnelle Kiste", die im Überseehafen in Bremen auf die Kaje gesetzt wurde — der Beginn eines beispiellosen Siegeszuges.

Zielstrebig wurde der Standort Bremerhaven zu einer der bedeutendsten Containerdrehscheiben an der nordwesteuropäischen Küste ausgebaut. Unmittelbar an der offenen See gelegen, können die größten Containerschiffe der Welt hier ohne zeitaufwendige und kostenintensive Revierfahrten beladen und gelöscht werden. Schon 1971 konnte der Container-Terminal Bremerhaven seinen Betrieb aufnehmen. Inzwischen ist der Terminal zweimal erweitert worden. Land und Seehafenverkehrswirtschaft investierten gut eine Milliarde Mark in den Terminalausbau, Geld, das gut angelegt ist: Jährlich werden in den bremischen Häfen fast 1,3 Millionen Behälter der Normgröße 20 Fuß (TEU) umgeschlagen, und weiteres Wachstum ist programmiert. Der Container-Terminal „Wilhelm Kaisen", obwohl ohnehin schon die größte zusammenhängende Containerumschlaganlage Europas mit einer Fläche von 1,6 Millionen Quadratmetern, wird den Erfordernissen des nächsten Jahrtausends angepaßt: Die Kaje wächst um 700 Meter nach Norden, und die Stellflächen werden um 800 000 Quadratmeter ausgeweitet.

Superlative bietet Bremerhaven auch beim Fahrzeugumschlag. Mit mehr als 700 000 Einheiten jährlich gilt die Seestadt als die europäische Automobildrehscheibe. Dabei werden die Fahrzeuge nicht nur gelöscht und von hier aus verteilt, sondern vielfach auch veredelt, zum Beispiel tiefer gelegt, umgebaut, lackiert usw.

Nicht nur Kraftfahrzeuge rollen an Bord der riesigen „schwimmenden Hochgaragen". Auch konventionelles Stückgut wird, zu Ladungseinheiten zusammengestellt und auf Spezialanhänger gepackt, in Bremen und Bremerhaven an und von Bord gerollt. Die hohe Umschlaggeschwindigkeit dieses Ro-Ro-Verkehrs (Roll on/roll off) und die dadurch kurze Verweildauer der Schiffe im Hafen wirken sich kostenreduzierend aus und sind wesentlicher Vorteil dieses Transportsystems. Ro-Ro-Verkehre und Containerumschlag zusammen machen insgesamt rund 80 Prozent des Stückgutaufkommens der bremischen Häfen aus.

In großen Mengen gelangen auch die „klassischen" Importprodukte Bremens, wie Baumwolle und Wolle, Kaffee und Tabak sowie seit einigen Jahren Kakao, aber auch die gesamte Palette der Waldprodukte, also Holz, Papier und Zellulose, als konventionelles Stückgut oder zunehmend in Containern über Bremen an die weiterverarbeitende Industrie in Deutschland und den europäi-

Zweimal wöchentlich läuft ein Sea-Land-Schiff von etwa 300 Metern Länge den Container-Terminal Bremerhaven an und wird in weniger als 24 Stunden abgefertigt. Bremerhaven ist nur eine der zahlreichen Verbindungen, über die Sea-Land seine weltweiten Dienste anbietet.

Twice a week a Sea-Land vessel of 300 metres calls at the Container Terminal Bremerhaven and is turned around in port in less than 24 hours. Bremerhaven is only one of the many efficient connections Sea-Land is providing worldwide.

BLG Bremer Lagerhaus-Gesellschaft, Bremen und Bremerhaven

Das erweiterte BLG-Distributionszentrum (im Vordergrund) liegt direkt am Neustädter Hafen und bietet in- und ausländischen Exporteuren auf 140 000 Quadratmetern einen umfassenden Service. Das Güterverkehrszentrum GVZ (links) bietet optimale Bedingungen für den kombinierten Ladungsverkehr.

The extended BLG Distribution Center (foreground), offering an area of 140,000 square metres (35 acres), borders directly on the Neustädter Harbor. GVZ, a private cargo traffic center (left), offers ideal facilities for combined cargo traffic.

Die BLG setzt auf schnelles Operating durch den Einsatz von Van Carriern im Container Terminal.

BLG decided to use Van Carriers at Container Terminal to ensure fast and reliable handling.

Die Position Bremerhavens als bedeutendste Auto-Drehscheibe Europas bestätigte sich auf eindrucksvolle Weise. 1992 wurden 760 000 Fahrzeuge umgeschlagen.

Bremerhaven is Europe's most important car turntable. In 1992 760,000 automobiles were handled.

Bremerhaven ist Deutschlands größte in sich geschlossene Containerumschlaganlage. Der Terminal liegt direkt an der offenen See und bietet optimale Verkehrsanbindungen.

The Container Terminal Bremerhaven is Germany's largest single container facility. It is located directly on the North Sea and offers an extensive network of rail lines, roadways and inland waterways.

Nach der Fertigstellung der Erweiterung des Container Terminals Bremerhaven wird die Anlage 12 Liegeplätze bieten und über eine Gesamtfläche von 2,4 Millionen Quadratmetern verfügen. Des weiteren wurde mit der Vertiefung der Außenweser auf 14,5 Meter begonnen.

Major extensions of the quay and handling areas in the Container Terminal in Bremerhaven have been commenced, as is the deepening of the River Weser to a draft of 48 feet, so that even fourth generation container ships will be able to reach the terminal irrespective of tidal conditions. The extended CT Bremerhaven will offer almost 600 acres of handling and storage area and a quay of 3,200 yards with 23 container gantries.

schen Nachbarländern. Nach wie vor ist Bremen einer der größten Baumwollimporthäfen der Welt. Und jede zweite Tasse Kaffee, die in Deutschland getrunken wird, wird über bremische Häfen importiert.

Nicht zu vergessen ist die gesamte Palette frischer Südfrüchte, mit denen weite Teile des deutschen und europäischen Marktes versorgt werden. Allein über den Fruchtterminal Bremerhaven kommen jährlich weit mehr als eine halbe Million Tonnen Bananen in die Europäische Gemeinschaft. Somit ist die Seestadt einer der größten Bananenumschlagplätze der Welt. Hier wird auch die erste sogenannte Zentralreiferei für die gelbe Frucht in einem Hafengebiet am europäischen Kontinent errichtet. Über den Fruchtterminal Bremen-Stadt gelangen etwa 150 000 Tonnen frische Südfrüchte und Gemüsesorten verschiedenster Provenienz auf den europäischen Markt. Ein weiteres Hafen-Highlight bietet Bremerhaven. Im bedeutendsten Fischereihafen Europas landen die Schiffe frischen und gefrosteten Fisch an, der auf Auktionen und direktem Wege sofort an die verarbeitende Industrie weitergeleitet wird. Etwa zwei Drittel des gesamten deutschen Frischfisch-Auktionsumsatzes entfallen auf die Seestadt.

Eine wichtige Rolle in Bremen-Stadt spielen die Industriehäfen. Innerhalb der sturmflutsicheren Deichlinie Bremens liegen sie tideunabhängig hinter der 1910 gebauten Schleuse Oslebshausen auf der rechten Weserseite. An sieben Hafenbecken haben sich viele Spezialfirmen angesiedelt, die dafür sorgen, daß etwa 40 Prozent des stadtbremischen Ladungsumschlags über ihre Kajen gehen. Hauptgüterarten beim Empfang sind Massengüter, wie flüssige Brennstoffe, Kohlen, Koks, Steine und Erden und auch Rund- und Schnittholz. Im Export dominieren Eisen- und Stahlerzeugnisse aller Art, Koks, Düngemittel und Chemikalien.

In den bremischen Häfen arbeitet eine leistungsfähige Seehafenverkehrswirtschaft mit Umschlagbetrieben, Stauereien, Tallyfirmen und Lagerhaltern, Verpackungsbetrieben, Festmachern, Schleppereibetrieben, Bunkerfirmen und last, but not least Spediteuren, Reedern und Schiffsmaklern. Als zentrale Umschlaggesellschaft in den Freihäfen in Bremen und Bremerhaven fungiert die Bremer Lagerhaus-Gesellschaft (BLG) von 1877, die für etwa 85 Prozent des Stückgutumschlags in diesen Häfen verantwortlich ist. Mit etwa 3600 Mitarbeitern zählt das Unternehmen nicht nur zu den größten Arbeitgebern des Bundeslandes, sondern auch zu den wichtigsten Hafenumschlagunternehmen in Europa.

Die Dienstleistungspalette der großen Universalhäfen hat sich im Laufe der Zeit erweitert, ist längst über das Stadium des reinen Umschlags hinausgegangen und findet auch abseits von Kajen und Kränen statt. Die bremische Seehafenverkehrswirtschaft ist durch ihr Knowhow und ihre optimale Verkehrsanbindung an das deutsche und europäische Binnenland einerseits und nach Übersee andererseits prädestiniert, ihren Kunden ausgeklügelte Logistik- und Distributionsleistungen anzubieten. Im Bereich des Neustädter Hafens, der als sogenannter Multi-Purpose-Terminal sowohl für Container- und Stückgutverkehre als auch für massenhafte Stückgüter und Industrieanlagen ausgelegt ist, wurde zum Beispiel das Außenhandelszentrum (AHZ) der BLG eingerichtet. Vor allem die Kfz-Industrie, Hersteller von optischen Geräten und die Elektronikbranche nutzen das vielfältige Leistungsangebot des Distributionszentrums AHZ.

Ebenfalls in unmittelbarer Nähe des Neustädter Hafens befindet sich das Güterverkehrszentrum Bremen (GVZ), ein bundesweit anerkanntes Modellprojekt. Auf dem großflächigen Gelände investieren zahlreiche Unternehmen der Transportwirtschaft in hochentwickelte Logistiklösungen und nutzen dabei die Hafennähe und das Herzstück ihres Zentrums, den Umschlagbahnhof, für den kombinierten Güterverkehr „Bremen Roland". Das Kooperationsmodell GVZ bündelt Verkehrsströme und gilt als richtungweisend für die Lösung von Verkehrsproblemen der Zukunft. Die Zusammenarbeit der selbständigen GVZ-Firmen eröffnet den Unternehmen zudem neue Perspektiven: Die Servicequalität wird gesteigert, und eine spezielle, GVZ-interne Organisation sorgt dafür, daß die vielfältigen Komponenten des logistischen Produkts wie aus einem Baukasten modular und innovativ gekoppelt werden. So kann jedes Unternehmen seine spezifischen Stärken einbringen, und der Markt trifft auf beste Fähigkeiten und höchste Effizienz.

Warenströme werden durch Informationsströme gelenkt. Die Telematik — als Kombination aus Telekommunikation und Informatik — ist deshalb auch in der Transportwirtschaft längst unverzichtbar. Häufig wird sie sogar als „Fünfter Verkehrsträger" bezeichnet. Die bremische Seehafenverkehrswirtschaft beherrscht diesen „Fünften Verkehrsträger" beispielhaft und gilt weltweit als Wegbereiter und Pionier des papierlosen Hafens, in dem die zahlreichen Informationen und Dokumente zwischen Unternehmen und Behörden weitestgehend auf elektronischem Wege ausgetauscht werden — lokal, regional, weltweit von Rechner zu Rechner.

Die Bremer Hafentelematik setzt in Verbindung mit dem weltumspannenden Telekommunikationsservice teleport Bremen Maßstäbe. Entwickelt wurden diese Systeme von der dbh Datenbank Bremische Häfen GmbH, einem Gemeinschaftsunternehmen der Bremer Seehafenverkehrswirtschaft, mit Unterstützung des Bundesministeriums für Forschung und Technologie. Darüber hinaus bieten Bremer Unternehmen den Hafenkunden zahlreiche EDV-gestützte Logistikinformationssysteme, die den reibungslosen Ablauf von Import, Export und Distribution unterstützen. Beispiele dafür sind die Systeme CAR (Automobilumschlag) und STORE (Distribution) der Bremer Lagerhaus-Gesellschaft.

Der Grundstock für die Leistungsfähigkeit der bremischen Häfen wurde schon im Mittelalter gelegt, doch versandete der Flußlauf der Weser im Laufe der Zeiten, so daß damals an regelmäßige Schiffsankünfte in Bremen bald nicht mehr zu denken war. Erst durch die Weserkorrektion des genialen Wasserbauers Ludwig Franzius in den achtziger Jahren des 19. Jahrhunderts wurde der Strom korrigiert.

Bereits 60 Jahre zuvor hatte Bremens legendärer Bürgermeister Johann Smidt einen folgenreichen Schachzug zugunsten der Stadt getan. Er handelte mit

Versteigerung von frischem Seefisch in der 500 Meter langen Auktionshalle der Fischereihafen-Betriebs- und Entwicklungsgesellschaft m.b.H.,
Bremerhaven. Hier werden pro Jahr rund 45 000 Tonnen Fisch im Wert von über 100 Mill. DM umgeschlagen.

*Auctioning of wet sea fish in progress at the 500-metre-long auction hall operated by Fischereihafen-Betriebs- und Entwicklungsgesell-
schaft m.b.H., Bremerhaven. Some 45,000 tons of fish to a value of more than 100 million DM are handled here annually.*

Rund um die Uhr und an 365 Tagen im Jahr einsatzbereit: Mit einer hochmodernen Schlepperflotte sorgt die Bremer Unterweser Reederei GmbH, URAG, für die reibungslose und sichere Schiffahrt auf Weser und Jade. Das Unternehmen ist überdies in der Seeschleppfahrt, in Bergungsdiensten, in der Versorgungsschiffahrt und über eine Beteiligung in der Forschungsschiffahrt aktiv.

On call around the clock and on 365 days a year: With a highly-modern tugboat fleet Bremer Unterweser Reederei GmbH, URAG, provides a smooth and reliable service to shipping on the Weser and Jade. The company is also engaged in deepsea towage, in salvage and in offshore supply services and also indirectly in research shipping.

MS „Bremer Export" ist ein im Jahr 1991 für die Bruno Bischoff Reederei GmbH & Co., Bremen, erbautes Mehrzweck- und Containerschiff mit Bordkränen von je 30 Tonnen Hebefähigkeit. Das Schiff hat eine Vermessung von 2641 BRZ (Bruttoraumzahl), eine Tragfähigkeit von 3628 Tonnen und Stellplätze für 190 TEU (20-Fuß-Container). Es gehört zu einer Flotte von 14 eigenen bzw. langfristig eingecharterten Schiffen, die von der Bischoff Reederei in deren Diensten in der Nord- und Ostsee eingesetzt werden: in der Ostsee vornehmlich nach und von Rußland und den Baltischen Staaten, in der Nordsee von und nach allen Anrainerstaaten, vornehmlich Norwegen. Die Reederei unterhält auch einen Containerdienst zum Mittelmeer und ist an mehreren anderen Diensten beteiligt. Durch eine eigene Befrachtungsabteilung ist sie weltweit aktiv.

M.S. "Bremer Export" is a general-purpose and container vessel with shipboard cranes of 30 tonnes capacity and was built in 1991 for Bruno Bischoff Reederei GmbH & Co., Bremen. She has a gross tonnage of 2,641, a deadweight capacity of 3,628 tonnes, and can carry 190 TEUs (20-foot containers), and is one of a fleet of 14 company-own or long-term chartered vessels on Bischoff's North Sea and Baltic services: in the Baltic mainly to and from Russia and the Baltic states, in the North Sea to and from all bordering countries, but particularly Norway. The company also maintains a container service to the Mediterranean and participates in several other services. It is active worldwide with its own shipping and chartering department.

dem mächtigen Nachbarn Hannover eine Vereinbarung aus, nach der Bremen dem Königreich 89 Hektar Land an der Wesermündung abkaufen konnte und eine Option auf weitere 40 Hektar erhielt. Seinerzeit war diese Entscheidung durchaus umstritten, heute kann der Handel nicht hoch genug eingeschätzt werden.

Lange Zeit galt Bremerhaven als „Vorort New Yorks", die dortige Columbuskaje als Ausgangs- und Endpunkt für Auswanderer- und Passagierlinienschiffe. Für Millionen Auswanderer in die „neue Welt" war die Stadt am Meer fast ein Jahrhundert lang die letzte Station in Europa. In erster Linie aber war die Columbuskaje eine der berühmtesten Stationen der transatlantischen Passagierschiffahrt.

Inzwischen hat sich die Columbuskaje zur Kreuzfahrtendrehscheibe entwickelt. Schiffe mit klangvollen Namen wie „Europa", „Odessa" oder „Maxim Gorkij" gehören zu den Gästen der Seestadt, die von mehr als einem Dutzend internationaler Luxusliner regelmäßig besucht wird.

The Ports of Bremen: Fast and Reliable

Bremen's ports are the vital nerve and economic foundation of the state. About a third of the GDP is produced in Bremen and Bremerhaven. About 10,000 seagoing ships a year link them with about 1,000 ports worldwide. More than 30 million tonnes of goods to a value of over 80 billion DM are handled here annually. With the opening of Eastern Europe and the growing together of the European single market, Bremen and Bremerhaven have moved more into Europe's logistic centre and become a "springboard" for the markets.

Modern technology, skilled workers and a wide range of services are the basis of the logistic centre of Bremen's ports. Their strong position on Europe's northwest coast is thanks to several factors: There are the natural locational advantages. Bremen although well inland has a deep shipping channel to the sea, and there stands Bremerhaven, the main port for the big transcontinental container lines. The speed of freight handling is matched by the increasing diversity of the port services offered. Over and above pure freight handling there are the logistic, distribution, data processing and telecommunication services.

With farsightedness and flexibility the ports of Bremen are responding to the growing demands of shippers and carriers all over the world. The container is an example, and its introduction has revolutionized the shipping scene and port operations generally. Bremen was the first German seaport to work with containers and in May 1966 an American cellu-lar containership discharged the first one at Bremen's Überseehafen.

Bremerhaven was rapidly expanded to become one of the leading container transport hubs in northwest Europe. Here directly on the open sea, the world's largest containerships can load and discharge rapidly without time-consuming manoeuvring. The Bremerhaven container terminal was opened in 1971 and has since been enlarged twice, to which end the state and the port industries together invested a billion DM and more. The Bremen ports each year handle almost 1.3 million standard (TEU) containers, and further growth is programmed. The "Wilhelm Kaisen" terminal, already the largest of its kind in Europe at 1.6 million square metres, is being adapted to the needs of the next century, with the quay being extended 700 metres northward and the parking area being enlarged by 800,000 square metres.

With more than 700,000 vehicles annually, Bremerhaven is Europe's auto-mobile hub. Here the vehicles are not only discharged and distributed but also in many cases converted, painted, etc. Also conventional cargo is made up into load units and is handled as roll-on/roll-off traffic, thus allowing a quicker ship turnround and so reducing costs. Ro-ro and container transport account for about 80 percent of the general cargo handled at Bremen's ports.

Large quantities of Bremen's "classical" imports such as cotton, wool, coffee, tobacco, now also cocoa, forest products such as timber, paper and cellulose, come as conventional general cargo, but also increasingly in containers, and from Bremen to the processing industries in Germany and neighbouring countries. Bremen is still one of the world's biggest cotton import ports. And every second cup of coffee drunk in Germany is imported via Bremen.

Nor should one forget the whole range of fresh tropical and subtropical fruits that supply a large part of the German and European markets. More than a half-million tonnes of bananas reach the EC via Bremerhaven's fruit terminal, making the port one of the world's largest banana reception points. Here also is being erected the first central ripening plant for bananas on the European continent. By way of the Bremen fruit terminal about 150,000 tonnes of fresh tropical fruit and diverse vegetables reach the European market. At Bremerhaven's fishery port — number one in Europe — the vessels land fresh and frozen fish which passes immediately to auction and thence to the processing industry. Bremerhaven handles about two-thirds of the entire wet-fish landings auctioned in Germany.

Bremen's Industriehafen complex plays an important role. This lies behind the flood-protected dike line and is independent of the tides thanks to the Oslebshausen lock built in 1910 on the right bank of the Weser. The complex consists of seven harbour basins and is operated by a great variety of specialized firms. Some 40 percent of the cargo handled in Bremen goes over the quaysides there. Bulk cargoes predominate here, including liquid fuels, coal, coke, stone and earths and nonmetallic minerals and timber. Exported are all kinds of

Kies, Sand und Transportbeton liefert A. G. Röhrs & Co., Bremen. Die Aufnahme zeigt einen Ausschnitt der umfangreichen Umschlaganlagen im Hemelinger Hafengebiet.

A. G. Röhrs & Co., Bremen, are suppliers of gravel, sand and ready-mixed concrete. The picture shows part of the extensive handling facilities in the port area of Hemelingen.

iron and steel products, coke, fertilizers and chemicals.

The ports of Bremen have a highly efficient port industry organization with terminal operators, stevedores, tallymen and storekeepers, packaging specialists, watermen, towing operators, bunkering firms, carrying and forwarding agents, ship operators and ship's agents. The principal terminal operator for the freeport areas in Bremen and Bremerhaven is the Bremer Lagerhaus-Gesellschaft (BLG) of 1877, which handles about 85 percent of the general cargo there. With about 3,600 employees it is not only the largest local employer but also one of the main port operating companies in Europe.

Services at the big universal ports have expanded with time and are no longer confined to cargo handling, and much of the activity is carried on away from the quays and cranes. Bremen's port industries with their know-how and optimal transport links inland and to overseas can offer their customers the best conceived logistic and distribution services. At Neustädter Hafen, which is laid out as a multi-purpose terminal, the BLG's Foreign Trade Centre (AHZ) has been set up, and the distribution centre is actively made use of by the automotive industry and by makers of optical apparatus and the electronics sector.

Also at Neustädter Hafen is the Bremen Freight Transport Centre (GVZ), where many firms in the carrying and forwarding business have invested in highly developed logistic solutions, at the same time making use of the nearness of the port and the heart-piece of the centre,

the transshipment facility for combined freight transport "Bremen Roland". The GVZ cooperation model bundles traffic flows and is considered as showing the way in meeting the transport problems of the future. Cooperation with the independent GVZ firms opens up new perspectives for the company: The quality of service is improved and a special internal GVZ organization ensures that the diverse components of the logistic product are coupled modularly and innovatively as in a set of building blocks. Thus each firm can contribute its specific strengths and the market attains best capabilities and highest efficiency.

Goods flows are guided by information flows, which is why telematics now plays an indispensable role in the carrying and forwarding business. It is frequently called the "fifth carrier" and the Bremen port industries make expert use of it and are regarded worldwide as the pioneer of the paperless port, in which the information and documents between firms and the authorities are largely exchanged electronically — locally, regionally, worldwide from computer to computer.

In conjunction with the world-covering telecommunication service "teleport Bremen", Bremen's port telematics are setting new standards of performance. The system was developed by dbh Datenbank Bremische Häfen GmbH, a joint venture of Bremen's port industries supported by the Federal Ministry of Research and Technology. Over and above this, port customers can avail themselves of numerous computer-assisted logistic information systems to smooth import, export and distribution operations. Examples are the systems CAR (automobile handling) and STORE (distribution) provided by Bremer Lagerhaus-Gesellschaft.

The origins of the Bremen ports lay in the Middle Ages, but in the course of time the river Weser became silted up, with the result that there could be no more regular ship arrivals in Bremen, and it was only the initiative of the genial hydraulics engineer Ludwig Franzius in correcting the Weser in the 1880s that commercial life was restored to the river. Sixty years before, Bremen's legendary Burgomaster Johann Smidt did a deal to the great advantage of the town. He reached an agreement with the powerful neighbour Hannover in accordance with which Bremen was able to buy from the kingdom 89 hectares of land at the mouth of the Weser, and received an option on a further 40 hectares. The transaction was much criticized at the time, but was later seen to be a brilliant move. For a long time Bremerhaven was regarded almost as a suburb of New York, with the Columbus Quay as starting point and terminal for emigrant ships and passenger liners. For millions of emigrants to the "New World" Bremerhaven was for almost a century the last point of contact with Europe. Later, however, the Columbus Quay became one of the main points of call in transatlantic passenger shipping. Today it is a terminal for the cruise ships, ships with names such as "Europa", "Odessa" or "Maxim Gorkij" among more than a dozen international luxury liners that call here regularly.

Schiffsmakler und Reederei-Agenten sind die Katalysatoren zwischen Land- und Seetransport. Die Firma Walter Sporleder mit ihrem Bürohaus an der Ecke Bürgermeister-Smidt-Straße/Falkenstraße ist ein Vertreter dieser mittelständischen Unternehmen. — Ship brokers and shipping agents are the essential link between land and sea transport. One of such medium-size enterprises is the firm of Walter Sporleder with its offices at the corner of Bürgermeister-Smidt-Strasse and Falkenstrasse.

Die Verkehrs- und Transportwirtschaft:

Dienstleistungs- und Logistikzentrum für den Außenhandel Europas

Mit maßgeschneiderten Systemen an der Schnittstelle der Land-See-Logistik haben sich Bremen und Bremerhaven in der Transport- und Verkehrswelt einen Namen gemacht. Als Eingangstor zum europäischen Binnenmarkt sind sie eine wichtige Drehscheibe des weltweiten Außenhandels. Die hochspezialisierte und leistungsfähige Seehafenverkehrswirtschaft hält umfangreiche Fazilitäten an Transport-, Lagerungs-, Verpackungs- und Distributionsleistungen sowie weitentwickelte Informations- und Kommunikationssysteme bereit. Zusammen mit dem Transport-Knowhow der Verkehrsexperten in den Unternehmen bilden sie die Grundlage des Logistikzentrums an der Weser. Als eines der „Highlights" und „Modell für Europa" gilt das Güterverkehrszentrum Bremen (GVZ), das beispielhaft für eine sinnvolle Koordination und Distribution großer Gütermengen steht.

Die hochentwickelte expandierende Weltwirtschaft mit permanent zunehmender Arbeitsteilung und steigendem Welthandelsvolumen braucht neben servicebereiten Lager- und Transportkapazitäten leistungsfähige Informations- und Kommunikationsangebote in logistischer Vernetzung. Das Güterverkehrszentrum Bremen (GVZ) ist die Antwort der Verkehrsexperten auf die ständig steigenden Herausforderungen des Verkehrsmarktes. Die Grundidee: Eigenständige Unternehmen kooperieren in räumlicher Nähe und gelangen somit zu einer rationellen Güterverteilung. Bremen betrat mit der Gründung des GVZ in den achtziger Jahren erfolgreich Neuland: Das GVZ gilt heute als „Modell für Europa".

Herzstück des Güterverkehrszentrums ist der Terminal für den kombinierten Ladungsverkehr, die ROLAND-Umschlaganlage. Der im Gebiet der deutschen Bahnen einzige privatwirtschaftlich betriebene Terminal gehört zu den leistungsfähigsten seiner Art in Deutschland und trägt direkt zur Entlastung der europäischen Fernstraßen bei. Auf acht je 750 Meter langen Gleisen — das entspricht jeweils der Länge eines Ganzzuges — werden jährlich etwa 100 000 Ladungseinheiten abgefertigt. Über Nacht können die Züge dann jedes Wirtschaftszentrum in der Bundesrepublik erreichen.

Um den Terminal herum wurden Unternehmen der Transportbranche sowie begleitende Dienstleister angesiedelt, die bis 1992 zusammen mit der Stadt Bremen rund eine halbe Milliarde DM in das GVZ investierten. Knapp 40 Betriebe mit insgesamt 2000 Mitarbeitern belegten 1993 etwa die Hälfte des insgesamt 200 Hektar großen Terrains in unmittelbarer Nähe der Neustädter Häfen, und die Entwicklung des Areals schreitet zügig voran: Die Deutsche Bundesbahn errichtet hier eines ihrer zentralen Frachtzentren, und die Deutsche Bundespost plant den Bau eines Paketfrachtzentrums. Nach dem Endausbau wird das GVZ Bremen eine der größten Anlagen Europas dieser Art auf dem Transport- und Verkehrssektor sein und etwa 4500 Arbeitsplätze bieten.

Schiffahrt, Hafen und Handel gehören nach wie vor zu den Grundpfeilern des bremischen Wirtschaftslebens. Die Hafengruppen in Bremen und Bremerhaven bilden ein bedeutendes Dienstleistungs- und Logistikzentrum für den Außenhandel Europas. Mehr als 30 Millionen Tonnen hochwertige Güter werden Jahr für Jahr hier umgeschlagen. Dabei spielt die Seehafenverkehrswirtschaft naturgemäß eine zentrale Rolle. Etwa 200 Seehafenspediteure bieten in enger Zusammenarbeit mit rund 70 Schiffsmaklern und Reedereiagenten und den Umschlagbetrieben eine komplexe und

umfassende Leistungspalette rund um den sicheren, schnellen und zuverlässigen Warentransport an. Dabei werden sie unterstützt von den vielen Spezialisten der Transportwirtschaft, wie Schiffsversorgungsunternehmen, Verpackungsbetrieben, Bugsier- und Schleppdiensten, Lotsen, Seegüterkontrolleuren, Stauereien, Tallyfirmen, Festmachern, Fruchtküpern, und behördlichen Stellen wie dem Zoll, der Wasserschutzpolizei und anderen mehr.

Von der Kontrolle und Verpackung der Ladung über die sachgerechte Lagerung und gegebenenfalls Weiterverarbeitung oder Montage, den schnellen Umschlag bis hin zur logistisch zeitgenauen und feinverästelten Distribution einschließlich des gesamten Datenmanagements und Transfers im weltweiten Verbund reicht die Angebotspalette. Die multimodalen Transportketten werden auf Wunsch vom Versand bis zum Empfang in Übersee oder umgekehrt in Bremen organisiert, gesteuert und überwacht. Das logistische Management reicht dabei vom Auslieferungslager eines Herstellers in Übersee bis in die Verkaufsregale des europäischen Handels oder direkt bis an die Montagebänder der Industrie. Über besondere EDV-Anwendungen werden zudem alle Handels- und Transportbeteiligten permanent mit allen erforderlichen Informationen versorgt.

Eine außerordentlich wichtige Rolle spielt in Bremen die Bahn, die mit den bremischen Häfen in einer engen Partnerschaft verbunden ist. Gut 50 Prozent der gesamten Verkehrsleistung der bremischen Häfen im Vor- und Nachlauf werden über die Schiene abgewickelt. Im Containerverkehr liegt die Bahnleistung sogar bei fast 80 Prozent. Dabei befördert das Schienenunternehmen nicht nur Massengüter in großräumigen Waggons oder Ganzzügen, sondern

M/S „HUAL TRADER" und M/S „HUAL ROLITA" gehören zu einer Flotte von 35 Spezialschiffen der Høegh-Ugland Auto Liners A/S, Oslo (HUAL), vertreten durch die Firma Peter W. Lampke (GmbH & Co.), Bremen/Bremerhaven. Mit rund 80 Abfahrten pro Jahr zu den Häfen Amerikas, des Mittleren und Fernen Ostens zählt die Reederei zu den bedeutendsten Kunden Bremerhavens.

M/V "HUAL TRADER" and M/V "HUAL ROLITA" belong to a fleet of 35 special carriers of Høegh-Ugland Auto Liners A/S, Oslo (HUAL), who are represented by Peter W. Lampke (GmbH & Co.), Bremen/Bremerhaven. With about 80 sailings per year to ports in America, the Middle and Far East, HUAL is one of the most important clients in the port of Bremerhaven.

auch hochwertige Im- und Exportwaren, also Stückgut, das mehr als die Hälfte des Umschlags in Bremen ausmacht. In den bremischen Häfen sind mehr als 400 Kilometer Schienen verlegt. „Sahnestück" bremischer Schieneninfrastruktur ist der 1985 eröffnete computergesteuerte Rangierbahnhof Bremerhaven-Speckenbüttel, der in Spitzenzeiten bis zu 200 Güterwagen pro Stunde auf die Reise schicken kann.

Es liegt nahe, daß in einem Land wie Bremen, das derartig durch die Bereiche Verkehr und Außenhandel geprägt ist, ein besonderes Augenmerk auf die Aus- und Weiterbildung sowie die Forschung im Logistik- und Transportsektor gelegt wird. Mit der „Deutschen Außen-handels- und Verkehrs-Akademie" (DAV) und dem Studiengang „Transportwesen/Logistik" der Hochschule Bremerhaven verfügt das Bundesland über regelrechte „Kaderschmieden" für die internationale Verkehrswelt. Und das renommierte Institut für Seeverkehrswirtschaft und Logistik (ISL) hat ebenfalls seinen Sitz an der Weser.

B. Dettmer Reederei GmbH & Co., Bremen

Der moderne kanalgängige Tankschiffsverband verfügt über 2000 Tonnen Ladungskapazität.
The modern canal-going tankship train has a cargo capacity of more than 2,000 tonnes.

Die DCP Dettmer Container Packing GmbH & Co. KG, Bremen, hat sich als neutraler Dienstleister auf das fachmännische Bepacken von Sammelcontainern im Exportverkehr spezialisiert. — DCP Dettmer Container Packing GmbH & Co. KG, Bremen, specializes in the expert packing of groupage containers for export.

Die E. H. Harms GmbH & Co.,
Bremen, ist mit ihren Dienstleistungen im Automobiltransport
und Verschiffungsbereich weltweit tätig. Die beiden Aufnahmen zeigen Ausschnitte von
den Autoterminals in Bremerhaven-Fischereihafen (links)
und Bremerhaven-Kaiserhafen
(unten).

E. H. Harms GmbH & Co.,
Bremen, is actively engaged
worldwide in the provision of inland transport and shipping
services for the automobile
trade. The photographs show
scenes at E. H. Harms' car terminals in Bremerhaven-Fischereihafen (left) and Bremerhaven-Kaiserhafen (below).

In Hamburg (Bild rechts) betreibt Harms einen eigenen Terminal mit Ro-Ro-Rampe für alle Schiffsgrößen sowie ein Service-Center und Lager für Fahrzeuge aus Skandinavien und Rußland. Der Car Feeder Service in Cuxhaven (Bild unten) ist schwerpunktmäßig für den Export von Personenkraftwagen nach Skandinavien und Polen sowie in die GUS-Länder zuständig.

E. H. Harms operates its own terminal at Hamburg (right), equipped with a ro-ro ramp sufficient to accommodate all sizes of ships, and with a service centre as well as storage facilities for vehicles coming from Scandinavia and Russia. E. H. Harms Car Feeder Service in Cuxhaven (below) is mainly responsible for the export of passenger cars to Scandinavia, Poland and the CIS countries.

129

The Transportation Industry:

Service and Logistics Centre for Europe's Foreign Trade

Bremen and Bremerhaven have made a name for themselves with made-to-measure systems acting at the land-sea logistics interface. As the way into the internal European market, they serve as a vital hub for worldwide trade. The highly specialized maritime transport trade provides many facilities in the form of carriage, storage, packaging and distribution services as well as highly developed information and communication systems. Together with the know-how of the transport experts in the firms, they form the basis of the logistics centre on the Weser. Bremen's freight traffic centre (known for short in German as GVZ), is one of the highlights and is considered to be a "model for Europe" for a meaningful coordination and distribution of large quantities of goods.

The highly developed and still expanding global economy, with an ever increasing division of labour and a growing trade volume, needs not only serviceable storage and transport capacity, but also logically networked information and communication services. Bremen's freight traffic centre (GVZ) is the experts' response to the ever growing challenge of the transport market. The basic idea is that independent firms are located close together and cooperate to achieve rational goods distribution. With the founding of the GVZ in the 1980s Bremen broke new ground on the transport scene, to the extent that the Centre is today regarded as a "model for Europe".

The heart of the freight traffic centre is the combined transport terminal, the ROLAND transshipment facility. This, the only privately operated terminal in the territory covered by the German Railways, is the most efficient of its kind in Germany and contributes greatly to relieving the load on Europe's trunk roads and highways. About 100,000 load units are handled annually on eight tracks of 750 metres length each, which is about the length of a complete train load. Despatched overnight, the trains can reach every large centre in the Federal Republic by morning.

Located around the terminal are the various transport firms and service companies. Together with the city of Bremen, they had invested about half a billion DM in the GVZ up to 1992. By 1993 almost forty firms with a total workforce of 2,000 had occupied about 50 percent of the 200-hectare site immediately adjacent to the Neustädter Häfen, and development is continuing. The German Federal Railway is setting up one of its freight centres here, while the Deutsche Bundespost is planning the construction of a package freight centre. When completed, Bremen's freight traffic centre will be one of the largest installations of its kind in Europe and will provide about 4,500 jobs.

Shipping, the port industries and trade continue to be the main supports of Bremen's economy. The groups of ports in Bremen and Bremerhaven represent an important service and logistics centre for Europe's foreign trade. Each year more than 30 million tonnes of high-quality goods are handled there. In close cooperation with about 70 ship brokers and shipping agents and the terminal operators, some 200 port forwarding agents provide a comprehensive goods transport service that is safe, fast and reliable. They are supported in this by the many specialists in the transport industry: ship suppliers, packaging firms, towage operators, pilots, sea freight checkers, stevedores, tallymen, watermen, fruit coopers and the authorities such as customs and waterside police etc. The services range from checking and packing of the cargo, product-conform storage and, where required, additional processing and assembly, fast handling and exactly-on-time logistics to finely nuanced distribution including the entire data management and transfer in a worldwide linkup. Depending on the customers' wishes, the multimodal transport chains from point of dispatch to receipt are organized, controlled and monitored from overseas or in Bremen. The logistic management extends from an overseas manufacturer's supply depot to the shelves of the dealer in Europe or directly to industry's assembly lines. All those concerned with trading and transport are provided with every necessary information concerning special data processing applications.

In all of this the railway plays a particularly important role, and operates in close partnership with Bremen's ports. More than 50 percent of all transport there goes by rail, while the figure is almost 80 percent in respect of container freight. The railway carries not only bulk freight in large-capacity wagons, or block trains (complete train loads), but also high-quality import and export goods (part-load traffic), which accounts for more than the half of Bremen's transshipment performance. The railway tracks in Bremen's ports have a total length of more than 400 kilometres. A showpiece of the railway infrastructure is the computer-controlled marshalling yard at Bremen-Spekkenbüttel, opened in 1985, which during the busiest periods can send up to 200 freight wagons per hour on their way.

Die MIDGARD Deutsche Seeverkehrs-Aktiengesellschaft, Bremerhaven, bietet ihren Partnern das Know-how vielfältiger Erfahrungen in allen Bereichen der Seehafenverkehrswirtschaft. Schwerpunkte ihrer Tätigkeit sind die Seehafen-Logistik, Förder-, Hafen- und Kühltechnik sowie Dienstleistungen rund um den Container.

MIDGARD Deutsche Seeverkehrs-Aktiengesellschaft in Bremerhaven offers its partners the know-how derived from wide experience in all sectors of seaport transportation. The company's activities are mainly in seaport logistics, port technology, materials handling, refrigeration and all container-related services.

It is obvious that in a state such as Bremen, which is so closely associated with transport and foreign trade, particular attention is devoted to training arrangements and research in the fields of logistics and transport. The state has a well-functioning training ground for personnel in the international transport world in the form of the German Foreign Trade and Transport Academy (known for short as DAV) and in the transport and logistics course held at Bremerhaven University, likewise in the highly-reputed Institute for Shipping Economics and Logistics (ISL).

Die Schiffahrts- und Speditions-Gesellschaft Meyer & Co. GmbH (Bremerhaven, Bremen, Hamburg) sowie die Heuer Internationale Speditions-Gesellschaft mbH (Hamburg, Bremerhaven, München) haben sich als Schwesterfirmen auf die Fruchtlogistik vom Versand in der Produktion bis hin zum Empfang im Einzelhandel spezialisiert.

Schiffahrts- und Speditions-Gesellschaft Meyer & Co. GmbH (Bremerhaven, Bremen, Hamburg) and Heuer Internationale Speditions-Gesellschaft mbH (Hamburg, Bremerhaven, Munich) have specialized as sister companies in fruit logistics from dispatch in production to receiving in retail outlets.

132

Die Aufnahme auf der linken Seite zeigt das Fruchtterminal Bremerhaven-Kaiserhafen mit MS „Chiquita Baru" und MS „Chiquita Deutschland" in Löschoperation an den fünf Bananenelevatoren sowie MS „Chiquita Schweiz" bei der Löschung einer Container-on-deck-Ladung mit eigenem Schiffsgeschirr. Bild oben: Einer von insgesamt fünf Twinpalettierautomaten für Bananenkartons in Aktion.

The photo on the opposite page shows the fruit terminal at Bremerhaven-Kaiserhafen with M. V. "Chiquita Baru" and M. V. "Chiquita Deutschland" discharging at the five banana elevators and M. V. "Chiquita Schweiz" discharging a container-on-deck cargo with her own gear. Above: One of a total of five twin palletizers for banana cartons in action.

Rund um den Container drehen sich die Aktivitäten der Addicks & Kreye Gruppe, Bremen/Bremerhaven. Das Unternehmen unterhält in Bremen und Bremerhaven Containerdepots und ist u. a. auf den Gebieten Kühltransporte, Containertrucking, -reparatur, -verkauf sowie Ladungskontrollen tätig.

The activities of Addicks & Kreye Group, Bremen and Bremerhaven, have everything to do with containers. The company operates container depots in Bremen and Bremerhaven and is active among other things in refrigerated transport, container trucking, container repairs and sales as well as cargo control.

Vom Schiff bis vor die Laderampe des Empfängers reicht der Service der Spedition Berthold Vollers. Ob es sich um die Hafen- und Zollabfertigung, Zwischenlagerung, den Weitertransport oder die Verteilung handelt — Vollers garantiert eine zuverlässige Abwicklung. Mit insgesamt über 135 000 Quadratmetern Lagerfläche wird die Vollers-Unternehmensgruppe allen Ansprüchen gerecht.

The service provided by Spedition Berthold Vollers reaches from the ship to the recipient's unloading platform. Whether it is port and customs clearance, intermediate storage, forwarding or distribution — Vollers guarantees a service second to none. With a total of more than 135,000 square metres storage space, the Vollers group of companies meets every requirement.

Die Würfel Spedition mit Hauptsitz in Bremerhaven ist Spezialist für Volumentransporte auf dem nationalen und internationalen Sektor. Zur Lkw-Flotte gehören zur Zeit unter anderem über 150 Jumbozüge, ausgerüstet mit dem neuesten technischen Standard.

Würfel Spedition with headquarters in Bremerhaven specializes in volume transport at the national and international level. The truck fleet at present includes more than 150 jumbo units equipped to the newest and highest technical standard.

MTP Mehrweg-Transportbehälter-Pool GmbH & Co., Bremerhaven: In der Kistenwaschanlage werden täglich bis zu 5000 ThermoBoxen hygienisch einwandfrei gereinigt.

MTP Mehrweg-Transportbehälter-Pool GmbH & Co., Bremerhaven: Up to 5,000 ThermoBoxes a day are hygienically cleaned in the container washing plant.

Flughafen Bremen — Steigflug ins nächste Jahrtausend

Mit einem umfangreichen Investitionsprogramm „Flughafen 2000" bereitet sich Bremens Airport auf die Anforderungen der Zukunft vor. Die Luftverkehrsdrehscheibe im Nordwesten erhält nicht nur neue Funktionsstrukturen, sondern auch ein völlig neues Gesicht. Das Millionenvorhaben gliedert sich in drei Bauabschnitte und wird zur Jahrtausendwende seinen Abschluß finden.

Das Jahr 1989 war für den Flughafen Bremen gleich in zweierlei Hinsicht von Bedeutung. Zum erstenmal in der Geschichte des Airports wurden mehr als eine Million Passagiere gezählt, und in dieses Jahr fiel der Beginn des bisher ehrgeizigsten Flughafen-Investitionsprojektes: Das Programm „Flughafen 2000" startete mit der Fertigstellung von zwei Großflugzeughallen.

Ein Jahr zuvor hatten Bremer Senat und der Aufsichtsrat der Flughafen Bremen GmbH die Umsetzung des 140-Mill.-DM-Vorhabens bis zur Jahrtausendwende beschlossen. Wichtigste Eckpfeiler des Programms sind die Um- und Neugestaltung der An- und Abflugbereiche, die Inbetriebnahme von fünf Fluggastbrücken, die Schaffung einer verbesserten Verkehrsinfrastruktur und der Ausbau des aus „allen Nähten platzenden" Luftfrachtbereichs. Bereits 1991 wurden ein neues Parkhaus mit 1200 Plätzen und ein Cateringgebäude für die Lufthansa Service GmbH in Betrieb genommen.

Die Arbeiten an den Passagierterminals in den Bereichen An- und Abflug sind in drei Bauabschnitte gegliedert. Diese Vorgehensweise wurde gewählt, um den normalen Flughafenbetrieb weiterlaufen zu lassen. Bis 1998 werden sich das Gesicht des Airports und seine funktionalen Strukturen grundlegend verändern. Ziel ist es, den Flughafen der Hansestadt auch künftig in die Lage zu versetzen, die ihm zugewiesene Aufgabe optimal erfüllen zu können: die Versorgung des nordwestdeutschen Raumes mit angemessenen Luftverkehrsleistungen. Immerhin leben im Einzugsgebiet

des ältesten deutschen Airports 3,3 Millionen Menschen, und die stark außenhandels- und dienstleistungsorientierte Wirtschaft der Region ist auf zuverlässige und schnelle Verbindungen in die Wirtschaftsmetropolen und zu den Luftverkehrsdrehscheiben in Deutschland und Europa angewiesen.

Der Flughafen Bremen ist von seiner Bedeutung her eindeutig ein Zubringerflughafen, der aber für die nordwestdeutsche Wirtschaftsregion einen unersetzlichen Infrastrukturfaktor darstellt. Mehr als 2000 Arbeitsplätze waren Anfang der neunziger Jahre vom Flughafenbetrieb direkt abhängig, und weitere 8500 Beschäftigte sind ihm indirekt zuzurechnen. Das vom Airport erwirtschaftete Bruttoinlandsprodukt pro Jahr betrug knapp 1 Mrd. DM. Weitere wirtschaftliche Impulse werden von einem neu erschlossenen Gewerbegebiet rund um den Airport erwartet.

Eine solche Entwicklung konnten die „Väter" des Flughafens vor gut achtzig Jahren nicht voraussehen. Als der „Bremer Verein für Luftfahrt" am 16. Mai 1913 die offizielle Genehmigung erhielt, auf dem Neuenlander Feld vor den Toren der Stadt einen „Flugstützpunkt" zu errichten, träumten wohl nur die kühnsten Luftfahrtenthusiasten von einem regelmäßigen und sicheren Flugverkehr. Denn noch steckte die Luftfahrt — wenn man überhaupt davon sprechen konnte — in den Kinderschuhen.

Erst sechs Jahre zuvor machten drei Bremer Flugpioniere von sich reden: Wilhelm und Henrich Focke sowie Walter Schudeisky unternahmen im Jahr 1907 auf dem Neuenlander Feld erste

Flugversuche mit selbst konstruierten Modellen. Doch bereits 13 Jahre später, am 1. September 1920, eröffnete die holländische Luftverkehrsgesellschaft KLM probeweise die erste kontinentale Fluglinie Amsterdam — Bremen — Hamburg — Kopenhagen. So wurde aus dem „Flugplatz mit Flugzeugstation" im Laufe der Zeit ein „richtiger" Flughafen.

Nach der vollständigen Zerstörung aller Anlagen im Zweiten Weltkrieg nutzte das US-Militär den Platz. Am 27. Januar 1949 gaben die Amerikaner den Verkehrsflughafen an die Zivilverwaltung zurück. Als erste Gesellschaft flog die skandinavische SAS täglich einen innerdeutschen Streckendienst und einmal wöchentlich eine transatlantische Verbindung nach New York. In diesem Jahr zählte man in Bremen 3297 Passagiere. In den sechziger Jahren wuchs die Zahl der Starts und Landungen sowie die der Fluggäste stetig an. 1965 waren es schon 300000 Passagiere, und nur fünf Jahre später hatte sich ihre Anzahl verdoppelt. 1989 wurde erstmals die Millionengrenze überschritten.

Zum Zeitpunkt der Drucklegung dieses Buches verbanden rund 40mal am Tag Linienflüge Bremen direkt mit allen wichtigen in- und ausländischen Wirtschaftszentren. Darüber hinaus ist die Hansestadt täglich an alle wichtigen europäischen Luftverkehrskreuze angebunden, über die der Passagier wiederum Fernziele in aller Welt erreichen kann. Knapp 80 Prozent des Passagieraufkommens, das entspricht etwa 800000 Passagieren jährlich, entfielen auf den Linienflugverkehr. Aber auch der Charterbereich weitet sich kontinuierlich aus. Von Bremen aus kann der sonnenhungrige Tourist etwa 40mal in der Woche zu vielen europäischen und außereuropäischen Urlaubszielen starten. Und auch hier gilt: Tendenz steigend.

Bremens Airport war 1992 Start- und Zielort für 1,15 Millionen Fluggäste. Jede Woche starten 250 Linienflüge und 40 Urlauberjets zu 30 Zielen im In- und Ausland.

In 1992 Bremen airport was starting point and destination for 1.15 million passengers. Each week some 250 scheduled flights and 40 charter jets depart for 30 destinations in Germany and abroad.

Bremen Airport — the Ascent into the Next Millennium

With an extensive capital spending programme "Flughafen 2000", Bremen Airport is preparing itself for the demands of the future. In addition to new functional structures, this air transport centre in North-West Germany will be given a complete face-lift. The building project costing 140 million DM will be carried out in three stages and is due to be completed at the turn of the millennium.

1989 was an important year for Bremen Airport in two respects. For the first time in its history it recorded over a million passengers; and 1989 saw the beginning of the most ambitious capital spending project the airport has ever experienced. The programme "Flughafen 2000" got underway with the completion of two hangars for jumbo-class aircraft.

A year earlier the Bremen Senate and the Supervisory Board of Flughafen Bremen GmbH had approved the realization of the 140-million-DM project by the end of the century. The essential features of the programme are the redesigning or new building of the arrival and departure areas, the commissioning of five passenger gangways, improvement of the infrastructure in respect of transport and the enlargement of the air freight section that was "bursting at the seams". In 1991 a new multi-storey car-park accommodating 1200 cars was built and a catering building for Lufthansa Service GmbH was opened.

Work on the arrival and departure areas of the passenger terminals is to be in three phases. This method was chosen to allow normal airport operations to continue. Up to 1998 the airport's appearance and functional structures will undergo radical change. The aim is to ensure that the airport will remain in a position to carry out its appointed task to the full, namely to provide North-West Germany with the air transport services it

needs. After all, 3.3 million people live in the catchment area of this oldest airport in Germany, and the region's economy which is strongly oriented towards services and foreign trade depends on reliable and fast connections to the big industrial centres and major airports of Germany and the rest of Europe.

The function of Bremen Airport is quite decidedly that of a feeder, but it is a highly significant element of the infrastructure of the North-West German economic region. At the beginning of the 1990s over 2,000 jobs were directly dependent on the airport's operations, and a further 8,500 jobs were indirectly connected with them. The airport's gross annual earnings were just under a thousand million DM. A new trading estate to be constructed around the airport is expected to provide additional economic stimulus.

The airport's "fathers" could not foresee such developments a good 80 years ago. When the "Bremen Aviation Association" was granted official permission to build a "flying base" on the Neuenland Field just outside the city on 16th May 1913, no-one but the boldest aviation enthusiasts can have dreamt of regular and safe air transport. For air traffic — if it could be called such at all — was still in its infancy.

Only six years earlier three pioneers of flying from Bremen had attracted public attention: in 1907, Wilhelm and Henrich

Focke and Walter Schudeisky made their first attempts at flying on the Neuenland Field in machines they had designed themselves. But as little as 13 years later, on 1st September 1920, the Dutch aviation company KLM provisionally introduced the first continental airline link Amsterdam—Bremen—Hamburg—Copenhagen. So it was that over the years the "airfield with an aeroplane station" became a "real" airport.

After the destruction of all the airport facilities in the Second World War the aerodrome was used by the US forces. On 27th January 1949 the Americans

handed the airfield back to its civilian administration. The Scandinavian airline SAS was the first to provide a daily German domestic service and a transatlantic flight to New York once a week. In that year Bremen was used by 3,297 passengers. During the 1960s the number of takeoffs and landings and the number of passengers steadily grew. In 1965 there were already 300,000 passengers, and only five years later this number had doubled. The million mark was first reached in 1989.

At the time this book went to press, some 40 scheduled flights a day connected Bremen directly with all the important economic centres in Germany and abroad. Moreover, Bremen offers daily connections to all the major European airports from which passengers can reach distant destinations all over the world. Some 80 percent of all passengers — that is about 800,000 people a year — book scheduled flights, but the charter business is also steadily expanding. About 40 times a week, sun-starved travellers can take off from Bremen to many holiday destinations inside and outside Europe. And this is on the increase too.

Mit dem Investitionsprogramm „Flughafen 2000" bereitet sich Bremens Airport auf die Anforderungen des nächsten Jahrtausends vor.

Bremen Airport is preparing for the demands of the next century with an investment programme entitled "Airport 2000".

Im- und Exportdrehscheibe im neuen Europa
Der Groß- und Außenhandel

Der hanseatische Im- und Exporthandel, Impulsgeber für die Wirtschaft der Region, blickt auf eine jahrhundertealte Tradition zurück. Dieser reiche Erfahrungsschatz, verknüpft mit der Fähigkeit zur flexiblen Anpassung an die sich verändernden Welthandelsstrukturen, bestimmt die Stärke des bremischen Außenhandels. Groß- und Außenhandel sind die Hefe im Wirtschaftsteig des kleinsten Bundeslandes. Auch künftig werden ihre Effizienz und Leistungsfähigkeit Bremens Rolle als wichtige Drehscheibe im Austausch von Waren und Dienstleistungen im nordwesteuropäischen Raum unterstreichen. Aus den Kaufmannsreedern von einst sind hochspezialisierte Im- und Exporteure geworden. Die Handelshäuser an der Weser ebnen den Weg für die europäische Industrie in die schwierigen überseeischen Märkte, aber auch in die neuen Märkte Ost- und Mitteleuropas.

Bremens Ruf als Handelsstadt strahlte schon im Mittelalter von Brügge in Flandern über England nach Skandinavien bis in den baltischen Raum hinein. Handelsniederlassungen an vielen Orten kündeten vom bremischen Handels-Know-how. Im 19. Jahrhundert — der Handel blühte mächtig auf — haben die hanseatischen Handelshäuser neue Märkte in Amerika, Asien und Afrika erschlossen und damit Pionierdienste für die deutsche Industrie geleistet.

Im Überseegeschäft mit den Drittländern außerhalb Europas, in dem Bremen rasch eine führende Position erringen konnte, liegt noch heute die Stärke des hanseatischen Außenhandels. Bremen ist Traditionsplatz und eines der bedeutendsten Import- und Distributionszentren für die klassischen und dabei zumeist höherwertigen Primärgüter, also Rohstoffe und Nahrungs- und Genußmittel. So liegen die Anteile der bremischen Häfen an den Gesamtimporten der Bundesrepublik für Baumwolle bei 60 Prozent, für Kaffee bei 55 Prozent und für Tabak bei 45 Prozent.

Zunehmend bestimmen heute jedoch Halb- und Fertigprodukte das Importgeschehen. Dazu gehören Maschinen und Maschinenbauteile, Konsumgüter, Chemikalien, Unterhaltungs- und Kommunikationselektronik sowie Waren des Freizeitbereichs. „Intelligente" Fertigwaren machen export- wie importseitig rund 40 Prozent des Handelsvolumens aus.

Am nationalen Außenhandel der Bundesrepublik hat Bremen einen Anteil von zwei Prozent. In den drei Jahrzehnten seit 1960 konnte der Zwei-Städte-Staat seinen Außenhandel wertmäßig um den 19fachen Betrag auf rund 70 Mrd. DM steigern. Eine außerordentliche Dynamik hat — als Ergebnis intensiver Aktivitäten in diesem Weltmarktsegment — der Japanhandel entwickelt, wo überdurchschnittlich hohe Zuwächse erzielt werden.

Die spezifischen Stärken des bremischen Außenhandels sind die gewachsenen und über Jahrzehnte gepflegten Geschäftsverbindungen der Handelshäuser in alle Welt, ihre fundierten Kenntnisse der Absatz- und Beschaffungsmärkte. Dabei haben sich die Händler den sich verändernden Strukturen im Welthandel stets flexibel angepaßt und moderne Dienstleistungspakete für ihre Kunden geschnürt. Bremens angestammte Rolle eines Mittlers zwischen den Märkten ist gefragter denn je. Für den Importhandel spielen heute im Zuge der europaweit abnehmenden

Fortsetzung Seite 148

Seit ihrer Gründung im Jahre 1965 ist die Baecker AG, Bremerhaven, Spezialist für den Im- und Export von Kraftfahrzeugen aller Art. Von „A" wie Anhängerkupplung über „U" wie Umrüstung bis „Z" wie Zollabfertigung bietet Baecker einen kompletten Service rund ums Auto.

Baecker AG in Bremerhaven is specialized in services for the imported and exported motor vehicles of all kinds since it was founded in 1965. And it provides a complete service covering technical services for cars from "A" to "Z" and tailor-made distribution concepts from arrival up to free house delivery.

143

Gebrüder-Thiele-Zentrale und thiele & fendel Bremen

Die Firmen der Gebrüder-Thiele-Gruppe, Bremen, sind vor allem im Konsumgütergroßhandel, im Produktionsverbindungshandel und im internationalen Handel aktiv. Das Lieferprogramm umfaßt mehr als 60 000 Artikel, darunter Eisenwaren, Haushaltsartikel, Freizeitartikel, Gießereierzeugnisse sowie das gesamte Haustechnikprogramm. Gerüstet auf das Zusammenwachsen der Weltmärkte, sind die zur Gruppe gehörenden Firmen in Europa, Ostasien und den USA tätig.

The companies of the Gebrüder Thiele Group, Bremen, are active mainly in wholesale trade of consumer goods, trade with semi-finished products for specific customer orders and in international trade. The product range covers more than 60,000 articles, including ironware, household articles, leisure articles, foundry articles as well as the entire range of sanitary and heating equipment. With firms in Europe, East Asia and the U.S.A., we are fully prepared to meet the demands of merging international markets.

Unimet Zentrallager Nord in Oyten

Die zur Gebrüder-Thiele-Gruppe gehörende Unimet ist ein leistungsfähiges Großhandelsunternehmen mit einem Lagersortiment von über 25 000 Konsumgüterartikeln. Als Bindeglied zwischen Industrie und rund 3000 Fachhandelsgeschäften im Norden und Osten der Bundesrepublik ist die Unimet mit einem Dienstleistungsangebot präsent, das von der „Just-in-time"-Lieferung bis zur Sortiments- und Einrichtungsberatung reicht. Der Bildausschnitt zeigt den Bürotrakt, der halbkreisförmig an das 39 000 Quadratmeter große, zweigeschossige Hochregallager angegliedert ist.

Unimet, a member of the Gebrüder Thiele Group, is a wholesale company with more than 25,000 different articles of consumer goods in stock. As a link between industry and approximately 3,000 dealers in the north and east of Germany, Unimet offers services that range from "just in time" delivery to individual advices on product selection and shop furnishing. The photo shows the semicircular office building adjoining the warehouse of 39,000 square metres in which the goods are kept in a two-storied high-level rack-system.

Hofmeister & Meincke GmbH & Co, Bremen

Der Haupteingang im Stammhaus Arsten (oben) gibt einen Hinweis auf die verschiedenen Werksvertretungen und Lkws für die tägliche Belieferung. Bild links: Kassettenregalanlage für Edelstahl und Alu-Langmaterial mit Entnahme- und Beschickungsfahrzeug. Rechte Seite: Laser-Schneidanlage für bis 15 Millimeter Normalstahl und 10 Millimeter Edelstahl (oben); Unterwasser-Plasma-Brennanlage unter Wasser bis 20 Millimeter, auf Wasser bis 150 Millimeter (links unten); Oberflächenveredelungs-Anlage für Schleifen, Bürsten, Marmorieren und Folieren (rechts unten).

The main entrance at the head office in Arsten (above) shows the diverse manufacturers represented and the trucks for the daily deliveries. Left: magazine storage installation for long materials like stainless-steel and aluminium material with order-picking and loading vehicle. Opposite: laser cutting installation for up to 15 mm ordinary steel and 10 mm stainless-steel (above); underwater plasma burner for up to 20 mm under water and up to 150 mm above water (below left); surface treatment installation for grinding, brushing, marbling and graining (below right).

Produktionstiefe die Lagerhaltung, die logistische und distributive Kompetenz sowie die Pflege der ausländischen Märkte eine entscheidende Rolle. Maßgeblich ist die intime Kenntnis der technologisch immer weiter ausgereiften Produkte. Der Einkäufer ist so zum Produktspezialisten geworden. Konzepte wie das „global sourcing" — die Erschließung neuer, weltweiter Lieferquellen — erfordern es, den Markt und die sich stetig diversifizierende Produktpalette ständig im Auge zu behalten, dem Weltmarkt stets ein Stück weit vorauszueilen.

Einkaufs-Know-how allein reicht jedoch angesichts des anschwellenden Güterstromes längst nicht mehr aus. Die moderne Lagerhaltung, die fast ausschließlich zur Aufgabe von Großhändlern und Importeuren geworden ist, erzwingt neue und weitreichende Distributionskonzepte. Technik und Logistik zur Optimierung von Warenfluß in Menge und Zeit gewinnen daher an Bedeutung.

Neben Einkauf und Lagerung, Verkauf und Finanzierung leistet der Importeur aber auch Hilfestellung bei der Qualitätssicherung, berät beim Produktdesign und beim Marketing und garantiert den After-Sales-Service. Auch ständig steigende Auflagen im Umweltschutz verlangen neue Qualitäten im Produkthandel, vor allem technischen Sachverstand.

Für den Exporthändler ist die ständige Präsenz vor Ort zumeist das entscheidende Plus gegenüber der direktexportierenden Industrie. Mit eigenen Niederlassungen hält er den engen Kontakt zum Marktgeschehen und bietet ein ganzes Bündel an Servicefunktionen an, die hochspezialisierte Industrieunternehmen allein nicht vorhalten können. Er erkundet und erschließt zunächst den Markt, gerade für die Entwicklungsländer eine wichtige Voraussetzung. Er spürt aus der Nähe neue Absatzmöglichkeiten und Geschäftschancen rasch und konsequent auf und kennt die Einfuhrbestimmungen.

Der Exporteur bietet ein komplettes Sortiment, häufig zugleich komplexe Problemlösungen an, er arrondiert und vertreibt die Produkte. Die Branche verfügt heute über ein engmaschiges internationales Vertriebsnetz, dessen Nutzung den Herstellern und Produzenten erhebliche Kostenvorteile beschert.

Angesichts der dramatischen Verschuldung vieler Entwicklungsländer, der traditionellen „Haus"-Märkte bremischer Exporteure, erlangt die klassische Funktion des Händlers, das finanzielle Risiko durch die Übernahme der Finanzierung zu tragen, aktuelle Bedeutung. Der Repräsentant vor Ort überblickt die Wechselkursschwankungen, Zahlungsprobleme, den Devisenmangel und die Finanzierungshilfen. Darüber hinaus überwacht er für den Fabrikanten die technische Ausführung des Geschäftes und erbringt den unabdingbaren After-Sales-Service: Kundendienst, Ersatzteillieferung, Technologietransfer, Ausbildung des einheimischen Personals.

Die bremischen Handelshäuser haben sich so als Service-Zentren für die exportabhängige deutsche Wirtschaft behauptet. Ihre Stärke bleibt auch zukünftig die Verbindungsfunktion zu Drittländern außerhalb der Europäischen Gemeinschaft. Daneben verleihen die Wiedervereinigung Deutschlands und die wirtschaftliche Öffnung der Länder Ost- und Mitteleuropas, die Bremens Lagezentralität erhöht haben, dem traditionsreichen Außenwirtschaftsstandort an der Weser neuen Impetus.

Das Recycling von Motoren und Getrieben hat bei Volkswagen in Kassel bereits vor Jahrzehnten begonnen. Seit 1947 wurden über 6,7 Millionen Motoren und mehr als 1,5 Millionen Getriebe aufgearbeitet und wieder in den Handel gebracht. Das Bild zeigt die in Transportbehältern befestigten Austauschmotoren im VW-Audi Vertriebszentrum WESER-EMS GmbH + Co. KG in Bremen.

The recycling of engines and transmissions at Volkswagen in Kassel began decades ago. Since 1947 more than 6.7 million engines and upward of 1.5 million transmissions have been reworked here and put on the market. The photo shows replacement engines secured in containers at the VW-Audi Vertriebszentrum WESER-EMS GmbH + Co. KG in Bremen.

Im Zentrallager Bremen der Manfred J. C. Niemann, Hanseatischer Metallhandel, werden permanent über 7000 verschiedene Abmessungen in Form von Röhren, Stangen, Profilen, Blechen und Platten aus NE-Metallen lagerhaltig geführt (Abbildung linke Seite). In Ergänzung zu dem Lagersortiment in Halbzeugen wird jede Art von Anarbeitung durchgeführt wie: Fertigung von schmalen Bändern nach Kundenwunsch (Bild oben) oder Zuschnitte aus Platten bis zu einer Stärke von 500 Millimetern.

The central warehouse in Bremen of Manfred J. C. Niemann, Hanseatischer Metallhandel, contains at any given time tubes, bars, rods, sections and shapes, sheets and slabs in non-ferrous metals and in more than 7,000 different dimensions (photo opposite). All types of finishing work are carried out to the customer's requirements, such as producing narrow strips (above) or blanks cut to size from slabs up to a thickness of 500 millimetres.

151

Import and Export Hub in the New Europe

Wholesale and Foreign Trade

Bremen's import and export trade looks back on a centuries-old tradition. This rich experience, coupled with the ability to adapt to changes in the structure of world trade, underpins the strength of Bremen's foreign trade. Wholesale and foreign trade are the yeast in the economic dough of Germany's smallest federal state. Also in the future its efficiency will underline Bremen's role as important hub in the exchange of goods and services in northwest Europe. The commercial houses on the Weser smooth the way for European industry in the difficult overseas markets and in the new markets in Eastern Europe.

Bremen's name as a trading centre was famed already in the Middle Ages from Bruges in Flanders by way of England to Scandinavia and the Baltic. In the 19th century the Hanseatic trading houses opened up new markets in America, Asia and Africa, and thus performed pioneering work for German industry.

The strength of Hanseatic foreign trade still lies in overseas business with the third countries outside Europe, and here Bremen quickly achieved a leading position. Bremen is traditionally one of the leading import and distribution centres for the classical and mostly higher-quality primary goods, predominantly raw materials and foods. Of total German imports, Bremen's ports account for 60 percent of the cotton, 55 percent of coffee and 45 percent of tobacco.

Today, however, imports are increasingly in semi-finished and finished products: machines and machine parts, consumer goods, chemicals, consumer and communications electronics and leisure-related products. "Intelligent" finished goods account for up to about 40 percent of the trade volume in both exports and imports.

Bremen accounts for two percent of the Federal Republic's foreign trade. In the three decades since 1960 it has been able to boost the value of its foreign trade 19 times to about 70 billion DM. An unusual dynamic has — as result of in-tensive activity there — so enlivened trade with Japan that growth rates much above average have been achieved.

The particular strengths of Bremen's foreign trade lie in the long-established and well-tended business relations with commercial houses in all parts of the world, and a deep familiarity with every aspect of the markets. The traders always adapted flexibly to the changing structures in world trade and tied modern service packages for their customers. And today it is so that Bremen's long-established role as link between the markets is more in demand than ever before.

Today in the course of the Europe-wide reduction in production depth, the warehousing, the logistic and distributive competence and the nurturing of the foreign markets play a decisive role for the import trade. Decisive is the intimate knowledge of the increasingly sophisticated products. So it is that the buyer has become a product specialist. Concepts such as "global sourcing" — the opening up of new sources of supply worldwide — mean that an eye must be kept constantly on the market and on the diversifying product ranges, always staying a step in front of the world market.

But in view of the rising flow of goods, purchasing know-how alone is no longer sufficient. Modern warehousing, now almost entirely the concern of wholesalers and importers, calls for new and far-reaching distribution concepts, so technology and logistics for the optimation of the flow of goods in respect of quantity and time are gaining in importance.

In addition to purchasing and storage, selling and financing, the importer provides assistance in quality assurance, advises in product design and marketing and guarantees the after-sales service. Also the increasingly exacting standards in environment protection call for new qualities in produce trade, in particular technical expertise.

For the exporter, the constant presence locally is mostly the decisive advantage vis-à-vis direct-exporting industry. With his own branches he can keep his ear close to the market and offers a whole bundle of service functions, something that highly specialized industrial firms alone cannot offer. He investigates and opens up the market, an important matter for developing countries. He is quick to trace new sales opportunities and business opportunities locally and he knows the import regulations.

The exporter offers a complete range, and very often problem solutions at the same time, and he helps in the marketing. The trade today has a close-knit international marketing network which can offer makers and producers substantial cost advantages.

In view of the high indebtedness of many developing countries — the traditional markets of Bremen exporters — the classical function of the dealer of carrying the risk by taking over the financing comes to the fore. The local representative appraises the exchange rate fluctuations, the payment problems, the lack of foreign exchange and the financial assistance. For the manufacturer he supervises the technical execution of

Auf dieser leistungsstarken Sägeanlage in der Vetter Stahlhandel GmbH, Bremerhaven, werden Formstähle, Breitflanschträger und Rohre gesägt, auch Gehrungsschnitte sind möglich. Die Fixlängen werden je nach Anforderung anschließend gesandstrahlt und geprimert oder auch verzinkt.

This powerful sawing installation at Vetter Stahlhandel GmbH in Bremerhaven deals with steel sections, wide flanged beams and tubing, while mitre cutting is also possible. Depending on the customer's requirements, the lengths are subsequently sandblasted and prime coated or galvanized.

the business and provides the essential after-sales service including spare-parts supply, technology transfer and the training of the local personnel.

Thus the Bremen trading houses have made a name for themselves as service centres for the German export economy. Their strength will continue to be the link function to third countries outside the EC. At the same time, German reunifica-tion and the opening of the markets in the East have emphasized Bremen's centrality and have given new impetus to this traditional centre of foreign trade on the Weser.

Als einer der modernsten BMW-Händlerbetriebe ist die BMW Niederlassung Bremen kompetenter Partner für diese Automarke. Die Fotos zeigen die Verladung von BMW-Automobilen für den Schiffstransport nach Übersee in Bremerhaven (oben), das BMW Jahreswagen Centrum in Bremen (rechte Seite oben) sowie die BMW Niederlassung Bremen (rechte Seite unten). — The BMW branch in Bremen is one of the most modern dealers for the BMW marque. The photos show the loading of BMW cars on board ship in Bremerhaven for transport overseas (above), the BMW annual car centre in Bremen (opposite above), and the BMW branch in Bremen (opposite below).

Finanzplatz Bremen: Börsen und Banken

Ein Wirtschaftsstandort braucht Finanzdienstleistungen. Je höher die Anforderungen von Industrie, Handel und Verbraucher, desto breiter und attraktiver das Angebot. Im Land Bremen mit seiner viele Jahrhunderte alten Außenhandelstradition hat sich vor diesem Hintergrund eine vielfältige Bankenlandschaft etabliert. Wichtiger Kristallisationspunkt für die Finanzwirtschaft ist darüber hinaus die Börse. Die Bremer Wertpapierbörse — eine der modernsten in Deutschland — ist der zuständige Kapitalmarkt für Bremen und das gesamte nordwestdeutsche Wirtschaftsgebiet.

„Klein, aber fein", diese Attribute werden von jeher der Bremer Wertpapierbörse zugeordnet. In der Tat gehört sie zu den kleineren deutschen Börsen. Als erste computerunterstützte deutsche Präsenzbörse gehört sie gleichwohl auch zu den modernsten. Als Finanzsammelbecken für die regionale Kreditwirtschaft und die regionalen Anleger erfüllen die Regionalbörsen gerade im kommenden „Europa der Regionen" eine wichtige Funktion.

Die gut funktionierende Zusammenarbeit der Bremer Börsen mit der regionalen Kreditwirtschaft, der gewerblichen Wirtschaft und den Anlegern wurzelt in einer langen Tradition: Seit über 300 Jahren werden in Bremen Wertpapiere und Währungen gehandelt. Eckpfeiler der Zukunftsstrategie der Bremer Börse sind eine erfolgreiche Geschäftsentwicklung, eine erstklassige räumliche und technische Ausstattung, Kreativität, Kompetenz und die breite Akzeptanz unter den Handelsbeteiligten. Die dynamische Wachstumsentwicklung in den zurückliegenden Jahren ist dafür Bestätigung.

An der Bremer Börse werden alle deutschen Standardaktienwerte, maßgebliche Auslandsaktien und die Aktien des nordwestdeutschen Wirtschaftsgebietes notiert und gehandelt. Hinzu kommen am Rentenmarkt sämtliche handelsstarken öffentlichen Anleihen, maßgebliche Auslandsanleihen und sämtliche Anleihen der Bundesländer und nordwestdeutscher privater Daueremittenten. Mit ihrem Selbstverständnis als eigenständiges gewerbliches Unternehmen wird die Bremer Wertpapierbörse auch künftig ihre Chance als kostengünstiges Dienstleistungszentrum für das nordwestdeutsche Wirtschaftsgebiet entschlossen nutzen.

Die Erfordernisse insbesondere der weltweit tätigen Bremer Handels- und Schiffahrtsgesellschaften haben in Bremen und Bremerhaven eine vielfältige Bankenlandschaft entstehen lassen. Mehr als 40 Kreditinstitute sind im Lande vertreten — von den ausschließlich regional tätigen bis hin zu den weltweit operierenden Großbanken. Unter den regionalen Instituten nehmen Die Sparkasse in Bremen — eine der größten freien Sparkassen Deutschlands — und die Bremer Landesbank eine hervorragende Stellung ein. International tätige Spezialinstitute wie zum Beispiel die Deutsche Schiffsbank AG und die Deutsche Factoring Bank sorgen ebenfalls dafür, daß das Angebot am Finanzplatz Bremen Standardansprüche weit übersteigt.

Als Market-Maker nimmt die Bremer Landesbank direkt am Handel mit Optionen und Futures (Terminkontrakten) an der Deutschen Termin-börse — DTB — teil. Ihre Erfahrung und Kompetenz haben die Bank zur führenden Adresse im Wertpapiergeschäft in Nordwestdeutschland gemacht. Im Bild ein Blick in das DTB-Handelszentrum der Bremer Landesbank.

As market-maker the Bremer Landesbank trades directly in options and futures on the German futures market (DTB). Its experience and com-petence have made the bank a leader in the securities business in Northwest Germany. The picture shows the Bremer Landesbank's DTB trading centre.

Die Sparkasse in Bremen ist das älteste bremische Kreditinstitut und eines der bedeutendsten des Wirtschaftsraumes Bremen. Als sogenannte „Freie" Sparkasse ist sie unabhängig von unmittelbarer kommunaler Einflußnahme und unterliegt keinem Sparkassengesetz, das ihre Geschäftstätigkeit reglementiert. Daher kann sie ihren Privat- und Firmenkunden alle Finanzdienstleistungen eines modernen Universalkreditinstitutes anbieten. So besitzt die Sparkasse zum Beispiel fast 70 Jahre Erfahrung als Außenhandelsbank. Ein weiteres Charakteristikum der Sparkasse in Bremen ist ihr gemeinnütziges Engagement: Sie beteiligt sich nicht nur durch kulturelle Veranstaltungen am bremischen Geistesleben, sondern ist auch einer der bedeutendsten Mäzene der Stadt.

Die Sparkasse in Bremen is the city's oldest bank and one of the most important in the Bremen economic area. As a so-called "independent" savings bank, it is independent of direct influence by the local authorities, and is not subject to any savings-bank legislation governing its activities. Thus it can offer its private and corporate customers a complete range of banking and related financial services and has, for example, almost 70 years experience as foreign trade bank. A further feature is its involvement in public matters; thus it plays a part in the city's intellectual life not only by way of cultural events but also in its activities as patron of the arts etc.

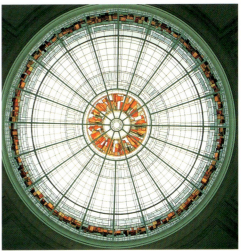

Kapitalmarkt Börse — die Bremer Wertpapierbörse bietet konzeptionell, technisch und personell alle Voraussetzungen, um ihre Aufgabe als Kapitalsammelbecken für das nordwestdeutsche Wirtschaftsgebiet optimal zu erfüllen.

Stock exchange as capital market. Bremen's Stock Exchange provides every requirement — conceptional, technical and staff-wise — for the optimal fulfillment of its function as investing institution for the Northwest German economic area.

Hinter der historisch wertvollen Fassade am Markt in Bremen arbeitet das traditionsreiche Bankhaus Neelmeyer. Die leistungsfähige Regionalbank mit ihren Geschäftsstellen ist ein wichtiger Faktor im Bremer Kreditwesen.

The old-established banking house of Neelmeyer operates behind the historical façade on the market square in Bremen. This enterprising regional bank together with its branches is an important element in Bremen's banking system.

Bremen as a Financial Centre:
Stock Trading and Banking

Any business centre needs financial services. The more sophisticated the requirements of industry, trade and the consumer, the wider and more attractive is the range of services offered. In Bremen, with its centuries-old tradition of foreign trade, a large selection of different banks has developed. A further nucleus of finance is the stock exchange. The Bremen Bourse — one of the most modern in Germany — is the capital market competent for transactions in Bremen and the whole of the North-West German economic area.

"Small but top line" — this is a reputation the Bremen Bourse has always enjoyed. It is indeed one of Germany's smaller stock exchanges, but as the first computer-assisted trading floor in Germany it is also one of the most modern. As collecting basins for the regional banking industry and regional investors these local stock exchanges have an important function and one that is likely to increase in the coming "Europe of Regions".

The smooth collaboration between Bremen's stock exchanges and the banks, industries and investors of the region rests on a long tradition: securities and foreign currencies have been traded in Bremen for over 300 years. The cornerstones of the Bremen stock exchange's strategy for the future are successful development of business, first-class premises and technical equipment, creativity, competence, and widespread acceptance on the part of those engaged in trade. The dynamic growth of the past few years has confirmed that this is the right course to take.

All German blue chips, important foreign shares and the shares of companies in the North-West German economic region are quoted and traded at the Bremen Stock Exchange. On the bond market there are also all the interesting public bonds, important external bonds and all the bonds issued by the German states and private North-West German tap issuers. Viewing itself as an independent commercial business, Bremen's stock exchange will continue to make determined use of its opportunities as a cost-effective financial service centre for the North-West German region.

In particular it was the needs of Bremen's trading and shipping companies, operating throughout the world, that gave rise to a great variety of banks in Bremen and Bremerhaven. Over 40 banks are represented — from those working on a purely regional basis to the major banks operating worldwide. The best-known regional institutions are Die Sparkasse in Bremen — one of the biggest independent savings banks in Germany — and Bremer Landesbank. Special international banks such as Deutsche Schiffsbank AG and Deutsche Factoring Bank also ensure that Bremen far exceeds average requirements in its capacity as a financial centre.

Deutsche Schiffsbank AG, Bremen/Hamburg, das führende Spezialinstitut für Schiffsfinanzierungen im In- und Ausland

Deutsche Schiffsbank AG, Bremen/Hamburg, the leading specialized institute in providing domestic and international ship financing

Raffinerie, Schiff oder Rennpferd —
gut versichert in Bremen

Vom Spacelab bis zum Picasso, von der Raffinerie bis zum Containerschiff — es gibt so gut wie nichts, was sich in Bremen nicht versichern läßt. Kompetenz, Erfahrung, individuelle Beratung und weltweite Verbindungen kennzeichnen den Versicherungsmarkt Bremen. Auch dieser Wirtschaftszweig hat seine Wurzeln in der Handels- und Schiffahrtstradition. Einen der Geschäftsschwerpunkte bildet deshalb nicht von ungefähr die Transportversicherung. So besteht der Verein Bremer Seeversicherer seit über 175 Jahren.

Sein Zentrum hat der Bremer Markt in der Versicherungsbörse an der „Herrlichkeit", direkt am Weserufer. Unter einem Dach sind dort Versicherungsmakler, Versicherungsgesellschaften und Assekuradeure mit ihren Büros vereint. Eine vergleichbare Konzentration findet sich nur an wenigen Plätzen der Welt. Der große Vorteil dieses gemeinsamen Standortes sind kurze Wege, enger Kontakt und die Möglichkeit, schnelle Entscheidungen zu treffen.

Die Versicherungsmakler sind eine wichtige Schaltstelle bei der Plazierung von Versicherungskontrakten. Sie vertreten die Interessen ihrer Kunden, der Reeder, Handelsfirmen und Industrieunternehmen, beraten sie auf der Grundlage ihrer Spezialkenntnisse und internationaler Erfahrung, analysieren die Risiken, verhandeln mit den Versicherern bzw. Assekuradeuren die Prämien und Bedingungen eines Vertrages und wickeln gemeinsam anfallende Schäden ab. Sie gestalten internationale Verträge und beschaffen im Ausland vorgeschriebenen Versicherungsschutz. Sie klären Verpackungsfragen und zeigen Möglichkeiten zur Schadenverhütung auf.

Neben dem traditionellen Schwerpunkt des Versicherungsplatzes Bremen, der Seekaskoversicherung und der Warentransportversicherung, plazieren Bremer Assekuranzfirmen heute in großem Umfang Industrieversicherungen sowie Luft- und Raumfahrtversicherungen. Umweltschadenhaftpflicht, Produkthaftpflicht, Betriebsunterbrechung nach Feuerschäden — diese und andere Bereiche des betrieblichen Versicherungswesens werden von Fachleuten in der Bremer Versicherungsbörse gestaltet.

Technische Versicherungen für die Errichtung von Kraftwerken oder Raffinerien werden ebenso kreativ konzipiert wie für den Bau von High-Tech-Produkten wie zum Beispiel eines Satelliten oder einer Magnetschwebebahn. Airlines, Pharmaunternehmen sowie Automobilfabriken finden mit Hilfe Bremer Experten ebenso Versicherungsschutz wie mittelständische Unternehmen. Angesichts der internationalen Verflechtung der Wirtschaft werden zwangsläufig hohe Anforderungen an die Versicherungsprogramme von Industrie, Handel und Dienstleistern gestellt, und zwar grenzüberschreitend. Dieser Herausforderung hat sich die Bremer Assekuranz gestellt.

In besonderer Weise geprägt wird die Versicherungswirtschaft in Bremen von der Tradition der Assekuradeure. Schiffahrt und Überseehandel waren in früheren Zeiten erheblichen Gefahren ausgesetzt. Deshalb verabredeten Kaufleute am Seeplatz, sich bei dem Verlust eines Schiffes gegenseitig finanziell zu unterstützen. Daraus entwickelten sich später Schiffs- und Transportversicherungen und mit ihnen der Berufsstand des Assekuradeurs. Freie Kaufleute, die sich durch Sachverstand und Flexibilität auszeichneten, akzeptierten in Eigenverantwortung als Bevollmächtigte der Versicherungsträger Versicherungsrisiken und regulierten Schäden. Heute operieren von Bremen aus über 20 Assekuradeure für über 100 deutsche und ausländische Versicherungsgesellschaften. Eine Reihe ausländischer Gesellschaften hat bremischen Assekuradeuren das Management ihrer deutschen Niederlassung übertragen.

Um so effizient wie möglich operieren zu können, haben die bremischen Transportversicherer bereits Anfang des vergangenen Jahrhunderts den Verein Bremer Seeversicherer (VBS) gegründet, der 1993 sein 175jähriges Bestehen feierte. Der VBS versteht sich heute als Bindeglied zwischen den Kunden, dem Versicherer und dem Makler. Er unterhält weltweit, das heißt in fast 140 Ländern, ein dichtes Netz von Havariekommissariaten, die die Kunden des bremischen Versicherungsmarktes bei der Feststellung und Regulierung von Schäden betreuen. Darüber hinaus verfügt der Verein über einen Stab von technischen und nautischen Experten sowie Fachleuten für die Schadensregulierung, die allen Mitgliedern des Vereins und ihren Kunden mit wichtigen Vorarbeiten bei der Regulierung von Seekasko-Versicherungsschäden zur Verfügung stehen. Der Vorteil: ein sehr schneller und guter Schadensservice.

PANDI SERVICES J. & K. Brons GmbH, Bremen, seit fast einem Jahrhundert als Korrespondent für internationale P & I-Clubs (Schiffshaftpflicht-versicherungen) tätig, hilft mit einem erfahrenen und auf fast alle Schiffahrtsprobleme spezialisierten Team den Reedern, Charterern und Kapitä-nen besonders dann, wenn die Probleme festgefahren scheinen. Damit die Risiken überschaubar bleiben, vermittelt der international tätige Seeversicherungsmakler PANDI MARINE INSURANCE Vermittlungs GmbH, Bremen, die notwendigen maritimen Versicherungen.

PANDI SERVICES J. & K. Brons GmbH, Bremen, acting as correspondent for international P & I-Clubs (ship's liability underwriters) for almost a century, with an experienced team, specialized in maritime problems assists shipowners, charterers and captains particularily when problems seem to have got stuck. To make sure that the risks will not get out of control, the internationally active marine insurance broker PANDI MARINE INSURANCE Vermittlungs GmbH, Bremen, arranges for the necessary insurance cover.

Refineries, Ships or Racehorses —
All Best Assured in Bremen

From the spacelab to a Picasso, from refinery to containership — there's practically nothing that can't be insured in Bremen. All-round competence, experience, individual advice and worldwide connections are well-known features of the Bremen insurance market. The insurance business has its roots in the city's trading and shipping traditions, so it is not by accident that it is particularly strong in transport insurance. So it is that the Association of Bremen Marine Insurers just recently celebrated its 175th anniversary.

The focus of the Bremen insurance market is the insurance exchange at the "Herrlichkeit" directly on the bank of the Weser river. Under one roof there are the offices of the insurance brokers, insurance companies and underwriters. Such a concentration is to be found at few other places in the world, with the advantage that those concerned can come quickly together and are able to arrive at prompt decisions.

The insurance broker is an important figure in the arranging of insurance contracts. He looks after the interests of his customers, the shipowners, commercial houses and industrial companies, advises them on the basis of his special knowledge and international experience, analyzes the risks, works out the premiums and contract conditions with the insurer or underwriter, and together with them settles claims. Brokers draw up international contracts and obtain insurance cover prescribed abroad. They

clarify packaging questions and point out possibilities of loss prevention.

In addition to their traditional strengths in hull and cargo insurance, Bremen's insurance companies are prominent in placing industrial insurance, aerospace insurance, liability insurance for environmental damage, products liability insurance, insurance against interruption of business because of fire etc.; these and other areas of business and works insurance come within the orbit of the experts at the Bremen insurance exchange.

Insurance for the erection of power stations or refineries is just as creatively drafted as for the construction of high-tech equipment such as a space satellite or a magnetic levitation (maglev) train. Also airlines, pharmaceutical companies and auto manufacturers, likewise small and medium-sized firms, find exactly the right insurance cover with the aid of the experts in Bremen. In view of the interrelationships in international business, industry, trade and the services put exacting demands on insurance programmes, and in Bremen they have taken up the challenge.

The insurance industry in Bremen bears the particular imprint of the underwriting tradition. In former times, shipping and overseas trade were exposed to considerable dangers, so that merchants

got together to support each other financially upon the loss of a ship. Out of this there later developed ship and transport insurers, and with them the profession of underwriter. Independent merchants with the necessary expertise and flexibility accepted on their own responsibility insurance risks and settled claims as authorized agent of the insurer. In Bremen today there are more than twenty underwriters active on behalf of more than a hundred German and foreign insurance companies, while a number of foreign insurance companies entrust the management of their German branches to Bremen underwriters. With the aim of operating as efficiently as possible, Bremen's transport insurers formed the Association of Bremen Marine Insurers in the early years of the last century. The 175th anniversary was celebrated in 1993. It serves as a link between the customer, the insurer and the broker, and maintains a close network of average adjusters in almost 140 countries, who assist the customers of the Bremen insurers in loss assessment and adjustment. The association also has a staff of technical and nautical experts and claim settlement specialists. These are available to all members of the association and their customers in matters relating to hull insurance claims. The advantage is a very quick and good claims service.

Dr. André-Michael Schultz, Teilhaber der Assekuranzfirma Gebrüder Krose, konzipiert mit einer Mitarbeiterin die Produkt-Haftpflicht-Versicherung für einen Zulieferer der deutschen Luft- und Raumfahrtindustrie.

Dr. André-Michael Schultz, partner of Gebrüder Krose Insurance Brokers, and a member of his staff draft the product liability insurance for a supplier to the German aerospace industry.

Komplett genutzt ist inzwischen das neue Verwaltungsgebäude der Öffentlichen Versicherungen Bremen (ÖVB). Es bietet einen markanten architektonischen Akzent in Bremens Innenstadt. Die Außenfassade ist geprägt von rotem Weserklinker; das Gebäude wird durch seine drei Turmelemente klar gegliedert. Erdgeschoßarkaden sowie Schmuckelemente aus Marmor und Granit runden den Gesamteindruck ab. Das sechsstöckige Gebäude bietet rund 160 moderne Arbeitsplätze für die Öffentlichen Versicherungen Bremen.

The new administration building of Öffentliche Versicherungen Bremen (ÖVB), now fully occupied, is a striking new architectural feature in Bremen's city centre, with the façade of the three tower elements in red Weser brick. The ground-floor arcades and the decorative elements are in marble and granite. The six-storey building provides about 160 modern workplaces for the ÖVB.

Nacht in der City. Das Gebäude der AOK Bremen/Bremerhaven dominiert am Verkehrsknoten Bürgermeister-Smidt-Straße/Am Wall. — The city by night, with the silhouette of the AOK Bremen/Bremerhaven general health insurance building dominating at the intersection of Bürgermeister-Smidt-Strasse and the street Am Wall.

Messen, Kongresse, Veranstaltungen:
Bremen und Bremerhaven immer erste Wahl

Messe- und Kongreßveranstalter legen nicht nur Wert auf exzellente Tagungsstätten, Serviceleistungen und adäquate Unterbringungsmöglichkeiten, sondern achten auch auf das Ambiente, die Atmosphäre, das Flair des Tagungsortes. Diesen Ansprüchen werden Bremen und Bremerhaven gleichermaßen gerecht. Beste Voraussetzungen bietet beispielsweise das 1993 eröffnete Congress Centrum auf der Bürgerweide mit der sich unmittelbar anschließenden Stadthalle. Für Veranstaltungen jeden Zuschnitts sind auch die Stadthalle Bremerhaven und das Weser-Forum im Columbus-Center hervorragend geeignet. Eine Vielzahl von guten bis sehr guten Hotels in Bremen und Bremerhaven rundet die Palette der Messe- und Tagungskapazitäten mit entsprechenden Serviceleistungen ab.

Jährlich werden in Bremen und Bremerhaven etwa eine Million Übernachtungen gezählt. Der Städtetourismus, das zeigt nicht nur diese Zahl, ist ein wichtiger Wirtschaftsfaktor geworden. Der Anteil der Messe- und Kongreßbesucher steigt stetig an, etwa ein Viertel aller Geschäftsreisenden, so wird geschätzt, sind „in Messen" unterwegs. Dabei sind gerade Messe- und Kongreßteilnehmer anspruchsvolle Gäste, die eine funktionierende Infrastruktur erwarten, andererseits aber auch den örtlichen Einzelhandel, das Hotel- und Gaststättengewerbe spürbar beleben.

Mit dem 1993 fertiggestellten Congress Centrum ist Bremen im Tagungs- und Messewesen national wie international ein gutes Stück weiter nach vorn gerückt. Das Zentrum mit 16 Sälen, Salons und Gruppenräumen und Platz für insgesamt 3500 Personen bietet beste Voraussetzungen für die Durchführung von Messen und Ausstellungen modernen Zuschnitts. Besonders vorteilhaft für die Veranstalter ist die direkte Anbindung an die Stadthalle Bremen, die mit mehr als 20000 Quadratmeter Ausstellungsfläche genug Raum für Veranstaltungen jeder Art bietet. Direkt vor der Tür befinden sich bis zu 5000 Parkplätze. Attraktiv ist darüber hinaus die einzigartige Citylage des Zentrums. Nur etwa 200 Meter entfernt befindet sich der Hauptbahnhof mit Anschluß an das Fernschnellzugnetz der Bundesbahn. In weniger als 20 Minuten erreicht der Besucher den Flughafen.

Mitten in Bremerhavens Innenstadt und verkehrsgünstig von der Autobahn aus zu erreichen, liegt die Stadthalle mit hervorragender technischer Ausstattung für Messen, Kongresse und Ausstellungen. Ihre Kapazität beträgt 6000 Personen im großen Veranstaltungssaal. Bei parlamentarischer Bestuhlung finden 1200 Personen hier Platz. Direkt vor dem Eingang stehen rund 2000 Parkplätze zur Verfügung, und es existiert eine äußerst günstige Verkehrsanbindung zu allen sehenswerten Attraktionen der Seestadt. Mit einem Kostenvolumen von 30 Mill. DM wurde die Stadthalle der Seestadt bei Drucklegung des Buches zum größten und modernsten Veranstaltungszentrum an der Nordseeküste umgebaut.

Ein Tagungszentrum für kleinere Kongresse mit Blick direkt auf die Wesermündung ist das Weser-Forum im Columbus-Center. Mit verschiedenen Tagungsräumen, zugeschnitten auf die jeweiligen Bedürfnisse seiner Gäste, ist das Weser-Forum ideales Konferenz-

Scandic Crown Hotel, Bremen, an der traditionsreichen Böttcherstraße gelegen

Scandic Crown Hotel stands on Bremen's tradition-rich Böttcherstrasse

Messestadt Bremen: 20000 Quadratmeter Hallenfläche im attraktiven Ambiente des „Messe- und Congress Centrums" — Ort für Messen und Ausstellungen wie der „Fisch international", einer Fachmesse des Unternehmens MGH Messe- und Ausstellungsgesellschaft Hansa GmbH, mit 321 Ausstellern aus 42 Ländern und 14000 Fachbesuchern. — Bremen — city of fairs and exhibitions: 20,000 square metres of hall space in the attractive surroundings of the Bremen Exhibition and Congress Center (Messe- und Congress Centrum) — location for "Fish international", a trade exhibition by MGH Exposition Organiser (Messe- und Ausstellungsgesellschaft Hansa GmbH, Bremen), with 321 exhibitors from 42 countries and 14,000 trade visitors.

Bremen als Veranstaltungsort der internationalen Fachmesse „Dach und Wand", 1988 durchgeführt von der Fachausstellungen Heckmann GmbH, Bremen. Auf insgesamt über 52000 Quadratmetern Ausstellungsfläche mit 314 Ausstellern aus 14 Ländern wurden 31300 Fachbesucher gezählt. — Bremen — location of "Roof and Wall 1988", an international trade exhibition by Heckmann Exposition Organiser (Fachausstellungen Heckmann GmbH, Hannover and Bremen), with 314 exhibitors from 14 countries and 31,000 visitors on 52,000 square metres.

Das durch einen direkten Zugang mit dem Congress Centrum verbundene MARITIM Hotel Bremen bietet mit 261 luxuriös ausgestatteten Zimmern (507 Betten) ideale Übernachtungsmöglichkeiten nach dem Konzept „Tagen und wohnen unter einem Dach".
Bremen MARITIM Hotel, is directly connected with the Congress Center and offers outstanding accommodation for convening and residing under the same roof with its 261 luxury rooms (507 beds).

Das Congress Centrum Bremen ist architektonisch einzigartig und bietet in fünf großen Ball- und Tagungssälen sowie elf Salons eine Kapazität für über 3000 Personen. — Bremen Congress Center — unique architecture with five banquet and convention halls and eleven conference rooms for over 3,000 participants.

zentrum und eine Insel der Ruhe und Konzentration mitten in Bremerhavens Innenstadt, gegenüber dem Weserdeich gelegen.

Die Gäste Bremens und Bremerhavens haben die „Qual der Wahl" zwischen Hotels aller Klassen und Kategorien: Vom einfachen, aber gediegenen Hotel bis hin zur First-class-Herberge bieten Bremen und Bremerhaven für jeden Geschmack etwas.

Einige Hotels haben sich als Seminarspezialisten einen überregionalen Namen gemacht und bieten entsprechende Räumlichkeiten und das nötige Equipment an. Vertreter aus Wirtschaft und Industrie, Wissenschaftler und Politiker, deutsche und ausländische Gäste nutzen deshalb häufig die Gelegenheit, in Bremen und Bremerhaven zu tagen. Tagen erfordert aber auch einen Ausgleich durch Ablenkung und Entspannung. Und auf diesem Gebiet sind Bremen und Bremerhaven für jeden Fall und Geschmack gewappnet. Beide Städte können für sich in Anspruch nehmen, mit kurzen Wegen auch dem ortsunkundigen Gast eine schnelle Orientie-rungsmöglichkeit zu geben. So liegt der größte Teil der Tagungshäuser Bremens beispielsweise zwischen der grünen Lunge der Stadt, dem Bürgerpark, und der Weser und ist zu Fuß bestens zu erschließen. In Bremerhaven ist die Situation ähnlich: Wer beispielsweise im Weser-Forum oder der Stadthalle tagt, der hat es nicht weit bis zur Erholung am Deich oder bis zum Museums- und Zoobummel.

Ein sehr lohnenswerter Weg führt den Besucher der Seestadt in das „Schaufenster Fischereihafen". In einer ehemaligen und hervorragend restaurierten Packhalle stellt sich der Fischereihafen mit seinen vielschichtigen Betrieben dar. Neben Fischspezialitäten, Wein, Anglerbedarf, maritimer Kleidung verwöhnt die Gastronomie ihre Gäste mit Gaumenfreuden aus Neptuns Reich. Fischverarbeitende Betriebe laden zu einem Besuch hinter die Kulissen ein.

Wen es aber doch einmal weiter hinauszieht, für den halten beide Städte ein umfangreiches Rahmenprogramm parat: Lohnende Ausflugsziele sind Bremen-Nord, Helgoland, Worpswede oder Fischerhude. Die Lüneburger Heide, die Wildeshauser Geest, Cloppenburg, Bad Zwischenahn mit dem Zwischenahner Meer, ja sogar Holland liegen noch in bequem erreichbarer Nähe. Der Verkehrsverein der Stadt Bremen mit eigener Kongreßabteilung stellt hier attraktive Programme zusammen, ebenso wie das Städtische Verkehrsamt Bremerhaven.

Last, but not least sind Bremen und Bremerhaven auch Schauplätze wiederkehrender und einmaliger Großveranstaltungen aus den Bereichen Show, Sport und Freizeit. Auch hier bietet das Bundesland für jeden Geschmack etwas: schnelle Radfahrer und Superstimmung beim Sechstagerennen, Volkstümliches bei der Musikschau der Nationen, Kampf und Spannung beim Eishockey, Eleganz und Höchstleistungen bei Welt- und Europameisterschaften der Profi- und Amateurtänzer, Wind, Wellen und Nostalgie beim Hafenfest, Windjammertreffen oder den weltweit beachteten „Sail"-Großveranstaltungen, Farben und Schönheit bei der Blumenschau und, und, und . . .

174

Das Hotel Naber ist der gesellschaftliche Mittelpunkt der Stadt Bremerhaven. Direkt im Zentrum gelegen, gegenüber dem Stadttheater und am Anfang der Haupteinkaufsstraße „Bürger", bietet das Hotel eine persönliche Atmosphäre, die von vielen geschätzt wird.

Hotel Naber is the social focal point in Bremerhaven. Located right in the city centre, opposite the Stadttheater and at the start of the main shopping street known as "Bürger", the hotel has a personal atmosphere that is much appreciated by many.

Fairs, Congresses, Events:

Bremen and Bremerhaven, Always First Choice

Organizers of fairs and congresses expect not only an appealing location with best services and accommodation, but also set store on a venue with atmosphere and flair. These demands are met in full in Bremen and Bremerhaven. Best conditions are offered, for example, by the Congress Centre opened in 1993 on the Bürgerweide right next to the Civic Hall. Also the City Hall in Bremerhaven and the Weser Forum at the Columbus Centre are excellently suited for events of all kinds, while many good to very good hotels in Bremen and Bremerhaven round out the picture of a fair and congress location that is among the best.

Bremen and Bremerhaven have about a million overnight stays annually, thus showing that city tourism has become an important factor in the economy. The proportion of visitors to fairs and congresses is increasing steadily, with about a quarter of all business travellers, it is estimated, being here "for fairs", as it is put. And such visitors are particularly demanding, people that expect a well-functioning infrastructure and in their turn enliven the local retail trade and give a boost to the hotel and catering sector.

With the completion of the Congress Centre in 1993 Bremen has taken a great step forward, nationally and internationally, in the fairs and congresses world. With 16 halls, saloons and group display rooms and space for a total of 3,500 persons, the Centre offers best conditions for modern-type fairs and exhibitions. Specially advantageous for organizers is the direct link to Civic Hall, which with more than 20,000 square metres of exhibition area offers enough space for every type of event. Directly in front there are up to 5,000 parking spaces. Attractive is also the Centre's location with the central railway station only 200 yards distant, while it is less than 20 minutes to the airport.

In the centre of Bremerhaven and quickly reached from the motorway lies the City Hall with its excellent facilities for fairs, congresses and exhibitions, and a large hall that can accommodate 6,000 persons, or 1,200 persons when parliamentary seating is installed. Directly in front of the entrance there is parking space for about 2,000 cars, while all of Bremerhaven's attractions are close at hand. At the time of this book's going to press, the City Hall was being reconstructed at a cost of 30 million DM to become the largest and most modern fair and conference centre on the North Sea coast.

The Weser Forum at the Columbus Centre in Bremerhaven is a conference venue for smaller events and gives an attractive view over the Weser estuary. With various rooms matched to suit the requirements of the guests, the Weser Forum is the ideal conference centre and an island of quiet and concentration in the city bustle and giving on to the Weser embankment.

Visitors to Bremen and Bremerhaven can choose between hotels of all classes and categories: from simple but solid to top-flight hotels. Some hotels have made an excellent name for themselves as specialists for seminars and offer the appropriate accommodation and equipment. Which is one reason why people from commerce and industry, scientists and politicians, German and foreign guests frequently take the opportunity to confer in Bremen and Bremerhaven.

But the stress of conferencing needs relaxation and diversion as counterweight and here Bremen and Bremerhaven have something for every taste, and it is easy to get about to the attractions. Most of Bremen's conference venues, for example, lie between the city's green lung, the Bürgerpark, and the River Weser, and are easily reached on foot, and the situation in Bremerhaven is similar; people in conference at the Weser Forum or the City Hall do not have far to go to reach the river embankment or the museum or zoo.

A worthwhile objective for the visitor to Bremerhaven is the "Fishery Port Shop Window", where in an attractively restored former warehouse the fishery port with its many activities is displayed. In addition to fish specialities, wine, anglers' supplies and maritime clothing, visitors can indulge the palate with delicacies from Neptune's domain, and take a look at what happens behind the scene in fish processing factories.

But for those who want to go a little further there is plenty of opportunity. Worthwhile destinations include Bremen-Nord, Helgoland, Worpswede or Fischerhude, while also recommended and easily reached are the Lüneburg Heath, the Wildeshauser Geest, Cloppenburg, Bad Zwischenahn with its lake. Even the Netherlands are not too far away. Bremen's "Verkehrsverein" has its own congress department and will be happy to make up an attractive programme for visitors of things to see and do, and in Bremerhaven this is done by the "Städtische Verkehrsamt".

Bremen and Bremerhaven are also the scene of major show and sports events: cycle racing and suspense at the Six Day Races, folklore at the Music Show of the Nations, thrills and spills at ice hockey, elegance and accomplishment at the world and European championships in professional and amateur ballroom dancing; wind, waves and nostalgia at the Port Festival, the Windjammer Parade or at the world-famous "Sail" events, colour and contrast at the Flower Show and so on and on . . .

Immer eine richtige Adresse —

Der Einzelhandel in Bremen

Seien es Versorgungs- oder Erlebniskäufe — Bremen ist immer eine richtige Adresse. Die Handelsmetropole im Zentrum Nordwestdeutschlands und die Schwesterstadt Bremerhaven an der Nordseeküste laden ein zum vergnüglichen Einkaufsbummel vor unverwechselbarer historischer Kulisse und mit maritimem Flair.

Für Buten- und Binnenbremer, Zugereiste, Gäste und Touristen bleiben keine Wünsche offen. Dabei ist Bremen als Großstadt noch überschaubar geblieben. Mit einem hochrangigen Kunst- und Kulturangebot, einer Lebendigkeit und Weltläufigkeit, einem bunten Reigen an Festivitäten rund ums Jahr bietet die Hansestadt an der Weser eine idealtypische Konstellation für das Erlebnis Einkauf, mit der kaum eine andere Stadt konkurrieren kann. Aber nicht nur die historische Altstadt mit der angrenzenden Kunst- und Antiquitätenmeile „Fedelhören" und dem Ostertorviertel haben Charme und Attraktivität. Vegesack, 20 Kilometer im Norden, ist mit seiner sehr großen Fußgängerzone, seinem alten Hafenviertel mit Kultur und Kneipen und einer ungemein reizvollen Lage an der Weser ein ebenfalls über die Grenzen der Stadt bedeutsamer Einkaufsort. Der Einzelhandel ist ein wichtiger Beschäftigungs- und Wirtschaftsfaktor in Bremen. Er erfüllt unverzichtbare oberzentrale Funktionen für den Raum zwischen Elbe und Ems. In den etwa 4900 Einzelhandelsunternehmen des Landes wird pro Jahr ein Umsatz in Höhe von rund 7 Mrd. DM getätigt.

Mit rund 28500 (sozialversicherungspflichtigen) Beschäftigten — davon 18000 weiblichen — hat der Einzelhandel im Land Bremen einen hohen Stellenwert. Er offeriert ein breitgefächertes Warensortiment, angefangen von alltäglichen Verbrauchsgütern bis hin zu höchst individuellen Stücken von exklusivem Design in Einkaufsstraßen, Fußgängerzonen und Passagen wie der Lloyd Passage — übrigens Europas größte überdachte Straße.

Vielfalt triumphiert über Monotonie: Vom klassischen Fachgeschäft und der modischen Boutique über Kauf- und Warenhäuser und Filialketten bis hin zum Life-Style-Geschäft und dem Fachmarkt bietet Bremen einen gelungenen Einzelhandels-Mix. Zahlreiche Familienbetriebe unter anderem im Textilbereich, von Generation zu Generation hier ansässig, prägten und prägen die Entwicklung. Eine große Tradition verkörpern auch bremische Möbel- und Einrichtungshäuser, deren guter Ruf weit über Bremens Grenzen hinauseilt bis ins europäische Ausland und in die arabischen Scheichtümer.

Besonders gepflegt wird übrigens das Catering-Geschäft — häusliche Gastlichkeit wird in Bremen ganz groß geschrieben. Hanseatische Offenheit und Weitsicht zeigen sich zudem in der Ansiedlung neuer Einzelhandelstypen. So ist mit dem „Weserpark" am Verkehrsknotenpunkt Bremer Kreuz das größte Fachmarktzentrum Deutschlands entstanden.

Die Schwesterstadt Bremerhaven verfügt historisch bedingt über drei Einkaufszentren: Lehe, Geestemünde und Innenstadt mit dem herausragenden Columbus-Center. Die Seestadt ist hervorragend erreichbar und übt damit für das Umland an der Unterweser eine beträchtliche Sogwirkung aus. Fischliebhaber kommen voll auf ihre Kosten in diesem „Schaufenster der Fischwirtschaft". Der maritime Charakter, die seeseitigen Attraktionen vom „Zoo am Meer" über Schiffahrtsmuseum bis hin zu den sommerlichen Windjammerparaden verleihen Bremerhaven einen spezifischen Einkaufsreiz.

Während für Bremerhaven die einzigartige geographische Lage direkt an der Nordsee sticht, ist Bremens Trumpfkarte das in sich geschlossene Stadtbild mit dem historisch gewachsenen Kern. Der Marktplatz wird vom Rathaus mit seiner Renaissance-Fassade und dem architektonischen Kleinod Schütting, dem Haus der Handelskammer, eingerahmt. Die mittelalterliche Wallanlage, das Schnoorviertel und die Böttcherstraße, der Roland und der Dom mit der Bleikammer und nicht zuletzt die Bremer Stadtmusikanten sind weltbekannt. Bremen ist Großstadt und doch übersichtlich geblieben, gut zu Fuß zu erlaufen. Das macht die Stadt so sympathisch. Der Einzelhandel profitiert von gastronomischen und kulturellen Akzenten. Bremens Angebot vom Sprechtheater über klassische Musik bis hin zu modernen Klängen und Experimenten kann sich hören und sehen lassen. Kunstfreunde locken das blühende Galerie- und Auktionswesen und ein renommierter Kunst- und Antiquitätenhandel mit dem berühmten Graphischen Kabinett. Die Kunsthalle und das Gerhard-Marcks-Haus am Wall sowie das Neue Museum Weserburg mit Sammlungen zeitgenössischer Kunst lassen die Herzen der Kunstfreunde höher schlagen.

So gar nicht norddeutsch steif, verstehen es die Bremer aber auch, Feste zu feiern — bei Wind und Wetter. Jahraus, jahrein wird der Freimarkt im Oktober zur magnetischen Saison, es locken Sommer- und Weinfest, Musikfest und Kajenfeste. Und kaum ein Binnen- oder Butenbremer schließlich läßt sich die traditionellen Kohl-und-Pinkel-Fahrten entgehen.

Always an Attractive Address —

The Retail Trade in Bremen

Whether the shopping expedition is for essentials or something rather more extravagant, the commercial metropole in Northwest Germany and the town of Bremerhaven on the North Sea provide an attractive setting with a historical atmosphere and an unmistakable maritime flair.

Whatever the wishes may be, for locals, visitors and tourists they do not remain unfulfilled. Although Bremen is a big city it is easy to get around and to appreciate. It is a lively place, with much to offer in art and culture, and right through the year there is a colourful sequence of festivities that provides an ideal constellation for experience shopping with which hardly another city can compete.

Not only the historical Old Town with the adjoining art and antiques mile "Fedelhören" and the Ostertor quarter emanate charm and attractiveness. There is also Vegesack, 20 kilometres northward, with its very large pedestrian precinct, its old port quarter with culture and pubs and a truly attractive location directly on the Weser. Also very attractive as a shopping location.

The retail trade is an important employment and economic factor in Bremen, and it fulfills indispensable central functions for the region between Elbe and Ems. The roughly 4,900 retail enterprises in the state of Bremen achieve a turnover annually of about seven billion DM.

With about 28,500 (insured) employees — including 18,000 women — the retail trade is an important factor in the state of Bremen's economy. It provides a wide range of merchandise, from everyday necessities to individual items of exclusive design in shopping streets, pedestrian precincts and passages such as

the Lloyd Passage — Europe's largest roofed-over street.

Diversity triumphs over monotony: From the classical specialty shop and the fashionable boutique by way of department and chain stores to the life-style shop and the specialist market, Bremen offers a well-balanced retail mix. Many family firms, including in the textile sector, have operated here from generation to generation. Bremen furniture and furnishing houses are part of a great tradition, with a name reaching far beyond the city's borders and into neighbouring European countries and even the Arab sheikdoms.

The catering business also features largely in Bremen, where there is a great tradition of private hospitality. Hanseatic openness and farsightedness are also shown in the appearance of new types of retail enterprise. One example is the "Weserpark" at the Bremer Kreuz traffic interchange, which is Germany's largest technical market centre.

Bremerhaven has three shopping centres: Lehe, Geestemünde and City Centre with the outstanding Columbus Centre. Bremerhaven is very easily reached and thus exerts a strong attraction on the surrounding region. For fish enthusiasts things could not be better in this "shopwindow of the fishing industry". The maritime character, the attractions along the seacoast from the "Zoo on the sea" and the shipping museum to the summertime windjammer parades impart a

quite special attraction to Bremerhaven as a shopping centre.

Whereas Bremerhaven has its unique location directly on the North Sea. Bremen's special attraction is its self-contained townscape with the historical core. The market square is surrounded by the Town Hall with its Renaissance façade and the architectural idyll of the Schütting, the seat of the Chamber of Commerce. The mediaeval defence works, the Schnoor quarter and Böttcherstrasse, Roland and the Cathedral with the lead chamber and, of course, Bremen's city musicians, are known all over the

world. Bremen is a big city but is still easy to get around on foot. That makes it so sympathetic.

The retail trade profits from the gastronomic and cultural diversity. What Bremen has to offer between the theatre and classical music and the modern sounds and experiments is really impressive, while art enthusiasts are drawn to the galleries and auction rooms, the art and antique dealers with the famous Graphische Kabinett. The Kunsthalle and the Gerhard-Marcks-Haus am Wall as well as the Neue Museum Weserburg with their collections of contemporary art find the highest approbation among art lovers.

Bremen's citizens are not so stiff and unbending as they are sometimes made out to be, and they are quick to celebrate when the occasion occurs, and that come wind and weather. Year in, year out the Freimarkt in October becomes the magnetic season, with the summer and wine festival, the music festival and the quayside festivals. And hardly a real Bremer fails to put in an appearance when the traditional Kohl-und-Pinkel (kale-and-sausage-eating) excursions start.

Lädt zum Bummeln und Einkaufen ein — Bremens Sögestraße, eine der schönsten Fußgängerzonen Norddeutschlands

Bremen's Sögestrasse, one of North Germany's most attractive pedestrian precincts, is the ideal place for strolling and shopping

Die Bremer Lloyd Passage setzt Maßstäbe. Seit ihrer Eröffnung im April 1990 bereichert diese besondere Attraktion die Innenstadt. Die 200 Meter lange Ladenpassage ist nur 100 Schritte vom Marktplatz und Roland entfernt und sucht bundesweit ihresgleichen. Auf einer Stützenkonstruktion aus 27 Stahlbäumen ruht ein etwa 17 Meter breites Glasdach, das der Passage eine große Transparenz und Leichtigkeit vermittelt. Das reichhaltige Warenangebot wird von zwei Warenhäusern sowie 25 Einzelhandelsgeschäften auf einer Verkaufsfläche von rund 70 000 Quadratmetern bereitgehalten. Das Parkhaus hat über 1200 Einstellplätze und direkten Zugang zur Passage.

The Bremer Lloyd Passage sets new standards in shopping, and has been a bright new attraction in the city centre since it was opened in April 1990. The 200-metre-long passage is only a hundred paces from the Marktplatz and the statue of Roland. A 17-metre-wide glass roof carried on 27 steel columns gives an impression of great transparency and lightness. A sales area of about 70,000 square metres is shared by two department stores and 25 retail shops. The parking garage accommodates more than 1,200 cars and gives direct access to the passage.

KARSTADT Bremen ist mit einer Verkaufsfläche von rund 30 000 Quadratmetern „unter einem Dach" das größte Warenhaus im nordwestdeutschen Raum. Die Fotos zeigen die Uhren- und Schmuckabteilung im ersten Obergeschoß, ein „Juwel" des Hauses (oben), sowie einen Blick in die große Fachparfümerie (unten), in der ausgebildete Mitarbeiter und Kosmetikerinnen über die aktuellen Weltmarken der Schönheitspflege und Düfte individuell und qualifiziert beraten. — With a sales area of some 30,000 square metres "under one roof", KARSTADT in Bremen is the largest department store in Northwest Germany. The photos show the watch, clock and jewellery department on the first floor (above), and a view of the extensive perfumery department (below), where skilled staff and cosmeticians advise customers individually on the worldwide brands in beauty care and fragrances.

Mit dem gläsernen Lift über die Dächer von Bremen. Die besondere Attraktion am Galeria Horten-Haus, eine in der Bundesrepublik einmalige Konstruktion, ist der Panorama-Aufzug mit seiner gläsernen Kabine. 40 Meter ragt dieses Wunderwerk der Technik an der Nordfassade, Ecke Lloyd Passage, in den Himmel. Die voll klimatisierte Kabine erreicht eine Geschwindigkeit von einem Meter in der Sekunde bis hinauf zum 5. Obergeschoß in 27 Meter Höhe (Tragkraft 1600 Kilogramm/10 Personen). Das Mitfahren lohnt sich! — With the glass lift over the roofs of Bremen. The special attraction at Galeria Horten, a structure unique in Germany, is the panorama lift with its glass cabin. This technological marvel reaches up 40 metres on the north façade at the corner of the Lloyd Passage. The fully air conditioned cabin ascends at one metre a second to the fifth floor at a height of 27 metres (capacity 1,600 kilograms/10 persons). The trip can be recommended!

Der maritime Treffpunkt für Bremerinnen und Bremer von buten und binnen: Gäste aus Bremen und um Bremen herum erwartet eine Attraktion in der Galeria Horten an der Lloyd Passage. Ein gepflegter Ort, ganz im maritimen Stil, ganz hanseatisch. 150 Sitzplätze laden ein zu gemütlichem Beisammensein bei vielen kulinarischen Leckereien. (Besonders delikat ist das Angebot an Fischspezialitäten.) — The maritime meeting-place for Bremen's citizens. An attraction at Galeria Horten in the Lloyd Passage awaits guests from in and around Bremen. Elegant, all in the maritime style, entirely Hanseatic. With a seating capacity of 150 persons, it provides a social get-together to the enjoyment of many culinary delicacies. Particularly in demand is the select range of fish specialities.

Bei einem Bummel durch die Galeria Horten an der Lloyd Passage kann man vieles entdecken: bezaubernde Shops, Boutiquen, Restaurants und die einladende „Delikatessa". Dies alles schafft eine Atmosphäre, in der es Spaß macht, Schönes zu entdecken und sich überraschen zu lassen von diesem neuen, aufregenden Einkaufsgefühl. — There is much to be discovered on a stroll through the Lloyd Passage with the Galeria Horten: fascinating shops and boutiques, inviting restaurants and the appetizing "Delikatessa". It all adds up to an atmosphere that makes it fun to discover fine things and be surprised by this novel shopping ambience.

Ein Wunderwerk der Technik: Einmalig auf der Welt ist dieser Rolltreppen-Lichthof — strahlender Mittelpunkt der Galeria Horten in Bremen. 18 Rolltreppen, mit Glasbalustraden, angeordnet im Sekantensystem, verbinden sämtliche Verkaufsgeschosse untereinander, ersparen dem Kunden unnötige Wege. Bis ins vierte Obergeschoß reicht die 30 Meter hohe Lichtstruktur, ein Filigran, das von 4600 Glühlampen erleuchtet wird. — A technological marvel unique in the world is this escalator light cupola, the focal point of the Galeria Horten in Bremen. Eighteen escalators with glass balustrades, arranged in the secant system, interlink all the sales floors for the convenience of customers. The 30-metre-high light structure reaches to the fourth floor, a filigree lit by 4,600 lamps.

Mit einem ausgewählten Angebot an Uhren und Schmuck sowie einer persönlichen Beratung in gepflegter Atmosphäre steht Juwelier Boersma, Bremerhaven, ganz im Dienste seiner Kunden.

With a select range of watches and jewellery backed by personal counselling in a pleasant atmosphere, Juwelier Boersma in Bremerhaven provides a service fully attuned to its customers' needs.

184

Die Bau- und Immobilienwirtschaft –

Bremen bietet beste Wohn- und Lebensqualität

Bremen ist eine Wohnstadt. In Sachen Wohnwert und Lebensqualität, Umweltgüte und Verkehrsfluß rangiert die Hansestadt unter deutschen Großstädten unangefochten an der Spitze. Mit dem „Bremer Haus" verfügt sie darüber hinaus über ein städtebauliches Phänomen, das keine drangvolle Enge aufkommen läßt. Die alte Kaufmannstadt machte auch durch behutsame und vor allem frühzeitige Sanierung ihrer Altbausubstanz von sich reden.

Image-Studien und wissenschaftliche Gutachten haben den Bremern stets aufs neue die hohe Wohn- und Lebensqualität ihrer Stadt am Fluß bescheinigt. In Bremerhaven sieht es ähnlich aus: Wohnungsnot ist hier fast noch ein Fremdwort. Damit setzt Bremen ein deutliches regionales Gegengewicht zu den südlichen Ballungsräumen wie Frankfurt, Stuttgart oder München, denn Schlüsselgrößen wie Wohnungsknappheit und Teuerung bei Immobilien sind Engpaßfaktoren zukünftiger Entwicklungen.

Bei Baulandpreisen von 210 bis 220 DM pro Quadratmeter (Bezugsjahr 1992) in mittlerer Wohnlage läßt sich der Traum vom Eigenheim auch für Normalverdiener realisieren. Der Durchschnittspreis für ein Reihenhaus beläuft sich auf rund 285 000 DM, ein frei stehendes Einfamilienhaus ist bereits ab 350 000 DM zu bekommen, in guter Lage kostet es durchschnittlich 600 000 DM. Im Bundesdurchschnitt liegen die Preise für Alt- und Neubauten im allgemeinen um ein Drittel höher.

Zudem liegen die Schwesterstädte verkehrsgünstig. Zügig erreichbar sind landschaftlich reizvolle Naherholungsgebiete wie Nordsee oder Harz, Lüneburger Heide oder das Sauerland. Wer ins Grüne will, muß aber gar nicht weit fahren. Im Durchschnitt hat Bremen, deren Bürger übrigens die höchste Lebenserwartung in der Bundesrepublik

haben, eine doppelt so hohe Erholungs- und Freifläche je Einwohner wie andere Städte und liegt damit neben Hannover weit an der Spitze vor allen anderen Vergleichsstädten. Bremisches Mäzenatentum hatte immer auch ein Faible für die Natur: Bürgerpark und Rhododendron-Park sind dafür beredter Ausdruck.

Die Bremer waren stets darauf bedacht, ihr Gemeinwesen als eine Stadt im Grünen zu erhalten. Unter den 16 größten deutschen Städten im alten Bundesgebiet weist die Hansestadt die niedrigste Einwohnerdichte auf (16 Einwohner je Hektar). Mit 41 Prozent liegt die gesamte Siedlungsfläche ebenfalls unter den Werten vergleichbarer Großstädte. Sehr früh wurde aber auch der soziale Wohnungsbau nach dem Zweiten Weltkrieg initiiert und gefördert. Europaweit bekannt wurde die Neue Vahr, Ende der fünfziger Jahre als eine der ersten und doch menschlichen Trabantenstädte aus dem Boden gestampft.

Überdurchschnittlich viele Bremer Familien wohnen in den eigenen vier Wänden. Die Dichte an Ein- und Zweifamilienhäusern, fast 30 Prozent über dem Durchschnitt, begründet die Sonderstellung Bremens im deutschen Wohnungsbau. Ursächlich hierfür ist die historisch gewachsene, vom „Bremer Haus" geprägte Siedlungsstruktur ohne die üblichen großstädtischen Mietskasernen. Das „Bremer Haus" ist das Haus des

Bremers schlechthin. Die zwischen 1850 und 1914 errichteten innerstädtischen Reihenhäuser, zur Straße hin auf schmalen Parzellen mit anspruchsvollen Fassaden geschmückt, sind für alle Schichten der Bevölkerung konzipiert. Das Spektrum reicht vom eingeschossigen Arbeiterhaus bis hin zum dreieinhalbgeschossigen Großbürgerhaus. Vom Grundriß her gestattet die Vielzahl etwa gleich großer Räume, von der Straße zum Garten durchgebunden, eine erstaunlich flexible Nutzung. Konstitutives Merkmal ist das Souterrain, wo sich die Küche nebst Hauswirtschafts- und Hobbyräumen befindet.

Es gibt viele intakte, liebevoll restaurierte Straßen mit Bremer Hauszeilen. Bremen hat sich früh und engagiert der Pflege, Unterhaltung und behutsamen Sanierung seiner Altbausubstanz verschrieben. Als andernorts noch die Abrißkugeln eingesetzt wurden, setzte hier der Sinn fürs schöne Alte, für Kultur und Historie Maßstäbe, wie das Schnoorviertel vor Augen führt. Verführerisch für Besucher und Einheimische ist darüber hinaus die nachdrücklich gesuchte Verbindung von Bauwerk und Kunst. So konnte ein kleines Gäßchen — die Böttcherstraße — auf Initiative und Betreiben des Kaufmanns und Industriellen Ludwig

Roselius zum Gesamtkunstwerk avancieren: Aus dem schnöd-profanen Baustoff Backstein schufen Architekten und Bildhauer ein Kunstprodukt.

Wo sich die Böttcherstraße als Wandelgang für Kunstbeflissene empfiehlt, da sprüht die neue Lloyd Passage als gläserne Bummelmeile vor Einkaufslust und Lebensfreude. Ein gigantisches Glasdach erhebt sich über den 250 Meter langen, fußgängerfreundlichen Straßenzug. Mitten hinein gepflanzt wurde ihr Wahrzeichen, das 15 Meter hohe gläserne Oktogon.

Ein weiteres hübsches Kleinod bremischer Stadtarchitektur entsteht auf dem

Teerhof. Mitten in der Stadt, auf der Spitze einer Landzunge zwischen Weser und Kleiner Weser, zwischen Alt- und Neustadt erheben sich die neuen, friesisch anmutenden Wohnzeilen mit Erkern, Giebeln und Balkonen vor der Altstadtsilhouette: einheitliche Vielfalt in zeitgemäßer Architektur.

Akzente im Industriebau setzt der Technologiepark an der Universität. Inmitten reizvoller, individuell gestalteter Bürogebäude postmodernen Anschnitts, die keine Langeweile aufkommen lassen, ragt der imposante Fallturm als Wahrzeichen in die Höhe. Einen geographi-

schen Kontrapunkt dazu im Süden bildet das neue Güterverkehrszentrum, Bremens logistische Visitenkarte.

Der gewerbliche Bau ist es schließlich, der traditionell die Szenerie in der Bremer Bauwirtschaft dominiert — mit einem Anteil von über 50 Prozent am Gesamtumsatz gegenüber öffentlichem Bau und Wohnungsbau. Die hier ansässige Bauwirtschaft nimmt Aufgaben im ganzen norddeutschen Raum wahr. Von den rund 10500 Beschäftigten sind mehr als 80 Prozent Fachkräfte, das Rückgrat einer hochentwickelten Branche.

Es gilt als das Haus des Bremers schlechthin — das „Bremer Haus". Die stilvollen Eigenheime wurden in der zweiten Hälfte des 19. und Anfang des 20. Jahrhunderts erbaut. — The so-called "Bremer Haus" was a stylish type of owner-occupier dwelling built in Bremen in the second half of the 19th century and in the early years of the 20th.

Zum Bild auf der linken Seite: Der Bürgerpark, Bremens „grüne Lunge", ist Anziehungspunkt für die Hansestädter und ihre Gäste. — Picture on the opposite page: Bremen's Bürgerpark, the city's "green lung", is an unfailing attraction for the citizens and their guests.

Mit fast 43 000 eigenen Mietwohnungen in den beiden Städten Bremen und Bremerhaven ist die GEWOBA der mit Abstand größte Anbieter auf dem Bremer Wohnungsmarkt. Weitere 6200 Mietwohnungen werden für andere Eigentümer verwaltet. Jeder siebte Bremer Haushalt wohnt „bei uns" und nutzt das breitgefächerte Angebot an preisgünstigem Wohnraum (Foto: modernisierte Mietwohnungen in Bremerhaven).

With almost 43,000 rental apartments in Bremen and Bremerhaven, GEWOBA is easily the largest provider in the local housing market, while a further 6,200 rented apartments are managed for other proprietors. Every seventh Bremen household is "with us" and makes use of the wide variety of economical housing. The photo shows modernized rental apartments in Bremerhaven.

188

Mit rund zehn Prozent beteiligte sich die GEWOBA in den letzten Jahren am Wohnungsbau in Bremen: Einfamilienhäuser, öffentlich geförderte Mietwohnungen, spezielle Bauten für alte und behinderte Menschen und Eigentumswohnungen (Fotos oben rechts und unten). Das Unternehmen bietet auch die Entwicklung komplexer Wohnanlagen und Gewerbeimmobilien an (wie zum Beispiel das Bürohaus auf dem Foto oben links).

In the last few years GEWOBA has been involved to about ten percent in housing construction in Bremen: one-family houses, publicly-financed rental apartments, special accommodation for old and disabled people and freehold (owner-occupier) flats, photos top right and below. The company also engages in the development of complex housing projects and commercial real estate, such as the office building shown top left.

The Building and Real Estate Industry —
Bremen's Amenities make for Quality of Life

Bremen is a town to live in. Where residential value and quality of life, a healthy environment and rapid flow of traffic are concerned, Bremen is without doubt one of the leading major cities in Germany. What is more, with the "Bremen House" it has a building phenomenon that successfully combats overcrowding. And the old mercantile city has earned itself a reputation for careful and above all timely modernization of its older buildings.

Time and again, image studies and scientific expertises have confirmed to the people of Bremen that their city on the river Weser has an unusually high residential value and quality. Bremerhaven is in a similar position: here the term "housing shortage" has still not come into everyday use. In this respect the Bremen region is a favourable contrast to the southern population centres of Frankfurt, Stuttgart or Munich, for key factors such as a shortage of living accommodation and rising real estate prices are bottlenecks in the road to future development.

At prices between 210 and 220 DM per square metre for building land (status: 1992) in a middle-class residential area, even families with an average income can make the dream of a house of their own come true. The average price for a terraced house is around 285,000 DM; a detached house can be had for upwards of 350,000 DM — in a good area the average cost is 600,000 DM. By and large the average prices for new and older property in Germany as a whole are about one-third higher.

What is more, the sister cities are in a convenient position from the point of view of transport. Recreational areas with attractive scenery such as the North Sea resorts, the Harz Mountains, the Lüneburg Heath or the Sauerland Hills are within easy reach. But those who just want to get out into the air do not have far to go. Bremen — whose citizens have, by the way, the highest life expectancy in the whole of Germany — has on average twice as much open and recreational space per head of the population as other towns; this places it, next to Hannover, far ahead of any other comparable city. And Bremen's wealthy patrons always had a weakness for nature: the Bürgerpark and Rhododendron Park are fine examples of this.

The people of Bremen have always been careful to preserve their community as a green city. Of the 16 biggest towns in the "old" states of the Federal Republic, Bremen has the lowest population density (16 persons per hectare). At 41 percent the overall built-up area is also below that of similar major towns. But council housing projects were also initiated and promoted very soon after the Second World War. In the late 1950s, Neue Vahr became known throughout Europe as one of the first humane satellite towns to be built from scratch.

An unusually large proportion of families in Bremen live in homes of their own. The large number of detached and semi-detached or two-flat houses, almost 30 percent above the average, is responsible for Bremen's special status in respect of housing in Germany. The reasons for

Bis ins Detail werden von der Hanseatischen Immobilien GmbH die Projekte vorbereitet. Bei der Entwicklung und Durchführung von Wohn- und Gewerbeimmobilien verfügt das Unternehmen über langjährige Erfahrungen. Die Vermittlung von Immobilien, Haus- und Vermögensverwaltungen und der Versicherungsservice komplettieren das Dienstleistungsangebot „rund um die Immobilie".

Real estate projects are prepared in detail by Hanseatische Immobilien GmbH. The company has long experience in the development and realization of residential and commercial real estate schemes. Procuring real estate, house and property management and insurance services round out the "all around real estate" service.

191

this lie in the traditional structure of residential areas, characterized by the "Bremen House", without the usual tenement blocks of other big cities.

To the people of Bremen the "Bremen House" has become the model of what a home should be. Built between 1850 and 1914, these city-type terraced houses on narrow plots of land, with finely decorated fronts facing the street, were designed for all sections of the population. They range from single-storey working class dwellings to houses with three floors and a mezzanine favoured by the upper middle class. The ground plan, with a number of interconnected rooms about equal in size from the street through to the garden, allows surprisingly flexible use. An essential element is the basement containing the kitchen and housekeeping and hobby rooms.

There are many intact, painstakingly restored streets with rows of Bremen Houses. At an early stage Bremen committed itself to a policy of maintaining and carefully modernizing its old houses. While other cities were still bent on demolition, a feeling for the old and beautiful, for culture and history, helped to set Bremen's standards, as the Schnoor quarter demonstrates. A further feature attractive to both visitors and residents is the conscious effort to combine architecture with art. On the initiative and through the efforts of the merchant and industrialist Ludwig Roselius, a narrow little lane — the Böttcherstrasse — advanced to the status of an overall work of art: in the hands of architects and sculptors the humdrum material brick became the substance with which art is created.

While the Böttcherstrasse is a promenade for art enthusiasts, the new Lloyd Passage is a glittering, glassy arcade full of the joys of life and the pleasures of shopping. A gigantic glass roof covers the 250 metre long pedestrian-friendly street. In the centre is its special landmark, the 15 metre high glass octagon. Another little jewel of urban architecture in Bremen is coming into being on the Teerhof. In the middle of the city, on the tip of a tongue of land between the river Weser and the Kleiner Weser, between the Old Town and the New Town, the freshly built rows of houses — rather Frisian in style, with bays, gables and balconies — stand out against the silhouette of the old part of Bremen: contemporary architecture combining uniformity with variety.

A trendsetter in industrial construction is the Science Park next to the University. Amid attractive, individually designed office buildings with a post-modern flavour, that allow no room for boredom, is the impressive free-fall tower that has become a landmark. To the south, as a geographical counterpoint, is the new goods transport centre, Bremen's logistic visiting card.

But it is commercial building that traditionally dominates the construction industry in Bremen — with a share of over 50 percent alongside public building and housing. Bremen's construction companies carry out work all over North Germany. Of the estimated 10,500 persons employed, over 80 percent are skilled workmen — the backbone of a highly-developed industry.

In den sechziger Jahren errichtete die GEWOSIE in Bremen-Blumenthal, Bürgermeister-Kürten-Straße, ein Hochhaus für 180 Familien, das von großzügigen Grünanlagen sowie mehreren Wohnblöcken in herkömmlicher Bauart umgeben ist. Das ebenerdige Dach der unterirdischen Tiefgarage für 120 Pkws ist vollständig begrünt und bepflanzt. Sowohl beim Konzept als auch bei der Ausstattung war man der damaligen Zeit weit voraus, scheinbare Gegensätze wurden harmonisch vereint. Ein gutes Beispiel für verdichtete Bauweise in aufgelockerter Bebauung mit moderner Ausstattung.

GEWOSIE built a tower block in Bremen-Blumenthal, Bürgermeister-Kürten-Strasse, for 180 families in the 1960s, this being surrounded by extensive greenery and several conventional residential blocks. The ground-level roof of the underground parking garage for 120 cars has a complete covering of greenery and plants. The project then was far ahead of its time in respect of both concept and furnishing, with apparent opposites being harmoniously united. A good example of compact development with dispersed construction and modern furnishing.

Die Bauunternehmung Siemer + Müller GmbH & Co. Kommanditgesellschaft mit Sitz in Bremen, Bremerhaven, Stade, Wilhelmshaven, Rostock und Dessau ist auf den Gebieten Hoch- und Tiefbau, Rohrleitungsbau und Eisenbahnoberbau tätig. Das Bild zeigt den Umbau und die Neuverlegung der Straßenbahngleise in der Hafenrandstraße in Bremen.

The building contractor Siemer + Müller GmbH & Co. Kommanditgesellschaft in Bremen, Bremerhaven, Stade, Wilhelmshaven, Rostock and Dessau is active in civil engineering and construction, pipelaying and railway track construction. The photo shows the alteration and relaying of the tramway tracks in the Hafenrandstrasse in Bremen.

194

Ein Beispiel aus dem vielfältigen Schaffen der Bernhard Kathmann Bauunternehmung GmbH u. Co. Kommanditgesellschaft, Bremen: das Bürogebäude der Wuppesahl Grundstücksgesellschaft (Teerhof) in Bremen

An example of the variety of construction work done by Bernhard Kathmann Bauunternehmung GmbH u. Co. Kommanditgesellschaft, Bremen: the office building of Wuppesahl Grundstücksgesellschaft (Teerhof) in Bremen

Als Branchenführer auf dem Bremer Baumarkt versorgt die Hans Baltus G.m.b.H. & Co. mit mehreren Transportbetonwerken und einem großen Fahrmischerfuhrpark Baustellen in Bremen und Niedersachsen. Die Aufnahme zeigt das Transportbetonwerk Bremen-Industriehafen.

As market leader in the Bremen construction industry, Hans Baltus G.m.b.H. & Co. operates several ready-mix concrete plants with a correspondingly large fleet of truck mixers in Bremen and Lower Saxony. The photo shows the ready-mix concrete plant at the Industriehafen site in Bremen.

196

Seit über 40 Jahren gehört die Firmengruppe kamü zu den führenden Bauunternehmungen in Bremen und befaßt sich mit Hoch- und Ingenieurbau, Straßen- und Tiefbau, Renovierungen, Metallbau, Stahlbeton-Fertigteilbau und hochwertigem Innenausbau. Ein Beispiel für die vielseitigen Aktivitäten ist dieses Verwaltungs- und Konferenzzentrum in Bremen.

The kamü group of companies has been one of Bremen's leading building contractors for more than forty years, and is active in civil engineering and construction, road-building and construction engineering, renovating, metal construction, prefabricated reinforced-concrete construction and high-quality interior finishing. An example of the company's work is this administration and conference centre in Bremen.

Hier wird „Zukunft produziert" —
Hochschulen und außeruniversitäre
Forschungseinrichtungen

In den Labors und Werkstätten der Universität arbeiten Wissenschaftler und Studenten mit und an den Werkstoffen und Produktionssystemen der Zukunft. Wenige Meter entfernt bietet Europas einziger Fallturm die Möglichkeit, Kurzzeitexperimente unter den Bedingungen der Schwerelosigkeit durchzuführen. Über dem Nordpol sind Forscher einem zweiten Ozonloch auf der Spur, und im Atlantik ergründen Wissenschaftler gemeinsam mit Kollegen aus aller Welt die Rolle der Ozeane als „Klimaanlage" unserer Erde. Kein Zweifel — im Land Bremen existiert in Universitäten, Fachhochschulen und außeruniversitären Forschungseinrichtungen ein wissenschaftliches Profil, das sich sehen lassen kann.

Kristallisationskern für Wissenschaft und Forschung — Universität Bremen

Bremen ist eine junge und alte Universitätsstadt zugleich. Pläne zur Einrichtung einer Universität gab es bereits im ausgehenden 16. Jahrhundert, als das „Gymnasium Academicum" gegründet und kurze Zeit später in eine Hochschule mit den vier klassischen Fakultäten Theologie, Jura, Medizin und Philosophie umgewandelt wurde. Dieses „Gymnasium Illustre" hatte fast den Status einer Universität erreicht, ehe es im 19. Jahrhundert geschlossen wurde.

Auf Empfehlung des Wissenschaftsrates wurde 1971 in Bremen eine Universität gegründet, um eine gravierende Lücke in der wissenschaftlichen Infrastruktur in Nordwestdeutschland zu schließen. Ihr erster Bildungsauftrag war es, den damals bundesweiten Lehrerbedarf mit zu decken, und sie sollte als Antwort auf die Studentenunruhen in den sechziger Jahren als Reformuniversität neue Wege in Forschung und Lehre suchen und erproben. Lange Zeit stand die Universität im Brennpunkt widerstreitender Auffassungen und Interessen. Seit Mitte der achtziger Jahre aber verstärkt sich der Konsens zwischen Wirtschaft und Politik. Der Merksatz: Nur verstärkte Forschung und Entwicklung führen zu mehr Arbeitsplätzen, wird in Bremen nicht nur akzeptiert, sondern ist inzwischen auch weitgehend politisches Programm.

Die Einbeziehung inzwischen bewährter Reformelemente, wie zum Beispiel Praxisbezug und Interdisziplinarität, und der gelungene Aufbau der Natur- und Technikwissenschaften haben die Bremer Universität nach inzwischen überwundenen Schwierigkeiten zu einem Kristallisationspunkt innovativer Forschung und zukunftsweisender Lehre gemacht. Die Höhe der Drittmittel gibt Auskunft darüber: Der Anteil dieser Mittel am Gesamthaushalt (ohne Bauinvestitionen), deren Bewilligung von Bund, Stiftungen, Deutscher Forschungsgemeinschaft oder auch aus der Wirtschaft nur in einem harten Wettbewerb zu erringen ist, liegt bei etwa 25 Prozent, womit sich die Universität Bremen deutlich über dem Durchschnitt deutscher Universitäten befindet.

Mit etwa 1300 Wissenschaftlerinnen und Wissenschaftlern, 17000 Studierenden in mehr als 50 Studiengängen und etwa weiteren 1000 Beschäftigten ist die Universität Bremen sowohl Forschungs- und Ausbildungsstätte als auch Arbeitgeber. Wirtschaft und Politik sehen in diesem Wissenschaftszentrum den Motor des technologischen Wandels, der in der Region ein günstiges Klima für Innovationen und eine fruchtbare Umgebung für die Entstehung von Know-how schafft, weil hier auch für die Weiterver-

mittlung und direkte Umsetzung gesorgt wird. So werden die Natur- und Ingenieurwissenschaften kräftig ausgebaut. Studierten Mitte der achtziger Jahre an der Universität Bremen 2000 Studenten Natur- und Ingenieurwissenschaften, so hat sich diese Zahl bis 1993 auf über 4000 mehr als verdoppelt.

Über Transferzentren gelangen wissenschaftliche Erkenntnisse in Betriebe, werden für Gesellschaft und Politik zugänglich gemacht. Eingerichtet sind solche Zentren insbesondere für zukunftweisende Bereiche wie Meerestechnik, Biotechnologie, Projektmanagement und Wirtschaftsinformatik, Werkstofftechnik, Unternehmensführung für kleine und mittlere Betriebe und Computer Integrated Manufacturing (CIM). Auch das PC-Labor der Universität ist als Transferstelle konzipiert. Die enge und fruchtbare Zusammenarbeit zwischen Wissenschaft und Wirtschaft beschreibt der nachfolgende Beitrag „Ein Motor des technologischen Fortschritts: Know-how-Transfer im Land Bremen".

Zwischen Grundlagenforschung und anwendungsbezogener Wissenschaft hat sich eine breitgefächerte Institutslandschaft in Bremen und Bremerhaven etabliert.

Das Bremer Institut für Betriebstechnik und angewandte Arbeitswissenschaft (BIBA), dessen etwa 40 interdisziplinär arbeitende Wissenschaftler in zahlreiche nationale und internationale Forschungsvorhaben eingebunden sind, gilt als eine der „Perlen" an der Universität. Neue Produktionstechnologien und -methoden sowie ihre Auswirkungen auf die Arbeitswelt stehen im Mittelpunkt der BIBA-Forschung. Ein weiterer Schwerpunkt liegt auf der Fertigung und Montage von Unikaten und Prototypen.

Das Alfred-Wegener-Institut für Polar-

Das FS „Sonne" der RF Reedereigemeinschaft Forschungsschiffahrt GmbH, Bremen, eines der modernsten Mehrzweckforschungsschiffe der Welt, hat bisher 84 Expeditionen auf allen Weltmeeren durchgeführt. Die Fahrten dienten insbesondere der geowissenschaftlichen, ozeanographischen und ökologischen Untersuchung des Meeresbodens und haben wichtige neue wissenschaftliche Ergebnisse gebracht. Das Schiff ist 1991 innerhalb eines halben Jahres um fast 11 Meter verlängert, grundlegend modernisiert und mit zukunftweisenden wissenschaftlich-technischen Systemen ausgerüstet worden. Seitdem bietet die „Sonne" den Wissenschaftlern noch bessere Möglichkeiten für die gesamte Breite der weltweiten Meeresforschung.

The research ship "Sonne", operated by RF Reedereigemeinschaft Forschungsschiffahrt GmbH, Bremen, is one of the world's most modern general-purpose research ships and has so far carried through 84 expeditions in all sea regions. In particular these have served geoscientific, oceanographic and ecological investigation of the sea floor and have yielded important new knowledge. Within six months in 1991 the ship was lengthened by almost 11 metres, thoroughly modernized and equipped with future-oriented scientific and technical systems, so providing scientists with even better possibilities in oceanic research.

und Meeresforschung in Bremerhaven (AWI) ist eine weltweit anerkannte Großforschungseinrichtung und für seine Arbeiten in der Klima-, Ökosystem- und geowissenschaftlichen Forschung bekannt. Das AWI betreibt das weltweit modernste eisbrechende Forschungsschiff, die „Polarstern", und die ganzjährig besetzte Neumayer-Forschungsstation auf dem antarktischen Kontinent. Eine ideale Ergänzung zur polaren Meeresforschung der Bremerhavener bietet das 1992 in Bremen gegründete Max-Planck-Institut für marine Mikrobiologie, das sich mit Veränderungen von Umweltbedingungen auf der Ebene von Kleinstlebewesen beschäftigt. Zusammen mit dem Zentrum für Marine Tropenökologie, das seinen Arbeitsschwerpunkt auf die Erforschung tropischer mariner Ökosysteme gelegt hat, und den marinen Forschungsbereichen der Universität (marine Geowissenschaften, Meeresbiologie, -chemie und -physik) verfügt das Land Bremen über eine Bündelung maritimen Know-hows, wie es in der Bundesrepublik und Europa sonst nicht mehr anzutreffen ist.

Eine vollständige Auflistung der Institute und Forschungseinrichtungen in Bremen und Bremerhaven — seien sie nun organisatorischer Teil der Universität oder rechtlich selbständig, dann aber wiederum eng mit der Universität verbunden — kann hier aus Platzgründen nicht vorgenommen werden, dennoch seien einige „Highlights" der Forschungs- und Entwicklungs-(FuE-)Infrastruktur des Bundeslandes stellvertretend für das gesamte Spektrum genannt: Im Institut für Werkstofftechnik (IWT) ergründen Forscher Eigenschaften und Strukturen moderner und herkömmlicher Werkstoffe. Das Bremer Institut für angewandte Strahltechnik (BIAS) forscht auf den Gebieten Lasermaterialbearbeitung, Prüftechnik und Qualitätssicherung. Das Zentrum für angewandte Raumfahrttechnologie und Mikrogravitation (ZARM) wird von Wissenschaftlern und Luft- und Raumfahrtunternehmen aus aller Welt für Experimente unter den Bedingungen der Schwerelosigkeit genutzt. Das Fraunhofer-Institut für angewandte Materialforschung (IFAM) widmet sich der anwendungsorientierten Forschung in drei bedeutenden Zukunftsthemen: Pulvertechnologie, Werkstoffe und Bauteile sowie Klebetechnik. Das Bremer Institut für Präventionsforschung und Sozialmedizin (BIPS) hat sich im Bereich der arbeitsplatzbezogenen und Umweltepidemiologien einen Namen gemacht und sich insbesondere durch seine Forschungen auf dem Gebiet der Herz- und Kreislauferkrankungen internationale Anerkennung erworben. Entscheidend beteiligt sich das Institut auch im Norddeutschen Forschungsverbund Public Health. Die Forschungsstelle Osteuropa an der Universität Bremen besitzt mit dem Privatarchiv von Lew Kopelew eine der umfangreichsten Sammlungen von Zeitdokumenten vor dem Zerfall des Ostblocks.

Weitere Institute, die erheblich zur wissenschaftlichen Reputation des Landes Bremen — auch im europäischen Rahmen — beigetragen haben, sind das Institut für Seeverkehrswirtschaft und Logistik (ISL), das Institut Technik und Bildung (ITB), das Zentrum für Europäische Rechtspolitik (ZERP), das Bremer Energie-Institut, das Faserinstitut Bremen e.V. und das Institut für angewandte Systemtechnik. Als zukunftweisende Neugründung gilt das Zentrum für Mikrosystemtechnik, dessen Grundsteinlegung im Herbst 1992 erfolgte und dessen Arbeitsschwerpunkt im Bereich der Miniaturisierung und Fertigung komplexer Systeme in vielfältigen Anwendungsbereichen, zum Beispiel in der Medizin-, der Automobil- und der Raumfahrttechnik, liegt.

Die Universität ist zu einem angesehenen Mitglied in der Hochschulrektorenkonferenz und der Deutschen Forschungsgemeinschaft (DFG) geworden, von der sie gegen starke Konkurrenz zwei Sonderforschungsbereiche, zwei Forschergruppen und fünf Graduiertenkollegs gefördert bekommt — mehr als ihrer Größe entspricht. Trotz finanzieller Engpässe wurden neue Studiengänge und Fachgebiete eingerichtet, die durch fächerübergreifende Themenstellung und die Zusammenarbeit von Natur- und Sozialwissenschaftlern in der Forschung wie in der Lehre mit neuen Impulsen zum Verständnis und zur Lösung regionaler wie weltweiter Probleme beitragen können.

Jede Mark, die das Land in die Alma mater investiert, kommt im wirtschaftlichen Effekt vervielfacht der Region zugute. Jährlich etwa 700 Absolventen, davon ein wachsender Teil in wirtschaftsnahen Fachbereichen, bilden ein Arbeitskräftepotential, das als wesentlicher Standortfaktor für Neuansiedlungen von Dienstleistungs- und Produktionsunternehmen heranreift.

Praxisbezug und internationale Ausrichtung — Hochschule Bremen

Als die Hochschule Bremen „aus der Taufe gehoben" wurde, stieß die Neugründung nicht nur auf Zustimmung. Der Zusammenschluß der 1982 noch selbständigen Hochschulen für Nautik, Wirtschaft, Sozialarbeit und Sozialpädagogik sowie Technik zur Hochschule Bremen traf insbesondere in den Reihen der Betroffenen auf Kritik. Viele Wissenschaftler sagten dem neuen Modell eine nur kurze Lebensdauer voraus. Doch die Hochschule entwickelte sich entgegen diesen Aussagen überaus positiv: Insbesondere mit ihren internationalen Studiengängen hat sich die Institution über die Grenzen der Hansestadt hinaus einen Namen gemacht.

Bereits sechs von insgesamt 15 Studiengängen sind „internationale Studiengänge". Studierende können ein deutsches Diplom nur dann erwerben, wenn sie einen Teil ihrer Ausbildung an ausländischen Hochschulen bzw. in ausländischen Praxisstellen erfolgreich absolvieren. Zu den herausragenden internationalen Studiengängen gehören die „Angewandten Weltwirtschaftssprachen" und „Betriebswirtschaft/Internationales Management" sowie der „Europäische Studiengang für Finanzwirtschaft und Rechnungswesen". Neu sind die Studiengänge „Europäisches Elektrotechnisches Studium" und der „Internationale Studiengang für Umwelttechnik".

Besonderen Wert legt man auf den Praxisbezug der Ausbildung. Neun von 15 Studiengängen sehen während der achtsemestrigen Regelstudienzeit jeweils ein bis zwei praktische Semester vor. Über eine Reihe von Auslandskon-

Die Universität Bremen — ein bedeutendes Zentrum für Lehre, Forschung und Technologie

Bremen University is an important centre of teaching, research and technology

takten kann die Hochschule ihren Studierenden den Wechsel an europäische und außereuropäische Hochschulen anbieten. Bei ihrer Gründung gab es rund 3000 Studenten, diese Zahl hat sich in etwa verdoppelt. Von den 15 Studiengängen sind 13 mit einem Numerus clausus belegt. Und noch eine weitere Zahl belegt die Attraktivität der Hochschule: Im Durchschnitt bewerben sich drei Studenten um einen Studienplatz.

Tradition und Fortschritt harmonieren — Hochschule Bremerhaven

---

Nach fast hundertjähriger erfolgreicher Ausbildungstradition für die Seefahrt wurde 1975 die Hochschule Bremerhaven mit den Studiengängen Nautik und Schiffsbetriebstechnik gegründet. 1985 wurde die Nautik in Bremen und die Schiffsbetriebstechnik in Bremerhaven konzentriert. Weitere moderne Studiengänge wie Transportwesen/Logistik, Systemanalyse/Informatik, Betriebs- und Versorgungstechnik, Verfahrenstechnik und Lebensmitteltechnologie wurden an der Hochschule eingerichtet. Alle Studiengänge haben eine enge Verbindung zur Praxis. Die regionale Wirtschaft hat fast eine Million Mark für die Errichtung einer Stiftungsprofessur in einem

weiteren neuen technischen Studiengang Fertigungstechnik gespendet. Dies ist die erste Stiftungsprofessur an einer deutschen Fachhochschule, für die der Stifterverband für die Deutsche Wissenschaft e. V. offiziell die Betreuung übernommen hat.

Das Technologietransferzentrum an der Hochschule Bremerhaven führt Beratungs-, Untersuchungs-, Entwicklungs- und Forschungsvorhaben in erheblichem Umfang durch, insbesondere für und mit der regionalen Wirtschaft. Zu den jährlich stattfindenden Transportforen der Hochschule kommen zahlreiche Führungskräfte aus dem In- und Ausland in Bremerhaven zusammen, um international und national wichtige Themen zu beraten, die in der Regel in Veröffentlichungen einmünden.

Wirtschaftsfaktor Kultur — Hochschule für Künste

Bremen hat frühzeitig erkannt, daß im Rahmen der Bemühungen um den Aufbau eines Wirtschafts-, Wissenschafts- und Technikzentrums der kreativ-künstlerischen Infrastruktur eine wichtige Aufgabe zukommt. Um eine hochentwickelte Wissenschafts- und Techniklandschaft eines Wirtschaftszentrums wie

Bremen auch dauerhaft zu erhalten, bedarf es eines herausragenden Kunst- und Kulturangebots. Zu diesem trägt die Hochschule für Künste wesentlich bei. Sie sorgt für den künstlerischen Nachwuchs und bietet ein umfangreiches Kulturprogramm. Die Erwartung in bezug auf die direkt verwertbaren Ergebnisse, wie sie vorrangig an den Bereich Design gestellt werden, können ebenso qualitativ hochwertig erfüllt werden, wie dies in bezug auf Lehre und Veranstaltungen geschieht. Wissenschaft und Technik sind mit Kreativität und Kunst untrennbar verbunden.

An der Hochschule für Künste werden die Studiengänge Grafik-Design, Mode, Malerei und Plastik sowie die Studiengänge Instrumental- und Vokalmusik, Musikerziehung und Kirchenmusik angeboten. Vom Fachbereich Bildende Kunst aus wird ein direkter Transfer zur Wirtschaft geleistet. Der Fachbereich Musik wird — insbesondere nach Abschluß seiner derzeitigen Sanierungsphase — zum Aufbau Bremens als Musikstadt wesentlich beitragen. Er zieht national und international bekannte Künstler und in der Folge Besucher nach Bremen. Dies macht wiederum Bremen als Wirtschafts- und Wohnstandort attraktiv.

Where "the Future" is Made —

In the Colleges and Non-University Research Institutes

In the university laboratories and workshops of the state of Bremen scientists and students are working with and on the materials and production systems of the future. A short distance only separates them from Europe's only free-fall tower, a facility which permits short-time experiments under conditions of weightlessness. Over the North Pole researchers are on the track of a second ozone gap, while on the Atlantic scientists from throughout the world are investigating the role of the oceans as air-conditioners for our planet. No question, there's enough going on — in the universities, technical colleges and external research institutes — in the state of Bremen to write home about.

A Nucleus for Science and Research — The University of Bremen

Bremen's university can be regarded as being old or young, depending on how you look at it. Plans to establish the university already existed at the end of the 16th century, when the grammar school "Gymnasium Academicum" was founded and, shortly therafter, was upgraded to a college offering the four classical faculties Theology, Law, Medicine and Philosophy. This "Gymnasium Illustre" had almost achieved the status of a university before it was closed in the 19th century.

In 1971, at the recommendation of the scientific and technical advisory committee, a university was officially founded in order to close a serious gap in the scientific infrastructure of Northwest Germany. The university's first educational assignment was to address the then nationwide shortage of teachers, at the same time seeking to provide, as a reform university, new approaches in the fields of research and teaching as an answer to the student unrest of the sixties. For a long time the university was at the centre of conflicting views and inter-

ests, but from the mid-1980s onward there was growing agreement between business and politics. The view that only greater research and development can yield more jobs has not only won acceptance in Bremen, but is now also largely the political programme.

The inclusion, meanwhile, of proven elements of reform — such as a practice-oriented approach, interdisciplinary ties and the successful promotion of the natural and technical sciences — have helped to make Bremen University, after now overcome difficulties, something of a nucleus of innovative research and for-ward-looking theory. The level of external funding, which has to be won in hard-fought competition from the federal government, the various foundations, the German research community or the commercial sector, is highly indicative in this connection: the share of such funds as a percentage of the entire budget (excluding building investments) amounts to some 25 percent, a figure which puts Bremen University well above the average for German universities as a whole.

With some 1,300 scientists, 17,000 students pursuing a total of over 50 courses

of studies, and a further 1,000 employees, the university serves as a research facility and training centre, and as a place of work. The commercial and political sectors regard this scientific centre as a motor for technological change, providing the region with a favourable climate for innovation and a fruitful environment, through contact and testing, for advancing the frontiers of modern know-how. Thus the natural and engineering science departments are being greatly expanded. Whereas Bremen University had only 2,000 students in these disciplines in the mid-1980s, the figure had increased to more than 4,000 by 1993.

Transfer centres are the means by which scientific knowledge finds application in the factories and workplaces, thereby gaining social and political recognition. Such centres are especially important for future-oriented fields such as marine technology, biotechnology, project management and business computing, materials engineering, business management for small and medium-sized companies and computer-integrated manufacturing (CIM). The university PC lab has also been conceived as a transfer point. The close, fruitful cooperation existing between the fields of science and commerce is described in the following contribution, entitled "Prime Mover of Technical Progress: Know-how Transfer in Bremen".

A widely-diversified "institute landscape" has emerged in Bremen and Bremerhaven to fill the gaps between basic research and applied science.

With its 40 or so interdisciplinary scientists involved in numerous national and international research projects, BIBA, the Bremen Institute for Production Engineering and Applied Work Science, is regarded as a pearl in the university ocean. New production technology and methods and their impact on the world of work are at the heart of BIBA research. Another focal point is the manufacture and assembly of one-offs and prototypes.

The Alfred Wegener Institute for Polar Research and Oceanography in Bremerhaven (AWI) is a globally acclaimed large-scale research facility renowned for its work in the fields of climate research, ecosystem research and geoscience. The AWI operates the "Polarstern", the world's most modern research ship of the icebreaker class, as well as the Neumayer Research Station, which is located in the Antarctic and is manned throughout the year.

The new Max Planck Institute for Marine Microbiology, which was set up in Bremen in 1992, represents an ideal extension to the polar oceanographical research conducted from Bremerhaven. The new institute is involved in research into the effects of environmental change on the smallest living organisms. Together with the Centre for Tropical Marine Ecology, which concentrates its research on tropical marine ecosystems, and the marine research activities conducted by the university (marine geoscience, marine biology, marine chemistry, marine physics), the Federal State of Bremen represents a collective source of maritime know-how that is unmatched not only in Germany, but throughout Europe.

For reasons of space, we are unable to provide a full list of the various institutes and research facilities in Bremen and Bremerhaven — whether these form an organizational part of the university or are legally independent, though still closely related with the university. Instead, the following "highlights" of the research and development (R & D) infrastructure must serve as indicators of the entire spectrum explored in this federal state: at IWT, the Institute for Materials Engineering, researchers are investigating the properties and structures of modern as well as traditional materials; BIAS, the Bremen Institute for Applied Radiation Technology, is researching into the fields of laser material processing, test engineering and quality assurance; ZARM, the Centre for Applied Space Technology and Microgravitation, is used by scientists and aerospace companies from all over the world for experimentation under conditions of weightlessness; IFAM, the Fraunhofer Institute for Applied Materials Research, dedicates its efforts to applications-oriented research into three major areas of the future, namely powder technology, materials and components, as well as adhesion methods; and BIPS, the Bremen Institute for the Preventive Research and Social Medicine, has made a name for itself in the field of job-related environmental epidemics, winning special recognition at the international level for its research into heart complaints and circulatory illness. The institute has also played a decisive role in the North German research group Public Health. And the Eastern Europe Research Unit at the University of Bremen has, with its private archives from Lew Kopelew, one of the most extensive collections of period documents concerned with the times prior to the collapse of the East Bloc.

Other institutes that have greatly contributed to the scientific reputation of the federal state of Bremen — even at the European level — are: ISL, the Institute of Sea Transport and Logistics; ITB, the Institute for Technology and Education; ZERP, the Centre for European Legal Policies, the Bremen Energy Institute, Faserinstitut Bremen e. V. and the Institute for Applied Systems Technology. One forward-looking step recently taken was the set-up of the Centre for Microsystems Technology, whose foundation stone was laid in the autumn of 1992 and whose main field of work is the miniaturization and production of complex systems for a variety of areas of application, as in the areas of medical technology, vehicle technology and space technology, for example.

The university has become a respected member of the College and University Rectors' Conference and the DFG, the German Research Fellowship, from which it receives support, won against strong competition, for two special fields of research, two research groups and five graduate colleagues — a disproportionate level of support in terms of its small size. Despite financial shortages, new courses of studies and specialist fields have been set up. Thanks to an interdisciplinary approach and to the cooperation between natural scientists and social scientists, these promise to create new impulses towards the understanding and solution of both regional and global problems.

For every German mark the federal state invests in its Alma mater, the region benefits, economically speaking, by several times this sum. Every year some 700 graduates, a growing number of them in specialist business-related fields, form a new workforce potential that represents one of the main factors attracting new service companies and production firms to the area.

Practical and International Orientation — Bremen College of Education

When Bremen College of Education was newly founded in 1982 not all of those involved were in favour of the re-launch. Criticism of the move to unite the previously independent colleges for navigation, economics, social work and social education, and technology as parts of a single college was made by many scientists, who prophesied a short lifespan for the new model. In marked contrast to such forewarnings, the college of education has in fact developed very positively: with its international courses of studies in particular the institution has won a name for itself far beyond the boundaries of the Hanseatic city.

Of the 15 courses of studies currently offered, no less than six of these are international courses. This means that the German degree can only be obtained by students who have completed part of their studies in a foreign higher educational establishment, or who have completed a course of practical training abroad. These excellent international courses of studies include "Applied International Business Languages" and "Business Economics/International Management", as well as "European Studies for Financial Management and Accountancy". Two new courses of studies are "European Electro-technical Studies" and "International Studies in Environmental Technology".

Special importance is attached to practical training. Nine of the 15 courses of studies on offer require that one or two of the standard eight semesters be devoted to such training. A wide variety of foreign contacts enables Bremen College of Education to provide its students with this exchange experience with other European and non-European colleges. At the time of its foundation the new college had some 3,000 students, a figure that has since doubled. Of the 15 courses of studies available, 13 have restricted entry requirements. A further statistic confirms the popularity of the college: on average, three student applications are received for each college place.

Where Tradition and Progress Go Hand in Hand — Bremerhaven College of Education

As a training location with almost a hundred years of seafaring tradition, Bremerhaven College of Education was founded in 1975, offering courses of

studies in navigation and in shipping technology. In 1985 the navigation courses were transferred to Bremen, while those in shipping technology remained in Bremerhaven supplemented by other modern courses of studies such as transportation/logistics, systems analysis/computing, production and supply engineering, process engineering and food technology. All of these courses are closely linked with practical applications. Local business has donated almost a million German marks for the creation of a professorship foundation for a further new technical field, production engineering. This is the first-ever professorship foundation at a German technical college for which the foundation association of the Deutsche Wissenschaft e. V. has officially assumed supervision.

The Centre for Technology Transfer at Bremerhaven College of Education organizes a great many advisory, investigatory, developmental and research activities, particularly for and in cooperation with local business. The college's annual transport forums attract countless management personnel from Germany and throughout the world to Bremerhaven, in order to discuss both national and international topics of importance, which are often subsequently published.

Culture as an Economic Factor —
Academy of the Arts

Bremen was quick to realize that, alongside local efforts to promote its economic, scientific and technical centres, importance must also be attached to ensuring a creative infrastructure for the arts. Anything less than an excellent choice of artistic and cultural activities would threaten the long-term stability of the highly developed scientific and technical landscape in a business centre like Bremen. A major contribution, in this context, is made by the city's Academy of the Arts, which not only provides an extensive cultural programme, but also ensures that a rising generation of young artists will continue the tradition. Anticipation of directly beneficial results, awaited mostly in the field of design, hold every promise of attaining the same quality levels already realized in connection with training programmes and the presentation of events.

The Academy of the Arts will offer courses in graphic design, fashion, painting and sculpture, as well as in instrumental music and singing, musical education and sacred music. The Art Department will facilitate a direct transfer to the economic and business sectors. The Music Department will contribute in no small way towards Bremen's emergence as a city of music — especially once the present phase of redevelopment has been completed. It will attract both national and international artists and their audiences to Bremen. One more factor in establishing the city's appeal as a business and residential location.

Ein Motor des technologischen Fortschritts:

Know-how-Transfer im Land Bremen

Der technologische Wandel schreitet voran, die Innovationszyklen werden immer kürzer. Die Kooperation von Wirtschaft und Wissenschaft ist inzwischen für fast jede Branche unverzichtbar geworden. In Bremen und Bremerhaven finden die Firmen immer den richtigen wissenschaftlichen Gesprächspartner. Universität und Hochschulen fördern durch anwendungsnahe Forschung den Innovationsprozeß, und Wirtschaft und Politik unterstützen diese Entwicklung nach Kräften: mit Technologietransferstellen, die für den reibungslosen Wissenschaftstransfer sorgen, mit Innovationszentren und Förderprogrammen für High-Tech-Unternehmensgründer und der Einrichtung von Stiftungsprofessuren.

Im Zentrum für angewandte Raumfahrttechnologie und Mikrogravitation (ZARM) mit seinem 146 Meter hohen Fallturm forschen Raumfahrtexperten und Naturwissenschaftler sowie Ingenieure aus aller Welt unter den Bedingungen der Schwerelosigkeit — einmalig in Europa! Mathematiker der Universität entwickelten gemeinsam mit einem Bremer Unternehmen einen Mini-Chip, der elektronisch übermittelte Daten verschlüsselt. Das sogenannte Kryptographie-Modul ist so leistungsfähig, daß selbst die derzeit besten und schnellsten Rechner der Welt mehrere tausend Jahre zur Entschlüsselung der Botschaften benötigen würden. Eine andere, gerade den „Kinderschuhen" entwachsene Firma erarbeitete zusammen mit Mikrobiologen ein Verfahren zur Abluftreinigung, das beispielsweise mit Hilfe von Bakterien, Hefen oder Pilzen lösemittelbelastete Luft auf umweltfreundliche Art säubert.

In Bremen hat man früh erkannt, daß die „Schlacht um die wirtschaftliche Zukunft des Landes auf dem Campus geschlagen wird", wie es der Rektor der Universität, Professor Dr. Jürgen Timm, formuliert. Seit Beginn der achtziger Jahre gehen Wirtschaft und Wissenschaft nicht

nur aufeinander zu, sondern mit beachtlichem Erfolg auch „Hand in Hand". Heute kann das Land auf eine erstklassige Forschungs- und Entwicklungs-(FuE-)Infrastruktur verweisen.

Als Schnittstelle zwischen Wirtschaft und Wissenschaft wirken verschiedene Einrichtungen. Die Handelskammer Bremen informiert und berät Unternehmen in Technologie- und Innovationsfragen und knüpft Kontakte zu den wissenschaftlichen Einrichtungen. Das 1985 an der Universität eingerichtete Büro „Uni-Transfer" für den Wissenschafts- und Technologietransfer stellt Kontakte zwischen Wissenschaft und Wirtschaft her und fördert und unterstützt Unternehmen bei der Suche nach Wissenschaftlern zur Lösung betrieblicher Probleme oder zur Entwicklung neuer Produkte und Verfahren. Transferzentren widmen sich spezifischen Fragestellungen insbesondere in den zukunftsträchtigen Schlüsseltechnologien Meerestechnik, Werkstofftechnik, Biotechnologie sowie Projektmanagement und Wirtschaftsinformatik. Das CIM-Technologietransferzentrum mit dem Schwerpunktthema „Unikatfertigung und -montage" gehört zu den wegweisenden Einrichtungen bremischer FuE-Infrastruktur und wird

vom Bundesforschungsministerium unterstützt. Die Transferstelle für Unternehmensführung für kleinere und mittlere Betriebe sowie das PC-Labor der Universität stehen der Wirtschaft in Bremen und Bremerhaven ebenso beratend zur Seite wie das Patent- und Normenzentrum der Hochschule Bremen oder das VDI/VDE-Technologiezentrum Informationstechnik.

Besonders intensive Beziehungen haben sich im Technologiepark Universität zwischen den Unternehmen und den wissenschaftlichen Einrichtungen der Universität entwickelt. Rund um Bremens Alma mater ist auf etwa 50 Hektar ein Komplex entstanden, der zur Jahrtausendwende etwa 3000 hochqualifizierte Arbeitsplätze in Forschung und Entwicklung bieten wird. Er ist speziell solchen Unternehmen vorbehalten, die die Nähe zu Wissenschaft und Forschung benötigen und deren Produkte und Dienstleistungen im High-Tech-Bereich angesiedelt sind. Mikroelektronik, Luft- und Raumfahrt, Biotechnologie, Produktionstechnik, Oberflächen- und Automatisierungstechnik sind nur einige der Fachgebiete, die zum Profil der Firmen im Technologiepark gehören.

Erfolgreich entwickeln sich auch die von Wirtschaft, Wissenschaft und Verwaltung gemeinsam ins Leben gerufenen Technologiezentren. Innovativen jungen Unternehmen und Existenzgründern bietet das 1986 gegründete „Bremer Innovations- und Technologie-Zentrum", BITZ, ideale Startbedingungen. Es stellt kostengünstige und funktionsgerechte Räumlichkeiten, eine umfassende und fachmännische Beratung der Jungunternehmer durch ein eigenes Management sowie Serviceeinrichtungen für den administrativen Bereich zur Verfügung und hilft darüber hinaus bei der Erschließung von Finanzierungsprogrammen. Dabei versteht es sich als „Durchlauferhitzer", das heißt, die Firmen sollten nach drei bis fünf Jahren der Unterstützung nicht mehr bedürfen und sich dann innerhalb Bremens an anderer Stelle ansiedeln. Diese Strategie ist voll aufgegangen. Das BITZ wurde bereits mehrfach erweitert.

In Bremerhaven ist analog zum BITZ-Konzept ebenfalls ein erfolgreiches Technologiezentrum entstanden. Das

„Bremerhavener Innovations- und Gründerzentrum", BRIG, ist mit innovativen Firmen voll belegt und wurde 1992 um 1300 Quadratmeter Nutzfläche erweitert. Das „Technologie-Transfer-Zentrum an der Hochschule Bremerhaven", TTZ Bremerhaven, arbeitet eng mit dem BRIG zusammen. Das TTZ versteht sich als Mittler zwischen Wirtschaft und Wissenschaft: Sechs TTZ-Institute forschen und entwickeln unter der Leitung von Professoren der Hochschule Bremerhaven in Kooperation mit und im Auftrag von Firmen der Region und beraten diese in Fragen des Umweltschutzes, der Lebensmitteltechnologie, in der Werkstofftechnik, bei Organisations- und Softwarefragestellungen, in der Energietechnik und im Luftverkehrswesen.

Mit der Einrichtung von Stiftungsprofessuren unterstützt die Wirtschaft des Landes gemeinsam mit dem Stifterverband für die deutsche Wissenschaft das Bemühen der Universität, sich verstärkt praxisnaher Forschung zu widmen. Neben der „Umwelttechnik" werden in der Universität die Stiftungsprofessuren „Logistik" und „Keramische Werkstoffe" von der bremischen Wirtschaft finanziert. In der Hochschule Bremerhaven ist es eine Stiftungsprofessur für den neuen Studiengang „Fertigungstechnik", und in der Hochschule Bremen sind es die Stiftungsprofessuren „Wirtschaftsarabistik" und „Wirtschaftssinologie". Darüber hinaus wird in der Hochschule Bremen die Aufbauphase des Studienganges „Management im Handel" aus Mitteln der Wirtschaft unterstützt.

Und auch die Betriebe haben ihre Zusammenarbeit mit der Universität ausgebaut. Um den Technologiepreis der Handelskammer, den Schütting-Preis für Wirtschaft und Wissenschaft, haben sich 1992 30 Unternehmen beworben. Dabei verzeichnete die Kammer eine Vielzahl technologisch hochattraktiver Projekte.

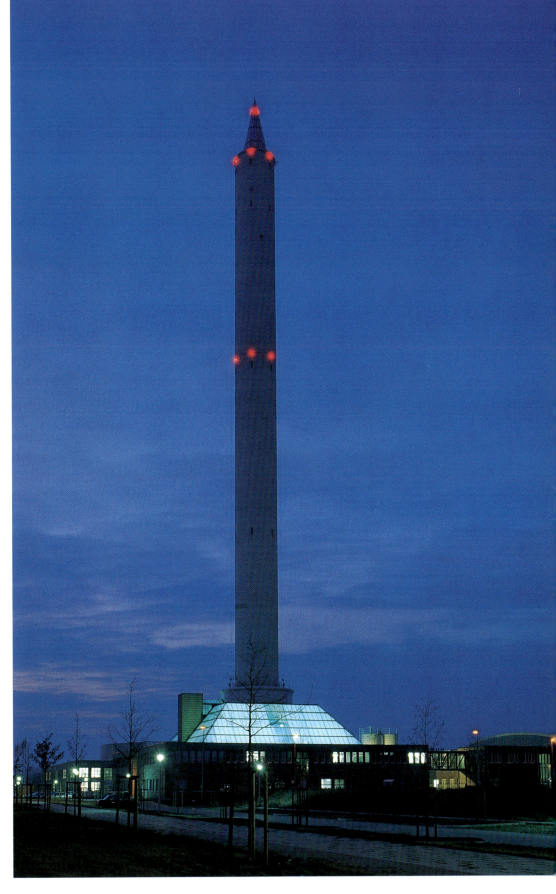

Das neue Bremer Wahrzeichen: Der Fallturm im Technologiepark Universität. – A new Bremen landmark is the free-fall tower for experiments in weightlessness, located in the University's technology park.

Der „Technologiepark Universität Bremen" ist Kristallisationspunkt von Unternehmen, die die Nähe zu Wissenschaft und Forschung suchen. — Bremen University's technology park is a crystallizing point for companies that seek to be close to science and research.

Das Bremer Innovations- und Technologiezentrum, BITZ, gilt als gelungener Versuch, den Technologietransfer zwischen Wirtschaft und Wissenschaft voranzutreiben. Innovative Firmengründungen finden hier ein Zuhause. — Bremen Innovation and Technology Centre (BITZ) has been a success in promoting technology transfer between science and industry. Innovative start-up companies find a welcome here.

Prime Mover of Technical Progress:

Know-how Transfer in Bremen

Technological change progresses and cycles of innovation keep getting shorter. Cooperation between commerce and science has become indispensable almost everywhere. Companies in Bremen and Bremerhaven always find the right partner in the sciences. The seats of higher learning advance the innovation process, and those in industry and politics lend their fullest support to this development: with technology transfer offices, with innovation centres and programmes of assistance for high-tech start-up companies and the setting up of foundation professorships.

At the Centre for Applied Space Technology and Microgravitation (known for short in German as ZARM), space experts, scientists and engineers from all over the world investigate the conditions of weightlessness at the 146-metre-high free-fall tower, which is unique in Europe. Together with a Bremen company, mathematicians at the University developed a mini-chip that encodes electronically transmitted data. The so-called cryptography module is so powerful that even the present best and fastest computer in the world would need several thousand years to decode the messages. Another company, just recently started, has cooperated with microbiologists in developing a method of cleaning spent air; for example with the aid of bacteria, yeast or fungi to remove solvents from the air in an environment-friendly way.

In Bremen they realized early on that the "fight for the state's economic future will be fought on the campus", as the rector of the University, Professor Dr. Jürgen Timm, put it. Since the start of the 1980s commerce and science not only have been coming closer to each other, but have even being going "hand in hand". The state today has a first-class R & D infrastructure, with various institutions functioning as interface between industry and science. Bremen's chamber of commerce advises companies in matters of technology and innovation and

arranges contacts with scientific institutions. The "UniTransfer" office set up at the University in 1985 arranges scientific and technology transfer and also assists companies looking for scientists to help in solving works problems or for the development of new products and processes. Transfer centres devote themselves to specific questions, especially in such future key technologies as maritime technology, materials technology, biotechnology, also project management and business informatics. The CIM technology transfer centre with its emphasis on "unicum manufacture and assembly" is one of the direction-giving set-ups in Bremen's R & D infrastructure and is supported by the Federal Ministry of Research. The Transfer Office for Business Management for smaller and medium-sized firms and the University's PC laboratory are there to assist the business community in Bremen and Bremerhaven no less than the Patents and Standards Centre or the VDI/VDE Information Technology Centre.

Specially close relations have developed at the University Technology Park between the entrepreneurs and the University's scientists. On an area of about 50 hectares around the University there has grown a complex that by about the year 2000 will provide highly-skilled employment in research and development for about 3,000 persons. It is reserved for firms that need to be physi-

cally close to scientific and research facilities, and whose products and services are of a high-tech nature. These include microelectronics, aviation and aerospace, biotechnology, production engineering, surface finishing and automation, to name but a few.

Also the technology centres set up jointly by business, scientific and administrative bodies have developed successfully. The Bremen Innovation and Technology Centre (known for short in German as BITZ), founded in 1986, offers innovative young entrepreneurs and start-up companies ideal conditions. It ,provides suitable accommodation at advantageous conditions, expert advice and service facilities for the administrative sector and also helps in the setting up of financing arrangements. The idea is that after three to five years the firms no longer require the Centre's support and can then move out to another location in Bremen. The scheme has so far been a full success and the Centre has already been expanded several times. A similar facility has been set up in Bremerhaven, going under the title of "Bremerhaven Innovation and Founders Centre" (BRIG). It was soon fully occupied by innovative firms and was extended by 1,300 square metres useful area in 1992. The Technology Transfer Centre at Bremerhaven Technical College, which cooperates closely with BRIG, is a link between business and science. Six of its institutes work under the leadership of professors at the College in cooperation with and for the account of firms in the region and advise them on questions of environmental protection, food and materials technology, organization and software, energy technology and air transport.

With the setting up of foundation profes-

Messerknecht Bürokommunikation, Messerknecht CIM Consulting und Meister Computerpartner im Technologiepark Universität. Die Unternehmensgruppe Messerknecht bietet mit ihren traditionsbewußten, dynamischen Handels- und Systemhäusern eine breite Palette von Produkten und Dienstleistungen der Bürowirtschaft.

Messerknecht Bürokommunikation, Messerknecht CIM Consulting and Meister Computerpartner at the University Technology Park. With its tradition-minded and dynamic trading and system houses, the Messerknecht Group offers a wide range of products and services for office technology.

Die H. F. Kistner Baugesellschaft mbH, Bremerhaven, führte nicht nur die Rohbauarbeiten für das Bremerhavener Innovations- und Gründerzentrum (BRIG) in eigener Regie aus, sondern beauftragte und koordinierte sämtliche weiteren Gewerke schlüsselfertig als Generalunternehmer.

H. F. Kistner Baugesellschaft mbH, Bremerhaven, not only itself carried out the structural work for the Bremerhaven Innovation and Founders Centre (BRIG), but as general contractor also initiated and coordinated all other works for this turnkey project.

sorships, the state's business community together with the Founders' Association for German Science supports the University's efforts in the direction of more practice-oriented research. In addition to environmental technology, the professorships at the University for logistics and ceramic materials are financed by Bremen firms. At Bremerhaven Technical College it is a foundation professorship for the new course in production engineering, while at Bremen Technical College it is so-called "Arabic economic studies" and "Sinological economics". In addition to this, the continuation course of "Management in commerce" is likewise being supported by business funds.

The firms have also expanded their cooperation with the University. In 1992 some thirty of them submitted their candidacies for the Technology Prize of the Chamber of Commerce and the Schütting Prize for Science and Economics. Among them the Chamber noted a large number of projects that were highly attractive technologically.

Qualifikation für Führungspositionen — Die Deutsche Außenhandels- und Verkehrs-Akademie (DAV)

„Wer für ein Jahr plant, sät Korn; wer für ein Jahrzehnt plant, pflanzt Bäume; wer aber auf Lebenszeit plant, bildet Menschen!" Diese alte chinesische Weisheit ist für die Verkehrswirtschaft und den Außenhandel in Bremen oberste Maxime. Mit der „Deutschen Außenhandels- und Verkehrs-Akademie" (DAV) ist in der Hansestadt die deutsche Weiterbildungsinstitution auf diesen Gebieten zu Hause. Seit mehr als 30 Jahren kümmert sich die private Weiterbildungsstätte überaus erfolgreich um den Führungsnachwuchs in Außenhandels- und Verkehrsunternehmen. Die praxisorientierte, theoretisch fundierte und an den Belangen der Wirtschaft orientierte zweijährige Fortbildung zum DAV-Betriebswirt ist bis heute Hauptaufgabe der Akademie.

1959 riefen Bremer Kaufleute, angeführt von der Handelskammer Bremen, die „Höhere Wirtschaftliche Lehranstalt" mit den inhaltlichen Schwerpunkten Außenhandel und Verkehr ins Leben. Die 1988 in „Deutsche Außenhandels- und Verkehrs-Akademie" umbenannte Weiterbildungsstätte hat sich seither national und international einen Namen gemacht: Mehr als 2000 „Ehemalige" der DAV sind heute überwiegend an den Schaltstellen der europäischen Verkehrswirtschaft tätig.

Die DAV ist als eine Akademie der Wirtschaft konzipiert. Sie orientiert sich in all ihren Maßnahmen bewußt am Bedarf der Unternehmen. Organisatorisch gliedert sie sich in vier Bereiche: Studien, Seminare, Internationales Studienzentrum und Forschungsinstitut.

Der DAV-Studienbereich bietet dem kaufmännischen Nachwuchs in Außenhandel und Verkehr durch Fortbildung in längerfristigen Studiengängen und Kursen beste berufliche Aufstiegschancen. Als Ganztagsstudium angelegt ist das zweijährige Betriebswirteprogramm. Hier erhalten gelernte Kaufleute mit mindestens einjähriger Berufserfahrung ihr Rüstzeug für den Managementeinstieg. Nach der Abschlußprüfung, die von der Freien Hansestadt Bremen anerkannt und überwacht wird, verlassen die Studentinnen und Studenten mit dem Titel DAV-Betriebswirt das Institut. In berufsbegleitender Form können sich insbesondere Interessenten aus dem Bremer Raum innerhalb von 14 Monaten zum DAV-Fachwirt „Spedition" oder „Schiffahrt" fortbilden. Der Abschluß DAV-Fachwirt „Spedition" kann darüber hinaus auch in einem viermonatigen Vollzeitstudium erreicht werden.

Ein weiteres DAV-Standbein ist der Seminarbereich, der die Möglichkeit der beruflichen Fortbildung in Kurzzeitform vermittelt. Die Dauer der Veranstaltungen reicht von einem Tag bis zu vier Wochen. Seminarreihen werden für die Themen Spedition, Logistik, Verkehr, Außenwirtschaft, Zoll und Exportförderung angeboten. Dabei arbeitet die Akademie eng mit Bildungsträgern der Industrie und Wirtschaft zusammen.

Seit 1987 bietet die DAV das „Kompakt Studium Logistik" an. Die Erfahrung, die die Deutsche Außenhandels- und Verkehrs-Akademie bei der Veranstaltung von Logistikseminaren gesammelt hat, sowie die stete Beobachtung der Bedarfsentwicklung haben zu diesem in Fachkreisen anerkannten und gut frequentierten Bildungsprogramm geführt. Von Januar bis Oktober können sich Praktiker aus den Unternehmen in acht Studienblöcken von insgesamt zehn Wochen, aufbauend auf ihrer Berufspraxis, zusätzliche logistische Kenntnisse und Methoden aneignen. Wissenschaftlich fundiert vermittelt das Kompaktstudium praxisbezogene Inhalte durch Vorlesungen, Übungen, Fallstudien, Seminare und Exkursionen. Von den Grundlagen der Unternehmenslogistik über die Systemanalyse, Logistik-Technologien bis hin zu den Rahmenbedingungen der Logistik reichen die Inhalte des Kompaktstudienganges.

Seit 1979 erstellen Dozenten der Akademie empirische Untersuchungen, Gutachten und Marktanalysen in den Bereichen Logistik, Verkehr, Distribution und Personalentwicklung. Diese Aufgaben werden unter dem Dach des DAV-Forschungsinstituts bearbeitet. Durch Kooperationen mit Wissenschaftlern von Hochschulen und Universitäten wird die Forschungspalette der DAV ständig ausgeweitet. Einen individuellen Beratungsservice im Bereich Personalberatung, Aufbau von Qualitätssicherungssystemen, DAV-Anwenderberatung und Controlling bietet darüber hinaus die Tochterfirma DAV-GmbH.

Das „Internationale Studienzentrum" schließlich bietet den länderübergreifenden Know-how-Transfer. Mit ausländischen Partnerinstituten in Norwegen, Dänemark und Frankreich wurden Kooperationsvereinbarungen geschlossen. Davon profitieren Studenten aus allen Partnerländern, die jeweils für einige Monate im Jahr ihr Studium in Bremen absolvieren.

Qualifications for Management Positions — DAV, the German Academy for Transport and Foreign Trade

"He who plants for a year sows corn; he who plants for a decade plants trees; but he who plants for a lifetime trains people!" This old Chinese proverb is the supreme maxim for the transport and foreign trade sectors in Bremen. The Hanseatic city, with its German Academy for Transport and Foreign Trade (DAV "Deutsche Außenhandels- und Verkehrs-Akademie"), is now the home of German further training in these sectors. For more than 30 years this privately-run advanced training centre has successfully concentrated on preparing new generations of managers for companies in the transport and foreign trade industry. The theoretically sound, practice-oriented two-year courses leading to the qualification DAV-Betriebswirt (DAV Business Administrator) still constitute the Academy's main work objective.

In 1959 Bremen businessmen, led by the Bremen Chamber of Commerce, founded the Higher Economic Educational Establishment (German: "Höhere Wirtschaftliche Lehranstalt"), with the emphasis on foreign trade and transport. This advanced training centre, which in 1988 was renamed the German Academy for Transport and Foreign Trade, has since won a name for itself. More than 2,000 DAV "veterans" are now actively involved in the European transport industry, most of them occupying key positions.

DAV has been conceived as a business academy. It is fully adapted to company requirements. From an organizational standpoint, there are four areas of classification: studies, seminars, international study centre, research institute. With its long-term and short-term courses of studies, DAV offer up-and-coming generations of businessmen in the foreign trade and transport sectors best career chances. The two-year course in business administration is a full-day course. It prepares skilled businessmen with at least a year's work experience for entry at the management level. Candidates who have successfully completed the final exam, which is rec-

ognized and supervised by the Free Hanseatic City of Bremen, are awarded the academic title of DAV-Betriebswirt. Students, especially those in the Bremen area, who prefer to pursue their studies while continuing to work, can obtain the title DAV-Fachwirt "Spedition" (DAV Forwarding Specialist) or DAV-Fachwirt "Schiffahrt" (DAV Navigation Specialist) within 14 months. The former title, DAV-Fachwirt "Spedition", can also be obtained in a four-month course of full-time studies.

The seminar represents yet another pillar on which DAV is founded. This provides a short-term option for professional training. Seminars last for from one day to four weeks. Groups of seminars are offered for the topics Forwarding, Logistics, Transport, Foreign Trade, Customs and Exports. Here the Academy works closely with educational organizations operating in the industrial and commercial spheres.

"Compact Logistic Studies" is a course offered by DAV since 1987. The experience gathered by the German Academy for Transport and Foreign Trade from its seminars on logistics, together with continuous observation of the changing requirements in this sector, gave rise to

this professionally acclaimed and well-frequented educational training programme. From January to October, practitioners from the business sphere engage in eight study blocks over a total of ten weeks, extending their specific professional knowledge by acquiring additional logistics know-how and methods. Adopting a scientific approach, the compact study conveys practical content by means of lectures, exercises, case studies, seminars and excursions. The content of such compact study courses extends from basic company logistics via systems analysis and logistics technology to the general framework of logistics.

Since 1979 the lecturers at the Academy have been compiling empirical studies, reports and market analyses in the fields of logistics, transport, distribution and personnel development. This work is conducted in the name of the DAV research institute. Further cooperation with scientists from the colleges of education and the universities serves to achieve steady expansion in the range of research engaged in by the DAV. And the DAV subsidiary, DAV-GmbH, provides an individual councilling service in the fields of personnel consultancy, the set-up of quality assurance systems, DAV user advice and controlling.

In addition, the International Study Centre now offers international know-how transfer. Cooperation agreements have been finalized with foreign partner institutes in Norway, Denmark and France. This is also beneficial for students from these partner countries, who can pursue their studies in Bremen for several months in the year.

Bremen — die Freie Hansestadt

Ein Blick zurück

„Leben und Schiffahrt sind für Bremen ein und dasselbe." In diesem Satz von Rudolf Alexander Schröder, Essayist und Ehrenbürger Bremens, spiegelt sich das Selbstverständnis der Weserhanseaten wider. Wohl und Wehe der Stadt sind seit ihrer Gründung vom Zugang zum Meer und dem Handel über See geprägt. Freiheit und Unabhängigkeit konnten nur auf dieser wirtschaftlichen Grundlage erreicht werden. Es ist eindeutig — Bremens Schicksal ist mit der Weser verbunden, aber auch mit dem Unternehmungsgeist seiner Kaufleute, die durch die wechselvollen Zeitläufe ihrer Stadt Wohlstand und Ansehen erhielten.

Die erste urkundliche Erwähnung Bremens datiert aus dem Jahr 782 und beginnt recht unrühmlich mit einem Totschlag. Es waren die Sachsen, die sich gegen die Christianisierung Karls des Großen auflehnten und in Bremen den kaiserlichen Gesandten Priester Gerwal erschlugen. Letztlich aber siegte der Frankenkönig. Bremen wurde zum Bistum, und auf der Domdüne entstand eine kleine Holzkirche, erster Vorgänger des heute noch immer das Stadtbild dominierenden St.-Petri-Doms.

Die ersten Jahrhunderte bremischer Geschichte wurden denn auch von der Kirche geschrieben. Im 9. Jahrhundert wurde Bremen Erzbistum und erhielt ein erstes Marktprivileg. Ein Nebenarm der Weser, die Balge, wurde zum Hafen, und 965 verlieh Kaiser Otto I. das große Marktprivileg. Bremen blühte auf: Die Seefahrt entwickelte sich, Bremer Handelsschiffe erschlossen den Norden bis hinauf nach Grönland. Von 1043 bis 1072 war Erzbischof Adalbert, Vertrauter der Kaiser Heinrich III. und Heinrich IV., der starke Mann der Stadt. Unter ihm wurde Bremen zum geistigen und wirtschaftlichen Mittelpunkt des nordischen Raums. Aber auch die weltlichen Mächte griffen bald in die Geschichte ein. Heinrich der Löwe förderte die Entwicklung von einem abhängigen Marktort zur Stadt mit eigenen Entscheidungsmöglichkeiten. So entwickelte sich Bremen im 12. Jahrhundert zu einer politischen Macht mit eigener Stadtmauer, eigenem Rat und Gericht.

1358 trat Bremen der Hanse bei. Eine segensreiche Entscheidung, führte sie doch zu einem Machtzuwachs der Bürger in der Auseinandersetzung mit der Kirche. Bereits seit zwei Jahrhunderten stritten sich Bischof und Rat um Rechte und Anteil am Stadtregiment. So ließ Erzbischof Albert II. 1366 einen hölzernen Roland, das Symbol bremischer Stadtfreiheit, kurzerhand verbrennen.

Die Bürger errichteten später dann einen fünfeinhalb Meter hohen steinernen Ritter. „Vryheit", Freiheit, ist das erste Wort auf dem Schild des Roland, von dem gesagt wird, daß die Freiheit der Stadt währt, solange der Roland an seinem Platz vor dem Rathaus steht.

Bremens Rang in der Hanse war sehr bedeutend. Die Hanse entwickelte sich zum mächtigsten europäischen Handelsbund — die Städte konnten davon nur profitieren. Erst der Dreißigjährige Krieg bereitete der Macht der Städte und damit auch der Hanse ein Ende.

Seit je ist die Weser Lebensader der Hansestadt. Der Zugang zum offenen Meer mußte unter allen Umständen offengehalten werden. Politische Querelen, Zölle und Blockaden waren zu überwinden. Schwerer aber wogen die Hindernisse, die der Strom selbst mit sich brachte. Die Weser versandete zuse-

Die „gute Stube" Bremens, der Marktplatz mit
Rathaus und St.-Petri-Dom

Here in the heart of Bremen are the market
square with town hall and the cathedral of
St. Peter

hends, und viele Schiffe konnten Bremen nicht mehr erreichen. Deshalb begann man 1619 weserabwärts bei Vegesack zu graben. 1621 war der erste künstliche Hafen in Deutschland vollendet, die Lebensader der Stadt erhalten.

1646 verlieh Kaiser Ferdinand III. der Stadt die Reichsunmittelbarkeit, die die Bremer in der Folgezeit hartnäckig gegen jede fremde Macht verteidigten. Doch die Zeiten änderten sich, die Macht der Schweden, gegen die man sich erfolgreich behauptete, ging zurück. An ihre Stelle traten andere Mächte: England-Hannover machte der Hansestadt das Leben schwer, und 1741 verlor Bremen große Landgebiete an das Königreich. Zwar behielt Bremen seine Reichsfreiheit, doch wirtschaftlich und militärisch war man nur noch ein Schatten seiner selbst.

Eine erneute Zeit wirtschaftlicher Blüte erlebte Bremen erst in der zweiten Hälfte des 18. Jahrhunderts. 1782 begründete der bremische Kaufmann Carl Philipp Cassel mit der Aussendung des Segelschiffes „Präsident von Bremen" die deutsch-ostasiatische Seefahrt, und nur ein Jahr später begann der Handel mit Nordamerika. Damit wurde eine segensreiche Verbindung aufgenommen, deren Auswirkungen bis heute spürbar sind. Schon 1796 wurde der Bremer Kaufmann Friedrich Jacob Wichelhausen zum ersten amerikanischen Konsul auf europäischem Boden bestellt, ein Ausdruck der engen Beziehungen Bremens zur Neuen Welt, denn im Handel mit den noch jungen Vereinigten Staaten rangierte die Stadt an zweiter Stelle hinter der Großmacht England.

Doch bald folgte ein Rückschlag. Die von Napoleon verhängte Kontinentalsperre fügte dem bremischen Außenhandel großen Schaden zu. Nach der Befreiung 1813 durch die Russen stand wieder einmal die Frage nach der staatsrechtlichen Stellung der Stadt auf der Tagesordnung. Die Entscheidung fiel auf dem Wiener Kongreß 1815: Bremen wurde als Freie Hansestadt Mitglied des Deutschen Bundes.

Die nächste Gefahr drohte von seiten der Natur. Die flache Weser bot bei fortschreitender Versandung den immer größer werdenden Schiffen nicht mehr die Möglichkeit, weseraufwärts bis nach Bremen zu fahren. Um nicht von den oldenburgischen Häfen auf der linken Seite des Flusses abhängig zu sein, entschloß man sich zum Bau eines Hafens an der Mündung der Weser. Bürgermeister Johann Smidt verhandelte lange und erfolgreich — so kaufte die Hansestadt Bremen 1827 für 73 000 Taler Land an der Geestemündung vom Königreich Hannover. Bis heute erweist sich der Weitblick Smidts als von unschätzbarem Wert, denn ohne den Hafen an der offenen See hätte die Hansestadt ihre Bedeutung als Handelsmetropole wohl längst verloren.

Das erste Schiff im neuen „Bremer Haven" an der Wesermündung kam natürlich aus Amerika. Die „Draper" machte im September 1830 hier fest. Die Grundlage für einen ungeheuren wirtschaftlichen Aufschwung war gelegt. Bremerhaven wurde der Auswandererhafen für Millionen europäischer Emigranten in die Neue Welt. Mit der Gründung des Norddeutschen Lloyd 1857 wurde das erste große Dampfschiffahrtsunternehmen in Deutschland aus der Taufe gehoben. Mit seinem Namen verbindet sich noch heute die Bedeutung der transatlantischen Linienschiffahrt für Bremen.

Gegen Ende des 19. Jahrhunderts erlebte Bremen „goldene Jahrzehnte". Es begann mit dem Zollanschluß. Bismarck verlangte den Anschluß der Hansestädte an den Deutschen Zollverein und wollte lediglich noch das eigentliche Hafengebiet als Freihafen, also Zollausschlußgebiet, anerkennen. Die Bremer zögerten lange mit ihrem Einverständnis, beinahe zu lange. Denn der Reichskanzler zeigte sich nun verärgert, wollte Bremen schließlich überhaupt keinen Freihafen mehr zubilligen. Seine Begründung: Da die großen Seeschiffe ihre Ladung in Bremerhaven luden und löschten und nicht mehr weseraufwärts nach Bremen fuhren, sei die Stadt im Grunde kein Seehafen mehr.

Die Weserhanseaten reagierten prompt. Sie begradigten und vertieften die Unterweser und bauten zugleich ein neues Hafenbecken in der Stadt — den Freihafen I, seinerzeit das größte künstlich angelegte Hafenbecken der Welt. Mit dieser „Weserkorrektion" und dem Hafenbau wendeten die Bremer das drohende Unheil ab. Bismarck mußte Bremen als Hafenstadt anerkennen. 1888 trat Bremen dem Deutschen Zollverein bei. Handel und Schiffahrt blühten in der Folgezeit. Die Industrie entwickelte sich, und die Einwohnerzahl der Stadt verdoppelte sich innerhalb von nur dreißig Jahren. Erst der Erste Weltkrieg setzte dem raschen Aufschwung ein jähes Ende.

Auf die kurze Episode der Räterepublik und die Wirren der Weimarer Republik folgte das Dritte Reich und damit ein Tiefpunkt in der Geschichte der Freien Hansestadt. Im März 1933 wurde Bremen von den braunen Machthabern ins Reich „eingegliedert", die Bremische Bürgerschaft abgeschafft und die Stadt einem in Oldenburg residierenden Statthalter unterstellt.

Nach dem Ende des Zweiten Weltkrieges war es dann vor allem Bremens legendärem Bürgermeister Wilhelm Kaisen zu verdanken, daß die Stadt gemeinsam mit Bremerhaven den Status eines Landes in der Bundesrepublik Deutschland erhielt. Kaufmannschaft und Politik bauten aus den Trümmern des Krieges eine blühende Handelsmetropole auf, deren Herz heute wie in allen Zeiten in den Häfen schlägt und deren Selbständigkeit und Selbstverständnis wie eh und je in Handel, Schiffahrt und Hafen begründet liegt.

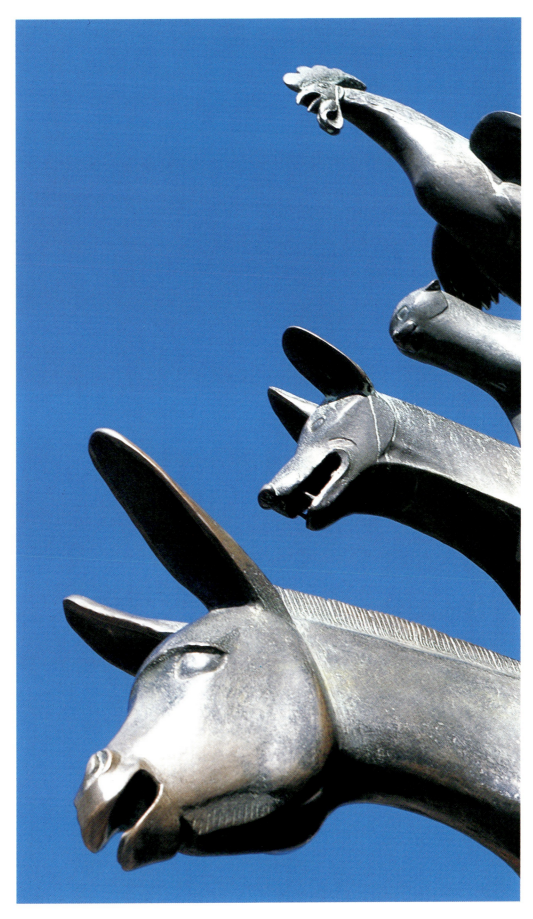

*Vier Tiere, weltweit ein Begriff —
die Bremer Stadtmusikanten*

*A quartet of animals famed
worldwide: the Town Musicians
of Bremen*

Bremen — the Free Hanseatic City

A Glance Back at the Past

"For Bremen living and shipping are one and the same thing," said Rudolf Alexander Schröder, essayist and honorary citizen of Bremen, and his words reveal the self-image of the people there. Since its founding, the city's fortunes have depended on access to the sea and trading over the seas. Freedom and independence could only be attained on this basis. It is clear that Bremen's fortunes are tied up with the Weser, but also with the enterprise of its merchants, who achieved affluence and esteem in the course of the eventful times that their city has seen.

The first documentary mention of Bremen dates from the year 782, and the occasion is the rather inglorious one of manslaughter. The Saxons rejected Charlemagne's propagation of the Christian faith and in Bremen killed the emperor's envoy, Priest Gerwal, but in the end Charlemagne prevailed. Bremen became a bishopric, and on a rise in the ground a small wooden church was built, this being the first forerunner of today's beautiful and townscape-dominating cathedral of St. Peter. So the first centuries of Bremen's history were written by the Church. In the 9th century Bremen became an archbishopric and was granted a first market privilege. A side arm of the Weser, the Balge, became the port, and in 965 the emperor Otto I granted the great market privilege. Bremen prospered: seagoing shipping developed, Bremen's merchant ships opened up the northern lands as far as Greenland. From 1043 to 1072 the strong man was Archbishop Adalbert, confidant of emperors Henry III and Henry IV. Under him Bremen became the intellectual and commercial focal point of the northern regions, but it was not long before the secular influences also took a hand in things. Henry the Lion forced along the change from a dependent market town to a city with its own powers of decision. Thus Bremen in the 12th century became a political power with its own city walls, its own city council and its own court of law.

Bremen joined the Hanseatic League in 1358. This resulted in an accruing of power to the citizenry in its confrontation with the Church. For two centuries before, the bishop and the council had feuded over rights and interest in the city government, and in 1366 Archbishop Albert II without further ado ordered the burning of the wooden effigy of Roland, the symbol of Bremen's freedom. Later on the burghers set up a five-and-a-half metre figure of the knight in stone. The first word on Roland's shield is "Vryheit", meaning freedom, and it is said that the city will be free as long as Roland stands in front of the town hall.

Bremen gained a high standing in the Hanseatic League, which rapidly became Europe's most powerful trading alliance, and it was only with the Thirty Years War that the power of the cities came to an end, and also that of the League.

The River Weser was always Bremen's lifeline, and it was vital that access to the

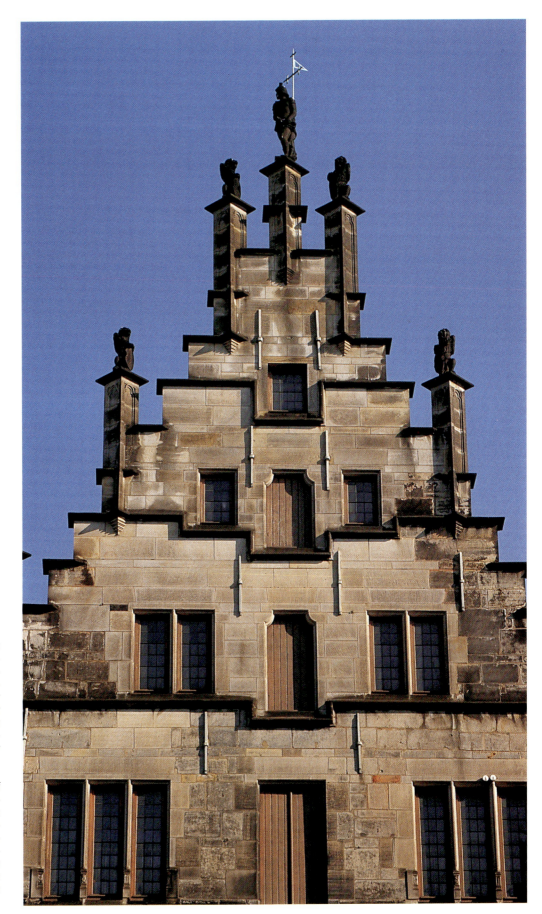

Das Haus der bremischen Kaufmannschaft, der Schütting, konnte 1988 sein 450jähriges Baujubiläum feiern. Baumeister war der Antwerpener Johann dem Buschener, der das Gebäude in den Jahren 1537/38 errichtete. Der Westgiebel stammt noch aus der Zeit der Grundsteinlegung.

The Schütting, the house of Bremen's merchants, celebrated its 450th anniversary in 1988. Architect was the masterbuilder Johann dem Buschener of Antwerp, who constructed the building in 1537—38. The west gable is from the time the foundation stone was laid.

open sea be maintained under all circumstances. Political strife, duties and blockades had to be overcome, but the worst hindrance was created by the river itself, for it was plain to see that the Weser was rapidly silting up so that many ships could no longer reach Bremen. So in 1619 they began to excavate at Vegesack on the river just below Bremen, and in 1621 Germany's first artificial harbour had been completed.

In 1646 the emperor Ferdinand III granted Bremen the decree of immediacy, meaning that it was subordinate directly to the emperor, and in the years to come the city stubbornly defended the privilege against all comers. But the times changed, and the power of the Swedes, against whom they had asserted themselves, was in decline. But other powers appeared, such as England-Hannover, to make life difficult, and in 1741 Bremen lost large tracts of land to the kingdom. Bremen did retain its immediacy, but economically and militarily it was now only a shadow of its former self.

It was not until the second half of the 18th century that Bremen again experienced an economic flowering. In 1782 the Bremen merchant Carl Philipp Cassel despatched the sailing ship "Präsident von Bremen" on a voyage east and so started shipping between Germany and East Asia, while a year later trading with North America began. So commenced links that have continued to the present day. In 1796 the Bremen merchant Friedrich Jacob Wichelhausen was made the first American consul in Europe, an indication of the close relations between Bremen and the New World, for in trade with the still young United States the city was second only to the great power Britain.

But a reverse was soon to come, and Napoleon's blockade of the Continent caused great damage to Bremen's foreign trade. After being freed by Russia in 1813, the question of the constitutional position again arose, and the decision was made at the Congress of Vienna (1814—1815): Bremen as free Hanseatic city became a member of the Germanic Confederation.

The next danger came from nature. The progressive silting up of the shallow Weser meant that the ever larger ships would soon be unable to reach Bremen. To avoid being dependent on the Oldenburg ports on the lower left bank of the river, it was decided to build a port at the mouth of the Weser. Burgomaster Johann Smidt negotiated long and successfully, so that in 1827 some 73,000 thalers were paid to Hannover for land at the mouth of the Geeste. Smidt's farsightedness has proven to be of inestimable value, for without the port on the open sea Bremen would long have lost its importance as commercial metropolis.

The first ship to call at the new Bremen port at the mouth of the Weser came from America. This was the "Draper", and she tied up there in September 1830. This was the start of a great economic upturn. Bremerhaven became the point of departure for millions of Europeans emigrating to the New World. And Germany's first large steamship company came into being with the founding of the Norddeutsche Lloyd in 1857. The name still expresses today the importance of transatlantic liner shipping for Bremen.

Bremen experienced "golden decades" toward the end of the 19th century, which began with its adherence to the German customs union. Bismarck demanded that the Hanse cities join the union and only wanted to recognize the actual port area as freeport; that is to say, outside the union. Bremen hesitated with its consent, almost too long in fact, for the Chancellor now showed his displeasure and did not want to grant Bremen a freeport at all. His reasoning was that since the large seagoing ships loaded and discharged at Bremerhaven instead of continuing on to Bremen, the latter could no longer be a seaport.

Bremen reacted promptly and set about straightening and deepening the lower Weser, and also built a new harbour basin in the town — and named it Freeport I, then the world's largest man-made port basin. With this "correction" of the Weser, and the harbour construction work, Bremen warded off the threatening calamity. So Bismarck had to recognize Bremen as a seaport, and Bremen joined the Zollverein (customs union) in 1888. Shipping and trade prospered, industry expanded and Bremen's population doubled within just thirty years. It was only the advent of the First World War that brought it all to a sudden end.

The brief episode of the so-called Räterepublik and the confusion of the Weimar Republic were followed by the Third Reich, and thus also a nadir in Bremen's fortunes. In March of 1933 Bremen was "incorporated" into the Reich by the brownshirt rulers, Bremen's parliament was abolished and the city was placed under a Statthalter (governor) residing in Oldenburg.

Upon the conclusion of the Second World War it was thanks in particular to Bremen's legendary burgomaster Wilhelm Kaisen that the city together with Bremerhaven was given the status of a Land (state) in the Federal Republic. Out of the ruins of war was built a prospering commercial metropolis with a heart that beats today as always in the ports and with an independence and self-image that lies in its trade and shipping.

Treffpunkt für Weinkenner aus aller Welt: der Ratskeller in Bremen. — Meeting-place for wine connoisseurs from all over the world is the Ratskeller in Bremen, one of the country's oldest wine bars.

Das Pressehaus der Bremer Tageszeitungen AG, Verlag der beiden großen Abonnementzeitungen WESER-KURIER und BREMER NACHRICHTEN. Die Bremer Tageszeitungen WESER-KURIER und BREMER NACHRICHTEN werden täglich mit einer Auflage von über 219 000 Exemplaren verbreitet und erreichen mit einem Abonnentenanteil von 93 Prozent im Wirtschaftsraum Bremen regelmäßig etwa 480 000 Leser. — Press House of the Bremer Tageszeitungen AG, publishers of the two large subscription newspapers WESER-KURIER and BREMER NACHRICHTEN. The Bremen newspapers WESER-KURIER and BREMER NACHRICHTEN have a daily circulation of more than 219,000 copies, with 93 percent taken on a subscription basis, which means that there is a regular readership of about 480,000 in the Bremen economic area.

Seitenmontage der mit modernem Lichtsatz ausgestatteten Zeitungsproduktion. — Page mounting at the newspaper printing works equipped with the most modern photo-composition facilities.

Eine der Zeitungsrotationsmaschinen im Druckhaus der Bremer Tageszeitungen AG. — One of the newspaper rotary presses at the printing works of the Bremer Tageszeitungen AG.

Bremerhaven — modern, maritim und weltoffen
Highlights aus der Seestadt

Sie versteht sich als Brückenkopf zur Neuen und als Eingangstor zur Alten Welt, und sie ist viel mehr als „nur" der „Bremer Hafen". Bremerhaven, an der Wesermündung gelegene Schwesterstadt Bremens mit dem maritimen Flair, bietet von allem etwas: Die Stadt ist das Umschlagzentrum für Millionen Tonnen von Gütern an der deutschen Nordseeküste, Treffpunkt für historische Großsegler aus aller Welt und dynamischer Wirtschaftsstandort. Und was die Kultur angeht — sie genießt in Bremerhaven seit langem einen hohen Stellenwert.

Anfang des 19. Jahrhunderts kaufte die Hansestadt Bremen dem Königreich Hannover für 73 000 Taler an der Geestemündung 381 Morgen Land ab. Das war die Geburtsstunde Bremerhavens. Mehrere Gründe waren für den Handel ausschlaggebend: Zum einen machten die Oldenburger Landesherren den Hansestädtern mit ihren Wegezöllen entlang des westlichen Weserufers das Leben schwer. Auf der anderen Seite versandete die Weser zusehends, so daß es für Seeschiffe nahezu unmöglich wurde, Bremen zu erreichen. Die Bremer Kaufmannschaft forderte deshalb von ihrem Bürgermeister Johann Smidt einen jederzeit zugänglichen Seehafen.

Smidt bewies mit dem Kauf eine glückliche Hand. Ohne seinen Weitblick, aber auch ohne die beginnende Auswandererwelle wäre Bremerhaven nicht zu dem geworden, was es heute ist: pulsierendes Wirtschaftszentrum für mehr als 300 000 Einwohner der Region.

Im Laufe der Jahre wuchsen der Stadtteil Bremerhaven-Mitte und die alten preußischen Ortschaften Geestemünde, Wulsdorf und Lehe zu einer Stadt zusammen, die gemeinsam mit dem 60 Kilometer weseraufwärts gelegenen Bremen das kleinste deutsche Bundesland gleichen Namens bildet. Trotz einer gewissen Autonomie sind beide Städte aufeinander angewiesen. So ist auch die Wirtschaft Bremens und Bremerhavens eng miteinander verknüpft. Das beginnt beim Hafenumschlag und reicht über die Schiffbauindustrie bis hin zur Nahrungs- und Genußmittelindustrie, die in Bremerhaven schon traditionell eine wichtige Rolle spielt.

Längst haben modernste Umschlagmethoden in Bremerhaven Einzug gehalten: So wird an der längsten Stromkaje der Welt der Containerumschlag per Computer gesteuert. Und im Überseehafen werden jährlich Hunderttausende von Automobilen in alle Welt verschifft bzw. erreichen die Seestadt. Bremerhaven gilt als Automobildrehscheibe für ganz Nordeuropa: Nicht nur Autos aus Ostasien oder den USA werden über das Auto-Terminal eingeführt, gleichzeitig verlassen auch deutsche und internationale Fabrikate den Kontinent Richtung Vereinigte Staaten und Übersee.

Auch als Fruchthafen hat man die „Nase vorn": Früchte wie Bananen oder Apfelsinen, aber auch Gemüse erreichen via

Maritimer Blickfang in Bremerhaven — der „Tingelturm" in der Seestadt steht an der Einfahrt zum Kaiserhafen. — The so-called Tingelturm catches the eye standing at the entrance to the Kaiserhafen basin in Bremerhaven.

Bremerhaven innerhalb kürzester Zeit den deutschen Endverbraucher. Und schließlich ging der Wandel der Zeiten auch am größten Fischereihafen des Kontinents in Bremerhaven nicht vorbei: Landeten früher die Fischereifahrzeuge überwiegend Frischfisch an, der von der Seestadt in die gesamte Bundesrepublik gelangte, ist dieser Hafenbereich heute zu einem modernen Distributionszentrum geworden. Bevor der Fisch den Endverbraucher erreicht, veredeln ihn zahlreiche im Fischereihafen ansässige Betriebe.

Aber nicht nur die Wirtschaft ist überwiegend maritim geprägt. Auch die Wissenschaft rund um das Meer und die Schiffahrt ist hier im weitesten Sinn zu Hause: In unmittelbarer Nähe zum heutigen Museumshafen — übrigens dem ersten Bremer Hafen an der Unterweser — befindet sich das Alfred-Wegener-Institut für Polar- und Meeresforschung (AWI). Das weltweit renommierte Institut ist eine von 16 bundesdeutschen Großforschungseinrichtungen und gilt als der Eckpfeiler der deutschen Polar- und Meeresforschung schlechthin: Hier laufen die Koordinationsfäden deutscher und internationaler Forschung zusammen. Rund 400 Mitarbeiter arbeiten interdisziplinär zusammen, koordinieren Ergebnisse und unterstützen die Polarforschung an anderen deutschen Instituten. Als „Flaggschiff" des AWI ist das Forschungsschiff „Polarstern" auf den Weltmeeren unterwegs, eines der modernsten und leistungsfähigsten eisbrechenden Schiffe seiner Art weltweit. Darüber hinaus betreuen die Bremerhavener Wissenschaftler die Neumayer-Station in der Antarktis sowie die arktische Carl-Koldewey-Station auf Spitzbergen.

Obwohl erst 1975 gegründet, blickt die Hochschule Bremerhaven auf eine hundertjährige Ausbildungstradition für den nautischen Nachwuchs zurück. Sie ging aus den Abteilungen Schiffsbetriebstechnik und Nautik der Bremer Hochschulen für Technik bzw. Nautik hervor. Neben der Schiffsbetriebstechnik werden dort heute die Studiengänge Betriebs- und Versorgungstechnik, Transportwesen, Systemanalyse, Lebensmitteltechnologie und Verfahrenstechnik gelehrt. Rund 1500 Studenten besuchen die Hochschule. Wichtiger Be-

Insbesondere im letzten Jahrhundert erlebte Bremerhaven die Auswandererwelle in Richtung Amerika „hautnah" mit. Den Emigranten setzten die Seestädter dieses Denkmal. — Especially in the 18th century Bremerhaven was a major departure point for waves of emigrants to America. The people of Bremerhaven set up this memorial to those who set out from there.

standteil der Ausbildung ist der enge Kontakt zur Wirtschaft.

Trotz modernster Hafen- und Umschlagtechnik vermittelt Bremerhaven seinen Besuchern noch immer einen Hauch von Seefahrerromantik der vergangenen Jahrhunderte. So war die Stadt bereits mehrmals Treffpunkt der größten und schönsten Großsegler der Welt: Die „Sail Bremerhaven '86", die „Windjammer '90" und die „Columbus '92" verfolgten jeweils Hunderttausende begeisterter „Sehleute". Bereits 1995 werden wieder Windjammer aus aller Welt die Szenerie auf der Unterweser beherrschen — bei der „Sail Bremerhaven '95".

Das Deutsche Schiffahrtsmuseum (DSM) beherbergt eine in Europa wohl einzigartige Sammlung maritimer Exponate und ist zugleich internationale Forschungsstätte auf dem Gebiet der Schiffahrtsarchäologie. Nur wenige Meter entfernt zeigt das Morgenstern-Museum detailliert die Entwicklung der Stadt und ihres Fischereihafens auf.

Tiergrotten, so nennen die Bremerhavener ihren „Zoo am Meer", der mit seinem Meerwasseraquarium und seiner Vielzahl an Tieren jährlich Tausende von Be-

suchern anlockt. Vorwiegend Tiere nördlicher Breiten und Meeresbewohner bevölkern den Zoo der Seestadt. Und nach dem Rundgang im Tiergarten können sich die vielen Gäste am großen Angebot an Meeresfrüchten oder typisch norddeutschen Gerichten wie Labskaus oder Matjes in den umliegenden Gaststätten und Restaurants gütlich tun.

Eines der kulturellen Highlights der Seestadt ist das Stadttheater mit seinem festen Ensemble. Im Krieg zerstört, wurde es 1952 wieder aufgebaut und präsentiert sich heute als 3-Sparten-Theater mit Schauspiel, Ballett und Oper. Die Kunsthalle der Stadt stellt regelmäßig auch Zeitgenössisches aus, und das Design-Labor im ehemaligen Stadtbad im Zentrum Bremerhavens gibt jungen und etablierten „Kreativen" die Möglichkeit zur Präsentation ihrer Arbeiten.

Und last, but not least ist die Seestadt auch eine feste Größe für tanzsportlich interessierte Zeitgenossen. Mit der TSG Bremerhaven und ihrem Top-Paar Andrea und Horst Beer konnten die Sporttänzer der Seestadt bereits mehrfach Welt- und Europameistertitel nach Bremerhaven holen.

Kultureller Mittelpunkt in Bremerhaven und attraktiver Anziehungspunkt für die ganze Region ist das Stadttheater. Das Bild zeigt den Bühnenbereich mit Blick in den Zuschauerraum bei den Vorbereitungen zu einer Premiere.

Bremerhaven's cultural centre and a main attraction for the whole region is the Stadttheater. The photo shows the stage area looking toward the auditorium during the preparations for a première.

Bremerhaven: Modern, Maritime and Open-minded
Highlights of Bremerhaven

It sees itself as bridge to the New and as gateway to the Old world and is very much more than just the "port of Bremen". Bremerhaven, located on the Weser estuary and with a maritime flair, offers something of everything. It is the transshipment centre for millions of tonnes of goods on the German North Sea coast, meeting-place for historical tall ships from all over the world and dynamic business location. And as far as culture is concerned, it has long enjoyed a high standing in Bremerhaven.

At the beginning of the 19th century the Hanseatic City of Bremen bought 381 acres of land at the mouth of the Geeste from the kingdom of Hannover for the price of 73,000 thaler. It was the birth of Bremerhaven. There were several reasons for the transaction. One was that the Oldenburg princes were making life difficult for Bremen with their way dues along the west bank of the Weser river. On the other hand the Weser was silting up rapidly with the result that it was almost impossible for seagoing ships to reach Bremen, so that Bremen's merchants were demanding from burgomaster Johann Smidt a seaport that would be accessible at all times.

The purchase proved to be a happy one. Without Smidt's farsightedness, but also without the incipient wave of emigrants to the New World, Bremerhaven would not be what it is today: a throbbing centre of industry and commerce for the more than 300,000 people in the region. In the course of the years the city-district of Bremerhaven-Mitte and the old Prussian localities of Geestemünde, Wulsdorf and Lehe grew together, and along with Bremen sixty kilometres upstream today form Germany's smallest state of the same name. In spite of a certain autonomy, the two cities depend on each other, their economies closely interlinked. That starts with cargo handling at the ports and extends by way of ship-building to the food and stimulants industries, in which Bremerhaven has long played an important role.

The most modern cargo-handling methods have long since been a feature of the scene in Bremerhaven. At the world's longest riverside quay, for example, the handling of the containers is controlled by computer, while at the Überseehafen hundreds of thousands of automobiles annually arrive from all over the world or are despatched to foreign destinations. Bremerhaven is in fact the automobile hub for all of North Europe. Not only do cars from East Asia and the U.S.A. arrive here; here also German and international makes depart for overseas.

Bremerhaven is also out in front as a fruit terminal. Bananas, oranges etc. and also vegetables quickly reach the German consumer via Bremerhaven. And changing times have also left their mark on the Continent's largest fishing port. Whereas the ships mostly landed fresh fish, which was forwarded from Bremerhaven throughout the Federal Republic, today the fishing port has become a modern distribution centre, with the fish being processed there by various firms before being sent on its way to the consumers.

Not only the economy has its roots in things maritime. Also the sciences are closely associated with the sea and

Museum und Forschungsstätte zugleich — das Deutsche Schiffahrtsmuseum, DSM, in Bremerhaven

The German Shipping Museum in Bremerhaven is simultaneously a museum and a place of research

shipping. In the immediate vicinity of the Museum Harbour — incidentally Bremen's first port on the Lower Weser — lies the Alfred Wegener Institute for Polar Research and Oceanography (AWI). The world-renowned institute is one of 16 major German research establishments and is regarded as the cornerstone of German polar research and oceanography. Here the threads of German and international research come together. A staff of some 400 cooperate interdisciplinary, coordinate results and support the polar research work at other German institutes. The AWI operates the research ship "Polarstern", with ice-breaking ability and one of the most modern ships of its kind worldwide. The Bremerhaven scientists also look after the Neumayer Station in the Antarctic and the Carl Koldewey Station on Spitzbergen.

Although founded only in 1975, Bremerhaven University can look back on a hundred years' tradition of training new nautical recruits, having been formed from the departments of ship operating technology and navigation at the Bremen Colleges of Technology and Navigation respectively. In addition to ship operating technology there are courses on operating and supply technology, transport, system analysis, food technology and process engineering. There are about 1,500 students. An important feature of the training is the close contact maintained with commerce and industry.

In spite of its most modern cargo-handling systems, Bremerhaven still conveys to visitors something of the romance of the sea. There have frequently been meetings here of the world's largest and finest tall ships, such as "Sail Bremerhaven '86", "Windjammer '90" and "Columbus '92", each of which was attended by hundreds of thousands of spectators. And again in 1995 windjammers from all over the world will put in an appearance on the Lower Weser at "Sail Bremerhaven '95".

The German Shipping Museum (DSM) features a collection of maritime exhibits unique in Europe and is at the same time active in international research in the field of maritime archaeology. Only a few metres away the Morgenstern Museum traces in detail the development of the town and its fishing port.

The "zoo by the sea", which with its sea-water aquarium and the many animals attracts thousands of visitors annually, is known as the "animal grottos" by the local people. The zoo has mostly animals of our northern latitudes and, of course, the denizens of the deep. After doing the round of the zoo, visitors can treat themselves to delicacies from the harvest of the sea or choose from the typical North German dishes, such as lobscouse or maties herring, served in the nearby restaurants.

One of the cultural highlights in Bremerhaven is the Stadttheater with its regular ensemble. Destroyed in the war, it was rebuilt in 1952 and today presents drama, ballet and opera. The Kunsthalle regularly presents exhibitions of contemporary art in addition to its permanent displays, while the Design Laboratory in the former Stadtbad in the centre of Bremerhaven gives both young and established "creatives" the opportunity to present their work.

Finally, Bremerhaven is also a fixture in international competitive dancing, and the TSG Bremerhaven with its top pair Andrea and Horst Beer has frequently brought home to the city the world and European championship titles.

Die Tanzsportgemeinschaft Bremerhaven konnte bereits mehrfach Welt- und Europa-meistertitel in die Seestadt holen.

Bremerhaven's ballroom dancing society has already won several world and European championships.

Kultur und Lebensart haben in Bremen Tradition

Freizeitmöglichkeiten, Naherholung, Kultur — Faktoren, die die Lebensqualität einer Stadt definieren. Kultur nach Bremer Lebensart — das ist seit Generationen vor allem eine Kultur der Bürger, die sich für ihre Stadt, für ihre Bewohner und Besucher engagieren. So wurden schon frühzeitig die Grundsteine einer Entwicklung gelegt, der Bremen so manche Perle verdankt, um die es andernorts beneidet wird.

Lebensart hat in Bremen eine ganz eigene Tradition — schließlich lebte Adolph Freiherr von Knigge in der Hansestadt; und der wußte eine ganze Menge über Lebensart und den Umgang mit Menschen. „Wer Schauspieler und Tonkünstler unter seiner Aufsicht und Direktion hat", schrieb er 1788, „dem rate ich, sich gleich anfangs auf einen gewissen Fuß mit ihnen zu setzen, wenn man nicht von ihrem Eigensinne und ihren Grillen abhängen will." Vier Jahre nach dieser Erkenntnis war Knigge maßgeblich an der Gründung des ersten Bremer Schauspielhauses beteiligt. Genauer: Auf sein Betreiben wurde das Komödienhaus gebaut. „Kein anderes Mittel gibt der Kultur einer Stadt so einprägsamen Ausdruck wie das Theater", sagte Bremens legendärer Nachkriegs-Bürgermeister Wilhelm Kaisen. Einprägsames Theater hat es an der Weser immer wieder gegeben — der „Bremer Stil" der sechziger Jahre machte Bühnengeschichte; einst spielten hier Künstler wie Edith Clever und Bruno Ganz, in jüngster Zeit am Bremer Schauspielhaus Margit Carstensen und Gudrun Landgrebe.

Im benachbarten Theater am Goetheplatz (989 Plätze) versorgt ein überregional renommiertes Ensemble die Opernliebhaber mit feinster musikalischer Kost. Bundesweite Schlagzeilen garantiert darüber hinaus mit jeder neuen In-szenierung das Tanztheater. Mit ähnlicher Spannung verfolgen die Bremer auch die Aktivitäten der „bremer shakespeare company", die innerhalb weniger Jahre zu einer Institution in der bundesdeutschen Theaterlandschaft geworden ist.

Zum — um auf Wilhelm Kaisen zurückzukommen — einprägsamen Ausdruck einer Stadt zählt natürlich auch die traditionelle Mundart der „Menschen vor Ort". Das niederdeutsche Ernst-Waldau-Theater sorgt sich darum, das Plattdeutsche und die bremische Mundart („Missingsch") lebendig zu halten. Eine eigene Schauspielschule ergänzt dieses Bemühen — und sichert die Grundlagen für die Zukunft. Um die Pflege einer Bremer Jazz- und Kabarett-Kultur macht sich in Bremen-Nord das KITO-Haus verdient. Wer dort zu Besuch ist, sollte außerdem auf keinen Fall versäumen,

Auf dem Hanseatenhof in Bremen steht die Plastik „Bessel Ei" zur Erinnerung an den Astronomen und Mathematiker Friedrich Wilhelm Bessel (1784 bis 1846). Er schuf die exakten Grundlagen für die Positionsastronomie des 19. Jahrhunderts. — Standing in the Hanseatenhof in Bremen is the sculpture entitled "Bessel Ei" in remembrance of the astronomer and mathematician Friedrich Wilhelm Bessel (1784 — 1846), who created the exact basis for the positional astronomy of the 19th century.

einen Blick in die Overbeck-Ausstellung zu werfen.

Zwei hervorragende Orchester ergänzen das Kulturangebot der Stadt: das Philharmonische Staatsorchester und die Deutsche Kammerphilharmonie. Die Kammerphilharmonie siedelte jüngst von Frankfurt am Main nach Bremen um. Mit der Unterstützung von Sponsoren schufen die Musiker an der Weser eine neue Basis für ihre Arbeit, die neben Konzertreihen auch internationale Tourneen und Schallplatteneinspielungen umfaßt.

Die Unterstützung der Kultur durch Mäzene und Sponsoren hat in der Hansestadt eine Tradition, die stets allen Bremern und ihren Gästen zugute gekommen ist. Ein Beispiel: Mit Hilfe des Kaffee-Kaufmanns Ludwig Roselius (1874 bis 1943) errichtete der Künstler und Baumeister Bernhard Hoetger (1874 bis 1949) die Böttcherstraße, eines der Prunkstücke der Bremer Innenstadt. Neben dem prachtvollen, einzigartigen Himmelsaal im Haus Atlantis befinden sich in der Böttcherstraße — vom Marktplatz mit Roland und Rathaus in wenigen Schritten zu erreichen — Kunsthandwerker, exquisite Lokale und die Bremer Spielbank.

Die Böttcherstraße, das historische Schnoor-Viertel, Bremens Innenstadt und ihr reichhaltiges Kulturangebot locken Jahr für Jahr Urlauber und Touristen aus aller Welt zu Tausenden an. Die schauen natürlich gerne mal in eines der Museen, auf die die Bremer so stolz sind. Während das Übersee-Museum völkerkundliche Schätze aus aller Welt unter einem Dach vereint, präsentiert das Bremer Landesmuseum ("Focke-Museum") die Historie der Stadt. Zahlreiche Exponate sind Stiftungen engagierter Bremer. Mit Unterstützung von Bürgern entstand auch die Sammlung der privat getragenen Kunsthalle. Hier ist man mit Dürer und van Gogh, Beckmann und Picasso, Rubens und van Dyck in guter Gesellschaft. Im unmittelbar benachbarten Gerhard-Marcks-Haus kann man sich dann mit dem Werk des Bildhauers vertraut machen, der auch die weltbekannte Skulptur der Bremer Stadtmusikanten geschaffen hat. Ein weiteres "Highlight" ist das europaweit in seiner Konzeption wohl einzigartige Sammlermuseum "Weserburg". Kunsthalle und Gerhard-Marcks-Haus und Weserburg liegen unmittelbar in Wesernähe. Wer hier spazierengeht, bekommt möglicherweise noch mehr Lust auf Grün — und das ist schnell gefun-

den. Nur wenige Minuten von der Innenstadt entfernt liegt der „Bürgerpark", die
„grüne Lunge" der Hansestadt. Der Name weist schon darauf hin: Der 1766 angelegte Park wird bis heute aus freiwilli-
gen Spenden unterhalten. Der Bürgerpark bietet viel Raum, mal richtig abzu-
schalten und „Natur pur" zu genießen —
vielleicht ergänzt um ein schönes Essen
in der „Meierei" oder ein zünftiges Bier in
der gemütlichen, urigen „Waldbühne"
— an lauen Sommerabenden oder zum
Frühschoppen selbstverständlich unter
freiem Himmel.
Dem Bürgerpark schließt sich der Stadtwald an und nicht weit davon das Blockland mit seinen langen Deichen, safti-
gen Wiesen und schönen Bauernhäu-
sern — ein Paradies nicht nur für Wo-
chenendausflügler. Eine duftende Blü-
tenwelt, deren Farbenpracht ihresglei-

chen sucht, bietet der Rhododendron-
park. Mehr als 1600 Rhododendronar-
ten ziehen von Ende April bis Anfang Juli
jeden Besucher in ihren Bann und bilden gemeinsam mit etwa 400 Azaleen-
arten eine der größten Sammlungen ihrer Art weltweit, eine Oase der Ruhe inmitten der Stadt. Eine Oase, die natürlich gepflegt wird. Denn daß Naherho-
lungsangebote für den Freizeitwert einer
Stadt unerläßlich sind, wurde in Bremen
schon sehr frühzeitig begriffen — und
umgesetzt. Ganz nach guter bremischer
Tradition — eben mit Lebensart.
Zur bremischen Lebensart zählt natürlich auch ein gelegentlicher Besuch im
Weserstadion — bei den Heimspielen
des Europapokalsiegers Werder Bremen. Viele der spannenden Duelle im
Weserstadion sind unvergessen — und
dazu zählen nicht nur die Begegnungen

mit internationalen Klassemannschaf-
ten wie Neapel, Mailand oder Barcelona. Wenn die Elf gewonnen hat, darf dies
natürlich zünftig gefeiert werden. Die beste Möglichkeit dazu gibt es im Herbst.
Immer im Oktober wird Bremens „fünfte
Jahreszeit" eingeläutet — der Freimarkt
auf der Bürgerweide. Schmalzkuchen,
Budenzauber und flotte Karussells laden zum Bummeln; und mindestens ein
Besuch ist für jeden Bremer eine ge-
liebte Pflicht — den Ausruf „Ischa Freimaak!" immer auf den Lippen. Der Bremer Freimarkt ist der älteste deutsche
Jahrmarkt. Zum ersten Mal wurde er vor
mehr als 950 Jahren (ganz genau: im
Jahre 1035) gefeiert. Damals wurde
dem bremischen Erzbischof Bezelin von
Kaiser Konrad II. die Jahrmarktsgerech-
tigkeit verliehen. Die Bremer haben sie
sich nie wieder nehmen lassen . . .

They Have a Tradition of Culture and Worldliness in Bremen

Leisure opportunities, recreation and culture are factors that determine the quality of city life. Culture in Bremen has for generations been one in which the citizens have been committed to their town, to their fellow-citizens and visitors. Thus was laid the basis for a development that has yielded many a jewel for which Bremen is envied everywhere.

The art of living has its own particular tradition in Bremen, which may be partly explained by the fact that the city was where Adolph Freiherr von Knigge, the authority on etiquette and good manners, lived. And he certainly knew a thing or two about the art of living and dealing with people. "Whoever has to supervise actors and musicians", he wrote in 1788, "I advise him to get on a certain footing with them right at the start if one is not to be dependent on their willfulness and whims." Four years after writing this, Knigge played a major part in founding Bremen's first theatre. "Nothing else so expresses the culture of a city as does the theatre", said Bremen's legendary post-war burgomaster Wilhelm Kaisen. Impressive theatre has often been presented on the Weser — the "Bremen style" of the 1960s made theatre history; artists such as Edith Clever and Bruno Ganz once played here, and in recent times Margit Carstensen and Gudrun Landgrebe at Bremen's Schauspielhaus.

At the neighbouring Theater am Goetheplatz (seating 989), a widely reputed ensemble provides opera enthusiasts with the finest musical fare, while headlines all over the country are assured after each new production at the Tanztheater. It is with equal suspense that in Bremen they follow the activities of the Bremen Shakespeare Company, which within a few years has become an institution in the German theatre landscape.

To the cultural expression of the city also belongs the traditional dialect, the vernacular of the people. The Ernst Waldau Theater seeks to foster both Low German and the Bremen vernacular known as "Missingsch". Its own drama and theatre school backs up these efforts and ensures the basis for the future. In Bremen North the KITO House has done much to ensure the health of a Bremen jazz and cabaret culture, and whoever pays a visit there should certainly not fail to have a look at the Overbeck exhibition.

Bremen also has two excellent orchestras in the Philharmonische Staatsorchester and the Deutsche Kammerphilharmonie, the latter having just recently moved from Frankfurt. With the support of sponsors the musicians on the Weser have created a new basis for their work which in addition to the regular concert series also takes in international tours and work in the recording studios.

It has long been tradition in Bremen for patrons and sponsors to support the city's cultural activities. With the help, for example, of the coffee merchant Ludwig

Im Gerhard-Marcks-Haus kann der interessierte Besucher sich mit dem Werk des Bildhauers vertraut machen, der auch die weltbekannte Skulptur der Bremer Stadtmusikanten schuf. — Visitors to Gerhard Marcks House can familiarize themselves with the work of the sculptor who also created the world-renowned Town Musicians group.

▷

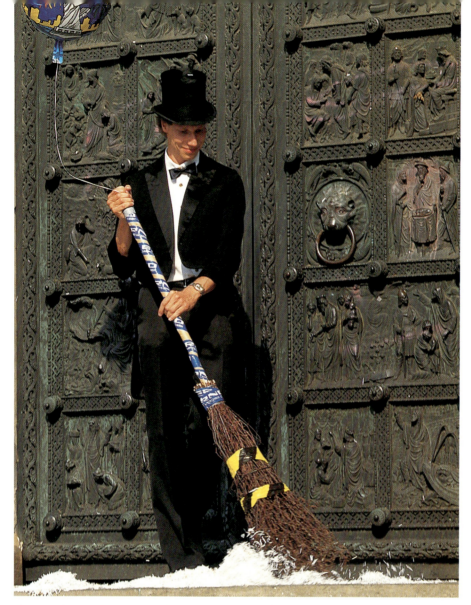

Ein alter Bremer Brauch ist das Fegen der Domtreppen. 30jährige ledige Geburtstagskinder männlichen Geschlechts sind nach dieser Tradition gehalten, die Domtreppen so lange zu fegen, bis eine „Jungfrau" sie freiküßt. — An old Bremen custom is the sweeping of the cathedral steps. According to tradition, it is expected of every 30-year-old single man on his birthday that he sweep the steps of the cathedral until a maiden kisses him free.

Roselius (1874—1943), the artist and master builder Bernhard Hoetger (1874—1949) built the Böttcherstrasse, one of the show-pieces of Bremen's city centre. Here, in addition to the unique Himmelsaal in Atlantis House, are to be found artist craftsmen, exquisite restaurants and Bremen's gambling casino. Just a few paces away there are the statue of Roland and the Town Hall on the market square.

Böttcherstrasse, the mediaeval Schnoorviertel, the city centre and its wealth of cultural activities attract many thousands of visitors year for year. That includes the museums, of which Bremen is justly proud. The Übersee Museum shows ethnologic treasures from all over the world, while the Bremer Landesmuseum, known also as the Focke Museum, sets out the town's history. Many of the exhibits were donated by public-spirited citizens. The Kunsthalle also owes many of its collections to the support of the citizenry. Here can be seen works by Dürer and van Gogh, Beckmann and Picasso, Rubens and van Dyck. Immediately adjacent is the Gerhard Marcks Haus where one can see the work of the sculptor who created the world-renowned Bremen Town Musicians. A further highlight is the Neues Museum Weserburg, which is probably unique in its concept Europe-wide.

The Kunsthalle, Gerhard Marcks Haus and the Weserburg are directly on the Weser River, and whoever goes walking there may want to see even more greenery — and that is quickly found. Just a few minutes from the city centre is the Bürgerpark, the lungs of the city. Created in 1766, the name indicates that it has been maintained right up to the present with donations from the citizenry. Here there is plenty of space to be close to nature, perhaps also to enjoy a meal in the "Meierei" or a beer in the open on mild summer evenings — or before lunch — at the rustic "Waldbühne". Adjoining the Bürgerpark is the Stadtwald, and not far from that the Blockland with its long dikes, lush meadows and fine old farmhouses — a paradise not only for weekend excursionists. And then there is the riotous colour of the Rhododendron Park, where more than 1,600 species of the plant blossom from the end of April until early July, and together with about 400 species of azalea make up one of the largest collections of its kind worldwide, creating an oasis of peace in the midst of the big city. An oasis that has to be carefully tended, for in Bremen they recognized early on that local recreational opportunities enhance a city's leisure value.

And these recreational opportunities also include the occasional visit to the Weser Stadium, to witness the home games of Werder Bremen, European Cup winner and now also champion of the Federal League's first division. And then there are the clashes with top-class international teams from Naples, Milan, Barcelona etc. And when Werder wins this has got to be celebrated, and that goes off best in the autumn, for Bremen's "fifth season" commences in October — with the Freimarkt on the Bürgerweide. Deep-fried pastry, shindig and speeding roundabouts epitomize all the fun of the fair, and it is almost a duty for every Bremer to go there at least once — with the call of "Ischa Freimaak!" (It's freemarket) on their lips. The Freimarkt is Germany's oldest fun-fair, having first been held more than 950 years ago; to be exact in 1035, when Bremen's Archbishop Bezelin was granted the right by the emperor Konrad II. And Bremen never let it be taken away again . . .

Gastmähler von Weltruf:

Schaffermahl und Eiswette

Um ihre Hinterbliebenen vor Not zu schützen, taten sich im 16. Jahrhundert bremische Schiffer zu einer Genossenschaft unter dem Namen „Die arme Seefahrt" zusammen. Durch Mitgliedsbeiträge, Strafgelder, Geschenke und Legate wurden die nötigen Geldmittel zur Erfüllung der selbstgestellten Aufgabe aufgebracht. 1561 erwarb „Die arme Seefahrt" ein eigenes Haus, in dem die Kasse untergebracht und verwaltet wurde. Seither heißt die Stiftung „Haus Seefahrt", und sie gilt heute zusammen mit der Fuggerei in Augsburg als eines der ältesten Sozialwerke der Welt. Ihren weltweiten Ruf verdankt die Stiftung der Schaffermahlzeit, die alljährlich am zweiten Freitag im Februar im Bremer Rathaus abgehalten wird.

Das Stiftungsfest der Eiswette von 1829 hat seinen Ursprung in einer Laune bremischer Kaufleute, die in jenem Jahr erstmals darum wetteten, ob „de Weser geiht", der Weg zum Meer also offen ist und Handel und Schiffahrt gedeihen, oder ob „se steiht", das heißt im Eise erstarrt ist. Die Probe aufs Exempel wird alljährlich am 6. Januar, dem Dreikönigstag, am Weserdeich ausgetragen. Knapp zwei Wochen später treffen sich dann rund 700 Teilnehmer zum großen Festmahl, bei dem Spenden zugunsten der Deutschen Gesellschaft zur Rettung Schiffbrüchiger (DGzRS) immer reichlich fließen.

„Schaffen, schaffen unnen un boven — unnen un boven schaffen!" Mit diesem Ruf aus alten Segelschiffstagen, der den Seeleuten signalisierte, daß das Essen angerichtet sei, bittet der Verwaltende Vorsteher des „Haus Seefahrt" alljährlich am zweiten Freitag im Februar die Teilnehmer der Schaffermahlzeit zu Tisch. Das Wort hat Tradition: An Bord der Segelschiffe wurde die Schiffsmannschaft „unnen un boven", also unter Deck und an Deck, auf diese Weise zusammengerufen. Schaffen, schaffen — damit wurde in der Sprache der Seeleute jener Zeit allen an Bord die erfreuliche Tatsache signalisiert, daß das Essen fertig sei.

Einst als Abschiedsmahl für Kapitäne gedacht, die nach der Winterpause im Frühjahr wieder zu ihren häufig lebensgefährlichen Fahrten aufbrachen, ist das Schaffermahl heute nicht nur eine feste Größe im gesellschaftlichen Leben Bremens, sondern es ist auch ein besonderer Imageträger des kleinsten Bundeslandes. Primär aber schafft es die Grundlagen für die Erfüllung der sozialen Aufgaben der Stiftung, die Unterstützung Hinterbliebener und die Erhaltung des Seefahrtshofes mit seinen Wohnungen für Kapitäne und ihre Frauen.

Für Gäste bedeutet es eine hohe Ehre, dem Mahl beiwohnen zu dürfen, die jedem nur einmal im Leben zuteil wird. Bremer Bürger dürfen an dem Essen nur dann teilnehmen, wenn sie als Mitglied von „Haus Seefahrt" entweder bereits geschafft haben oder demnächst Schaffer werden. Bewerben können sich um Mitgliedschaft nur Kapitäne, die bestimmte Voraussetzungen erfüllen. Die Generalversammlung, zu der alljährlich etwa 100 Mitglieder aus der Kaufmannschaft und 200 der 350 Mitglieder aus der Schifferschaft zusammenkommen,

wählt in jedem Jahr drei neue kaufmännische Mitglieder, die Schaffer des jeweils übernächsten Jahres.

Seit gut 450 Jahren wird das Brudermahl ausgetragen, zu dem sich Kapitäne, Reeder und Kaufleute einst im „Haus Seefahrt" trafen. Der Seefahrtshof im Bremer Stadtteil Grohn bietet alten Kapitänen, ihren Frauen und Witwen einen sicheren Lebensabend und steht beispielhaft für das jahrhundertealte soziale Engagement der Bremer.

Heute setzt sich die ausschließlich aus Herren bestehende Runde zu dem fünfstündigen Mahl in der Oberen Halle des alten Rathauses von 1405 zusammen. An den festlichen Tafeln in der Form von Neptuns Dreizack und unter den von der Hallendecke hängenden Schiffsmodellen erwartet die etwa 300 Teilnehmer, darunter rund 100 auswärtige Gäste, deftige bremische Seemannskost. Rigaer Butt gehört ebenso dazu wie Kohl und Pinkel, das bremischste aller Gerichte. Es wird übrigens wie zu alten Zeiten, da es noch keine Kartoffeln gab, mit Maronen serviert. Dazu werden nach einem strengen Verfahren ausgewählte Schafferweine gereicht, wobei es sich stets um einen Mosel- und einen Rheinwein sowie einen Bordeaux handelt. Auch Bier wird während des Essens getrunken — allerdings nur ein einziges Mal. Das dickflüssige braune Seefahrerbier diente einst an Bord der Segelschiffe vor allem als Mittel gegen Skorbut. Heute wird es einmal im Jahr speziell für die Schaffermahlzeit gebraut.

Zwischen den einzelnen Gängen bekommen die drei kaufmännischen Schaffer, die das Mahl ausrichten, vom Verwaltenden Vorsteher mehrmals das

Wort erteilt, um beispielsweise zu den Themen „Bundespräsident und Vaterland", „Bremen und sein Senat" und „Handel, Schiffahrt und Industrie" ihre Gedanken darzulegen. Höhepunkt aber ist die Rede des Ehrengastes.

Nach dem Essen werden die jahrhundertealten Sammelbüchsen auf den Weg gebracht. Es ist dies der Augenblick, da sich — getreu dem Wesen der Stiftung — der Bessergestellte jener erinnert, die seines Beistandes bedürfen. Über die Höhe der gespendeten Geldbeträge wird in der Öffentlichkeit niemals ein Wort verloren. Die Spenden werden ausschließlich zur Erfüllung der sozialen Aufgaben der Stiftung verwendet: Unterstützung von Hinterbliebenen und Erhalt und Pflege des Seefahrtshofes.

„Geiht se oder steiht se?"

Wer Zeit und Gelegenheit hat, den 6. Januar in Bremen zu verbringen, dem sei hier geraten, sich an diesem Tage am Punkendeich an der Weser aufzuhalten. Der Besucher wird sein Kommen nicht bereuen, erwartet ihn doch ein höchst bemerkenswertes und amüsantes Schauspiel. Erwachsene Männer in Paletot und Zylinder kann man dort erblikken, begleitet von den Drei Heiligen Königen, dem Medicus publicus, dem Notarius publicus sowie einem Schneider, der, mit einem heißen Bügeleisen bewaffnet, versucht, die Weser trockenen Fußes zu überqueren. Die Rede ist von der Eiswette, die erstmals 1829 in der Hansestadt ausgetragen wurde. Die Männer mit Zylinder sind Eiswettgenossen, und sie prüfen alljährlich mit dieser Zeremonie den Aggregatzustand der Weser. Und weil der Schneider immer, ohne naß zu werden, das andere Ufer erreicht — ein Rettungskreuzer der Deutschen Gesellschaft zur Rettung Schiffbrüchiger (DGzRS) hilft ihm dabei —, gehen die Wetter jedesmal auf „Nummer Sicher": Sie werfen Steine in den Fluß, um sich selbst vom offenen Zustand des Stroms zu überzeugen.

Vor der Zeit der großen Weserkorrektion, gegen Ende des letzten Jahrhunderts, als der Fluß zu versanden drohte und vor Bremen kaum noch schiffbar war, fror die Weser in strengen Wintern regelmäßig zu. Damit war Bremens wirtschaftliche Hauptschlagader abgeschnitten. In diesen Zeiten wetteten bremische Kaufleute erstmals darum, ob die Weser am Dreikönigstag „geiht oder steiht". Im Laufe der Jahre wurde die Eiswette Bestandteil bremischer Kultur mit einem festen Reglement und — wie es sich gehört — einem guten Zweck. Dieser besteht darin, daß die DGzRS Nutznießer der Spenden ist, die gut zwei Wochen später während des Stiftungsfestes unter den 700 Teilnehmern gesammelt werden.

Trotz des ernsten Hintergrundes geht es während der Feier selbst recht humorvoll zu. Ein früherer Eiswettpräsident charakterisierte sie einmal, in Anspielung auf die Epoche, in der sie aus der Taufe gehoben wurde, als „heiteres Kind des Biedermeier". Fröhlichkeit, Spaß und nachdenklicher Ernst halten sich während des Festes die Waage. Heute „geiht" die Weser auch im Winter, die Weserkorrektion vor 100 Jahren und mehrfache Vertiefungen haben es möglich gemacht. Dennoch wird jährlich eine neue Wette ausgetragen. Um Gewinner und Verlierer zu ermitteln, werden die gut 250 Eiswettgenossen in eine rote und eine grüne Gruppe eingeteilt. Das Los entscheidet, welche Farbe auf „zu" und welche auf „offen" setzt. Die Verlierer werden dann im nächsten Jahr zur Kasse gebeten. Doch zuvor muß der laut Brauch 99 Pfund schwere Schneider mit dem heißen Bügeleisen wieder ran — frei nach dem Motto:

„Kommt es glühend drüben an,
seid Ihr ein gemachter Mann.
Ist der Strom doch offen,
betrachtet Euch als abgesoffen."

World-Famous Banquets:

the "Schaffermahlzeit" and the Ice Wager

In the 16th century the ship masters of Bremen formed a cooperative society with the name "Die arme Seefahrt" to protect their families from hardship in case they themselves perished at sea. The funds for the task they had set themselves were raised by means of subscriptions, fines, donations and legacies. In 1561 "Die arme Seefahrt" acquired a building of its own in which the society was accommodated and managed. Since then the foundation has been called "Haus Seefahrt", and together with the Fugger almshouses in Augsburg it ranks today as one of the oldest social welfare institutions in the world. The foundation owes its worldwide fame to the "Schaffermahlzeit", a banquet held at Bremen's City Hall on the second Friday in February each year.

The celebration to mark the anniversary of the Ice Wager has its origin in a whim of some Bremen merchants who, in 1829, first held a bet on whether "de Weser geiht" — that is, the way to the sea was open and navigation and trade were flourishing — or whether "se steiht": that it was frozen. The test is made each year on Epiphany, the 6th of January, on the dikes of the Weser. Then, a little less than a fortnight later, around 700 guests meet for a great banquet at which generous donations are traditionally made to the German Lifeboat Institution.

"Schaffen, schaffen unnen un boven — unnen un boven schaffen!" This command from the long-ago days of sailing vessels telling the seamen that their meal was ready is used on the second Friday in February each year by the Managing Chairman of Haus Seefahrt to call the guests of the "Schaffermahlzeit" to take their places for dinner. The words are rich in tradition: this is how the crews of the sailing ships were called to assemble "unnen un boven" — above and below deck. In the nautical jargon of the time, "Schaffen, schaffen" was the welcome signal to all on board that a meal was ready.

Originally a farewell banquet for ship masters who were about to set off on

Das Schaffermahl gehört zu den ältesten Traditionen in der Hansestadt. Jedes Jahr am zweiten Freitag im Februar versammeln sich die Teilnehmer der Schaffermahlzeit an den langen Tischen in der Oberen Rathaushalle, die in Form von Neptuns Dreizack aufgestellt werden.

The so-called Schaffermahl is one of Bremen's oldest traditions. Each year on the second Friday in February those taking part in the banquet gather at the long tables in the upper Rathaus hall which are arranged in the form of Neptune's trident.

their voyages again after the winter break, often at risk to their lives, the "Schaffermahlzeit" is both an outstanding event in Bremen's social life and a special part of the image of this smallest state of the Federal Republic. But first and foremost it provides the financial means of fulfilling the foundation's welfare obligations, namely to support widows and orphans and maintain the "Seefahrtshof" with its dwellings for masters and their wives.

For the guests it is a great honour to be invited to the banquet, and the opportunity is granted only once in a lifetime. Citizens of Bremen may only take part if they are members of "Haus Seefahrt" and as such have already organized the banquet or are about to do so. Only ship masters who meet certain requirements may apply for membership. The annual general meeting which is attended by about 100 members from the business sector and 200 of the 350 members from the nautical sector each year elects three new members from among Bremen's businessmen, the "Schaffer" or providers and organizers of the dinner the year after next.

The banquet, for which masters, shipowners and merchants once met at "Haus Seefahrt", has been held for a good 450 years. The "Seefahrtshof" in the Grohn district of Bremen offers retired masters and their wives or widows a secure home in the latter years of their lives and is a fine example of centuries of social commitment on the part of Bremen's citizens.

Today the company, consisting of gentlemen only, sits down to the five-hour banquet in the Upper Hall of the old City Hall built in 1405. At the festively decorated tables in the shape of Neptune's trident and under the models of ships hanging from the ceiling, solid seaman's fare awaits the 300 guests, among them some 100 from outside Bremen. The menu includes Riga flounders and fat bacon sausage with kale, the most traditional of all Bremen's dishes. And as a reminder of the days before the introduction of potatoes the meal is served with chestnuts. The drinks served are "Schaffer" wines selected according to very strict criteria; they are always a Moselle, a Rhine and a Bordeaux. Beer is also drunk during the meal, but only once. Aboard the sailing ships the thick, brown seaman's beer was primarily a means of preventing scurvy. Nowadays it is brewed once a year, specially for the "Schaffermahlzeit".

Several times between the courses the Managing Chairman calls upon the three merchant "Schaffer" who are providing the feast to speak on such subjects as "The Federal President and the Fatherland", "Bremen and its Senate" or "Trade, Shipping and Industry". But the climax is the speech of the guest of honour.

After the meal the centuries-old collecting boxes are passed round. This is the moment when — in keeping with the purpose of the foundation — the well-to-do remember those who need their assistance. Not a word is said in public about the size of the donations. The money is used exclusively to carry out the social tasks of the foundation: to support widows and orphans and to maintain the "Seefahrtshof".

"Geiht se oder steiht se?"

Those who have the time and opportunity to spend the 6th of January in Bremen are recommended to betake themselves to the Punkendeich by the Weser. Visitors who do so will not regret it, for a highly surprising and amusing spectacle awaits them. Here on the dike, grown men in coats and top hats are to be seen in the company of the Three Kings of Orient, the Medicus Publicus, the Notarius Publicus and a tailor — the latter armed with a hot flat-iron and trying to cross the Weser without getting his feet wet. This commemorates the Ice Wager that first took place in the city in 1829. The men in top hats are the Ice Wagerers, and every year at this ceremony they test the degree of solidification of the Weser. And because the tailor always reaches the other bank without getting wet — helped by a life-saving launch of the German Lifeboat Institu-tion — the Wagerers also "play it safe": they throw stones in the river to convince themselves that it is open to shipping. Before major regulation work was carried out on the bed of the Weser towards the end of the last century, at a time when the river threatened to silt up and was barely navigable above Bremen, the water regularly froze in hard winters and stopped all shipping. This severed Bremen's main economic artery. It was at this time that Bremen's merchants first hit upon the idea of betting whether the Weser "geiht oder steiht" (was open or closed) on Epiphany. Over the years the Ice Wager became a part of Bremen's tradition, accompanied by strict rules and — properly — a good cause. The good cause is that the German Lifeboat Institution is the beneficiary of the donations collected from the 700 participants at the Anniversary Banquet held just over a fortnight later.

In spite of the serious background the celebration itself is a very humorous event. An earlier Ice Wager President once characterized it as "a merry child of the Biedermeier period", a reference to the time in which it originated. A cheerful atmosphere, fun and serious thought all have their place at the celebration.

Today the Weser "geiht" even in winter; the regulation of the river bed a century ago and several projects to deepen it now keep the river open. Nevertheless, a new wager is made every year. To determine who has lost and who has won the 250 and more Ice Wagerers are divided into a red group and a green group. Which colour stands for "open" and which for "closed" is decided by drawing lots. The losers have to pay up the following year. But first the tailor with the hot flat-iron, whom tradition requires to be a man weighing 99 pounds, has to do his job again according to the motto:

"If the iron crosses glowing,
You lucky man are nothing owing.
But if the river's free of ice
The bet is lost — and has its price."

„Geiht se oder steiht se?" Der laut Eiswett-Brauch 99 Pfund schwere Schneider muß den Aggregatzustand der Weser prüfen.

"Geiht se oder steiht se?" — Is it open or closed? In accordance with the custom of the Ice Wager, a tailor weighing 99 pounds must check the condition of the Weser by attempting to cross it.

Lexikon der Firmen, Verwaltungen und Verbände

Addicks & Kreye GmbH & Co., beeidigte Gütermesser, Ladungskontrollen, Bremen. 1908 gründeten Gustav Addicks und Georg Kreye das Unternehmen als Nachfolger der Firma Baurmeister und Weyhusen. Als Tochterfirma entstand im Jahre 1970 die Addicks & Kreye Container Service GmbH & Co. mit Sitz in Bremen. Diese unterhält in Bremen und Bremerhaven Containerdepots, befaßt sich mit Containertrucking und Containerreparatur sowie dem Verkauf von Containern. 1992 wurde die Addicks & Kreye Container Logistik GmbH & Co. KG, Bremerhaven, für den Transportbereich gegründet.

(Bildbeitrag Seite 134)

AOK Bremen/Bremerhaven. Leistung und Service — das sind zwei überzeugende Argumente. An der Spitze ihrer vielfältigen Bemühungen steht für die AOK die Gesundheitssicherung der etwa 300 000 Versicherten in Bremen und Bremerhaven. Die „AOK — Die Gesundheitskasse" trägt heutzutage durch ein Mehr an Gesundheitsvorsorge und viele sinnvolle, überzeugende Gesundheitsangebote maßgeblich zur Verbesserung der Lebensqualität bei. Denn es ist immer besser, Krankheiten erst gar nicht entstehen zu lassen. Und das nennt man heute „Prävention". Die AOK hilft schnell und unbürokratisch. Alle Entscheidungen werden vor Ort getroffen. Mit jährlich über eine Milliarde DM Leistungsausgaben ist sie ein bedeutender Wirtschaftsfaktor für das Land Bremen. Ihr Wahlspruch: „Für Ihre Gesundheit machen wir uns stark — AOK — Die Gesundheitskasse." *(Bildbeitrag Seite 169)*

Die *aqua signal Aktiengesellschaft,* Bremen, steht für über 125 Jahre Spitzentechnik im Bereich maritimer Lichtsysteme und dazugehöriger Elektronik. Als technologisch weltweit führendes Unternehmen auf diesem Gebiet übernimmt aqua signal die Verantwortung für komplette Lichtsysteme an Bord von Schiffen und Offshore. Mit Qualität und Innovationskraft setzt das Unternehmen immer wieder Maßstäbe. So war aqua signal u. a. der erste Hersteller dimmbarer elektronischer Vorschaltgeräte für Kompakt-Leuchtstofflampen. Der Exportanteil beträgt 60 Prozent. Durch die Tochtergesellschaft airsigna GmbH & Co. KG, Bremen, wird inzwischen auch die Luftfahrtindustrie beliefert. *(Bildbeitrag Seite 33)*

Die 1902 gegründete *Atlanta Aktiengesellschaft,* Bremen, entwickelte sich schnell zu einem flächendeckenden Fruchthandelsunternehmen mit einem weitverzweigten Niederlassungsnetz auf dem Gebiet der Bundesrepublik Deutschland. In den siebziger Jahren erfolgte der weitere Ausbau des internationalen Fruchtgeschäfts mit Verkaufsniederlassungen und Fruchtagenturen in vielen Staaten Europas. Heute ist die Atlanta-Gruppe im Frischfruchthandel die Nummer eins in Europa. Sie betreibt allein in der Bundesrepublik über 40 Niederlassungen, die jeweils außer über Bananenreifeanlagen über große Kommissionierungsflächen, Palettenregallager, Kombi-Kühlräume und Fruchtpackstationen verfügen. *(Bildbeitrag Seite 87)*

Atlas Elektronik — eine sichere Entscheidung: Die 1902 als Norddeutsche Maschinen- und Armaturenfabrik gegründete *Atlas Elektronik GmbH* entwickelt und fertigt Anlagen und Systeme, die dem Menschen helfen, technische Prozesse zu beherrschen. Signal- und Datenverarbeitung, Wasserschalltechnik, Hochfrequenztechnik und Op-

tronik/Optik sind die Basistechnologien für Entscheidungselektronik von Atlas. Eingesetzt wird sie in der Schiffahrt, im Umweltschutz, in der Netzleittechnik und Lagerautomation sowie in Forschung und Verteidigung. Als zukunftsorientiertes Elektronikunternehmen investiert die Atlas Elektronik GmbH 14 Prozent des Umsatzes in Forschung und Entwicklung. Außerdem ist das Unternehmen an mehreren nationalen und europäischen Forschungsprojekten beteiligt. 3300 Mitarbeiter und Mitarbeiterinnen sind bei der Atlas Elektronik GmbH am Hauptsitz der Atlas Elektronik Gruppe in Bremen beschäftigt. Sie arbeiten in den Sparten Prozeßdatensysteme, Schiffselektronik, Logistik und Service, Marine, Heer und Simulation. Weitere 1000 Mitarbeiter sind in Tochter- und Beteiligungsgesellschaften im In- und Ausland tätig. Nahezu die Hälfte der Mitarbeiter der Unternehmensgruppe sind Ingenieure und Techniker. *(Bildbeitrag Seite 40, 41)*

Die *Baecker AG,* Bremerhaven, betreibt den Im- und Export von Gütern aller Art, speziell von Kraftfahrzeugen. Unter dem Slogan „allround und mobil" bietet Baecker ein vielfältiges Leistungspaket, u. a. Lackieren, Einbau von Anhängerkupplungen, Radverbreiterungen, Sonnendächer, Dach- und Frontschutzbügel, Trittbleche, Spoiler, Radios, Klimaanlagen usw. Mit einer überdachten Produktionsfläche von 18 000 Quadratmetern, Testprogrammen für Motoren, Fahrwerk, Chassis und Reifen sowie Stell- und Bearbeitungsflächen von rund 330 000 Quadratmetern dreht sich bei Baecker fast alles rund ums Auto. *(Bildbeitrag Seite 143)*

Durch zielgerechte Unternehmenspolitik wurde die im Mai 1950 von Hans Baltus gegründete *Hans Baltus G.m.b.H. & Co.* schnell zu einem Branchenführer auf dem Bremer Baumarkt. Heute sorgen mehrere Transportbetonwerke und ein großer Fahrmischerfuhrpark für die reibungslose Belieferung von Baustellen in Bremen und Niedersachsen. Der Einsatz moderner, leistungsstarker Betonpumpen garantiert, den individuellen Anforderungen der einzelnen Baustellen durch termingerechte Abwicklung zu entsprechen. Firmeneigene Kiesbaggereien gewährleisten den Versorgungsnachschub von Sand und Kies für die Betonwerke, und um dieses lückenlos auch bei witterungsbedingten Stillstandzeiten in der Kiesproduktion überbrücken zu können, hält das Unternehmen an den Hafenumschlagplätzen ausreichende Lagerkapazitäten vor. Aber auch als Lieferant für andere Beton- und Schwarzdeckenwerke hat sich die Hans Baltus G.m.b.H. & Co. in den letzten Jahrzehnten einen Namen gemacht, nicht zuletzt durch die vom Landschaftsschutz geforderten Wiedereinbindungen der Baggerseen in die landschaftliche Umgebung. *(Bildbeitrag Seite 196)*

Das *Bankhaus Neelmeyer* wurde 1907 von Peter Franz Neelmeyer in Bremen gegründet. Es hat sich in über 85 Jahren zu einer Regionalbank mit universellem Charakter und einem Gesamtvolumen von rund 1,4 Mrd. DM entwickelt. Neelmeyer betreut mit etwa 250 Mitarbeiterinnen und Mitarbeitern in neun Geschäftsstellen einen großen Kundenkreis. Das Schwergewicht liegt einerseits im mittelständischen Bereich — traditionsgemäß hat hier das kurzfristige Auslandsgeschäft einen hohen Stellenwert —, andererseits im gehobenen Privatkundengeschäft mit seiner ganzen Palette, hier insbesondere in der Anlageberatung und der Vermögensverwaltung. Darüber hinaus wird die Immobilienvermittlung und -finanzierung betrieben.

(Bildbeitrag Seite 161)

Die *BEGO Bremer Goldschlägerei Wilh. Herbst GmbH & Co.*, Bremen, wurde von Dr. h. c. Wilhelm Herbst 1890 gegründet. Die hier entwickelten und hergestellten kompletten Geräte- und Materialsysteme für die gesamte Kronen- und Brückentechnik sowie den Modellguß nutzen Zahntechniker in über 100 Ländern der Erde. *(Bildbeitrag Seite 107)*

Die *BICC-VERO Electronics GmbH,* Bremen, ist die deutsche Niederlassung der in England beheimateten BICC-VERO Electronics-Gruppe. Weitere Niederlassungen finden sich in Frankreich, Italien, Schweden und den USA. Hochqualifizierte Ingenieure arbeiten beständig an der Weiterentwicklung von Wärmetechnik, EMV-Abschirmung, IP-Verkleidung, Bus-Systematik, Stromversorgung und nicht zuletzt auch der Oberflächentechnik und des Designs. Unter einem Dach werden somit Funktionselektronik wie auch mechanische Aufbausysteme produziert. Beide Bereiche sind mit modernster Produktionstechnik wie SMT und DNC-Steuerung ausgestattet. Die vielen CAD-Stationen sind über einen Großrechner mit der AV, den Fertigungsanlagen, dem Prüffeld und der QC vernetzt — die besten Voraussetzungen also für einen hohen Qualitätsstandard. *(Bildbeitrag Seite 47)*

Die *Bruno Bischoff Reederei GmbH & Co.,* Bremen, ist ein Teil der Bischoff-Gruppe. Dieses 1899 gegründete Unternehmen beschäftigt rund 350 Mitarbeiter und umfaßt des weiteren die folgenden Firmen: Nicolaus Haye & Co, Linienagentur und Schiffsmaklerei mit Vertretungen namhafter Reedereien und Mitinhaberin der Universal Linienagentur in Bremen und Hamburg, die den Round-the-World-Containerdienst der DSR/Senator Line vertreten; Weser Distrikt Stauerei Eilemann & Bischoff, Stauerei, Schiffszimmerei und Güterverpackung; sowie Paul Klembt GmbH & Co., Spedition und Güterumschlaganlage im Bremer Industriehafen. Die Anlage ist eingebunden in einem der leistungsfähigsten Umschlagbetriebe Bremens. Die Firmen der Bischoff-Gruppe sind durch eigene Häuser in Bremerhaven, Hamburg und Lübeck vertreten, die Bischoff-Reederei auch in Oslo, Göteborg, Moskau und St. Petersburg. Im deutschen Inland ist sie über Vertretungen präsent in Düsseldorf, Frankfurt, München und Stuttgart. *(Bildbeitrag Seite 119)*

Die *BLG Bremer Lagerhaus-Gesellschaft, Aktiengesellschaft von 1877,* ist die Betriebsgesellschaft der Freihäfen in Bremen und Bremerhaven. Mit rund 3700 Mitarbeitern zählt sie zu den größten Seehafenumschlagunternehmen Europas. Das Dienstleistungsangebot der BLG reicht vom Warenumschlag und der Lagerung bis hin zu der europaweiten Distribution hochwertiger Stückgüter sowie einer breitgefächerten Palette EDV-gesteuerter Logistiksysteme. Das Einzugsgebiet der bremischen Häfen von den nordischen Ländern über Zentral- und Osteuropas bis hin zu Teilen Südeuropas umfaßt heute etwa 150 Millionen Konsumenten. Dieser bedeutende Markt ist durch Straße, Schiene sowie Binnen- und Küstenschiffahrt hervorragend mit den bremischen Häfen verbunden. Der Container Terminal Bremerhaven gehört zu den größten in sich geschlossenen Container-Umschlaganlagen Europas. 1991 wurden hier 1,2 Millionen (TEU) Container umgeschlagen. Ein weiterer Schwerpunkt in Bremerhaven ist der Kfz-Umschlag. Über 778 000 Fahrzeuge wurden 1991 über die BLG-Anlagen ex- oder importiert. In Bremen ist der Umschlag konventioneller Stückgüter wie Baumwolle, Wolle, Kaffee, Kakao, Tabak, Waldprodukte, Zitrusfrüchte, Stahl, Anlagen und chemische Erzeugnisse von besonderer Bedeutung. Insgesamt wurden 1991 an den Anlagen der BLG 18,2 Millionen Tonnen umgeschlagen. *(Bildbeitrag Seite 114, 115)*

Seit über 60 Jahren ist *BMW* in der Hansestadt präsent. Über Jahrzehnte eng verbunden mit dem Namen Müller-Nielsen, wird die Marke seit 1986 durch die *BMW Niederlassung Bremen* repräsentiert. Als einer der modernsten BMW-Händlerbetriebe der Bundesrepublik bietet die Niederlassung Bremen nicht nur neue und gebrauchte Automobile und Motorräder an; im Jahreswagen Centrum werden zudem hochwertige gebrauchte BMW-Automobile, nicht älter als 15 Monate, verkauft. Eine moderne Werkstatt mit permanent geschulten Fachleuten,

Teile- und Zubehörlieferung sowie günstige Finanzierungs- und Leasingangebote sind weitere Pluspunkte für das Unternehmen. *(Bildbeitrag Seite 154, 155)*

Seit der Gründung im Jahre 1982 ist das Fachgeschäft *Juwelier Boersma* in Bremerhaven ansässig. Hier findet der interessierte Kunde eine hochwertige Uhren- und Schmuckkollektion von internationalen Designern. *(Bildbeitrag Seite 184)*

Mit einem Ausstoß von fast fünf Millionen Hektolitern Bier ist die *Brauerei Beck & Co,* Bremen, das renommierte private Unternehmen der Hansestadt, eine der größten Brauereien Deutschlands. Zur Unternehmensgruppe gehören neben der Haake-Beck Brauerei AG unter anderem auch die Rostocker Brauerei GmbH, die Bremer Erfrischungsgetränke-GmbH und die Nienburger Glas GmbH & Co. Der Umsatz der Gruppe mit über 4000 Mitarbeitern liegt bei 1,3 Mrd. DM. Der Getränkeabsatz überstieg im Geschäftsjahr 1991/92 erstmals die Sechs-Millionen-Hektoliter-Grenze. *(Bildbeitrag Seite 69)*

Die *Bremer Landesbank Kreditanstalt Oldenburg — Girozentrale —* mit Sitz in Bremen ist mit Niederlassungen in Bremen und Oldenburg vertreten. Sie wurde 1983 nach Fusion der Staatlichen Kreditanstalt mit der Bremer Landesbank gegründet. Die Bank ist Sparkassenzentralbank und Universalbank mit den Aufgabenschwerpunkten Auslandsgeschäft, Wertpapiergeschäft, Schiffskreditgeschäft sowie Kreditgeschäft für kommunale und gewerbliche Bereiche. *(Bildbeitrag Seite 157)*

Die Begründung des Zentralmarktes für indonesische Zigarrentabake im Jahr 1959 in Bremen war das erste deutsch-indonesische Jointventure und damit ein Meilenstein in den deutsch-indonesischen Wirtschaftsbeziehungen. Der Verkauf der für Europa bestimmten indonesischen Exporttabake erfolgt seither in dem markanten Gebäude der *Bremer Tabakbörse,* deren Geschäftsanteile zu gleichen Teilen von den indonesischen Plantagengesellschaften und Bremer Rohtabakhäusern — der sogenannten „Bremer Gruppe" — gehalten werden. Mehrmals im Jahr treffen sich hier, im Zollfreigebiet der bremischen Häfen, die Einkäufer der Zigarrenindustrie, um sich mit den hochwertigen Rohtabaken aus Sumatra und Java einzudecken. *(Bildbeitrag Seite 77)*

Die *Bremer Tageszeitungen AG* mit ihren Betriebsstätten Pressehaus Martinistraße und Druckhaus Woltmershausen beschäftigt über 950 Mitarbeiter; hinzu kommen rund 1700 Zeitungszusteller. Mit den Redaktionen in Bremen (für WESER-KURIER, BREMER NACHRICHTEN, KURIER AM SONNTAG und das Supplement WOCHEN-JOURNAL), ferner mit den Redaktionen in Achim, Bremen-Nord, Brinkum, Delmenhorst, Lilienthal, Osterholz-Scharmbeck, Syke und Verden ist sie mit Abstand das größte Presseunternehmen im Lande Bremen. Ihre im BREMER ANZEIGENBLOCK zusammengefaßten Tageszeitungen nehmen demgemäß die führende Position im Wirtschafts- und Ballungsraum Bremen ein. *(Bildbeitrag Seite 222, 223)*

Der Bremer Vulkan Verbund ist eine der bedeutendsten maritimen Industriegruppen in Europa. Unter der strategischen Führung der Holding *Bremer Vulkan Verbund AG* vereint sie synergetisch bedeutende deutsche Werften mit führenden Unternehmen der maritimen Elektronik und Systemtechnik. Der Konzern beschäftigt in ganz Deutschland über 25 000 Menschen und ist weltweit an über 120 Standorten vertreten. Mit seinen sechs Unternehmensbereichen Handelsschiffbau, Marineschiffbau, Industrie, Elektronik und Systemtechnik, Dienstleistungen sowie Mecklenburg-Vorpommern erzielte der Bremer Vulkan Verbund 1992 eine Gesamtleistung von 4,2 Mrd. DM. An der Schwelle des ozeanischen Jahrhunderts, dessen Herausforderungen nur mit höchster technologischer Kompetenz begegnet werden kann, bietet die Gruppe ein breites Leistungsspektrum, dem die maritimen Zukunftstechnologien als Kernkompetenz zugrunde liegen. Klima, Nahrung, Energie, Rohstoffe, Transport und Versorgung, maritim gebundene Fabrikation und maritim gebundene Erholung sind von diesen Technologien abhängig. Zum Bremer Vulkan Verbund gehören u. a. die Firmen Atlas Elektronik GmbH, Bremer Vulkan Werft, Geeste Metallbau GmbH, Schichau Seebeckwerft AG, STN Systemtechnik Nord GmbH und Vulkan Engineering GmbH.

(Bildbeiträge Seiten 28, 29, 37, 40–43)

Die *Bremer Wertpapierbörse* besitzt eine über 300jährige Tradition. Als zuständiger Kapitalmarkt für Bremen und das gesamte nordwestdeutsche Wirtschaftsgebiet kann sie auf eine überaus erfolgreiche Entwicklung verweisen. Der Umsatz wurde seit 1982 rund verdreißigfacht. Auch für die Zukunft setzt sie zum Wohle der Handelsbeteiligten auf attraktive Dienstleistung zu vernünftigen Kosten, Markttransparenz und Anlegerschutz. Das in Bremen zugelassene Aktienkapital beziffert sich auf 59 Mrd. DM, das Volumen festverzinslicher Wertpapiere auf rund 850 Mrd. DM. *(Bildbeitrag Seite 160)*

Auf eine 110jährige Firmengeschichte kann die *Bremer Woll-Kämmerei AG*, Bremen, zurückblicken. Schwerpunkt ist die Herstellung von Vorprodukten für die Kammgarnspinnerei, das heißt von Kammzügen aus Schurwolle, Chemiefasern und Fasermischungen, die weltweit exportiert werden. Die BWK gehört international zu den führenden Anbietern von Wollkammzügen. Die Produktionsstätte in Bremen-Blumenthal ist die größte ihrer Art auf der Welt. *(Bildbeitrag Seite 99)*

Eine Ver- und Entsorgung für Bremerhaven, die sich bewährt hat, leisten die *Bremerhavener Versorgungs- und Verkehrsgesellschaft mbH (BVV)* sowie die *Bremerhavener Entsorgungsgesellschaft mbH (BEG)*. Die 1969 gegründete BVV versorgt die Seestadt rund um die Uhr mit Strom, Gas, Wasser, Nah- und Fernwärme. Mit ihrem modernen öffentlichen Personennahverkehr hat sie die Lebensqualität erheblich gesteigert. – Die BEG mit ihren Betriebszweigen Müll-Heiz-Kraftwerk, Kläranlagen, Deponie und Kompostierung entsorgt umweltfreundlich und energiebewußt Bremerhaven und weitere Gebietskörperschaften unter Nutzung der anfallenden Energie zur Strom- und Fernwärmeversorgung. – BVV und BEG: die Partnerschaft für eine umweltschutzorientierte Zukunft! *(Bildbeitrag Seite 65)*

Erwin Brüssel, Güternah- und Fernverkehr, Spedition und Lagerei, Bremerhaven. 1948 gegründet, entwickelte sich das damalige Fuhrunternehmen zu einer Spedition, die in der Küstenregion für ihre Leistung beispielhaft ist, seit 1972 in den Händen des jetzigen Inhabers Manfred Brüssel, der zusammen mit seinen Söhnen das Unternehmen zu einer Fachspedition im Lebensmittelbereich ausbaute. Heute steht der Name Brüssel für Zuverlässigkeit bei Frischetransporten bundesweit – auch in den neuen Bundesländern, Osteuropa und der EG. Gewissenhafte Disponenten sorgen im Unternehmen Brüssel, das mittlerweile über 60 Mitarbeiter beschäftigt, für einen reibungslosen Ablauf. *(Bildbeitrag Seite 95)*

Die *Comet GmbH*, Pyrotechnik – Apparatebau, in Bremerhaven fertigt mit 320 Mitarbeitern hochwertige Produkte: Kleinfeuerwerk, Seenotrettungsausrüstungen, wehrtechnische Artikel, Gasdruckgeneratoren, pyrotechnische und elektrische Zünder. Neben der Qualitätskontrolle wird dem Bereich Forschung und Entwicklung erhöhte Aufmerksamkeit gewidmet. Das komplette Seenotrettungsprogramm auf pyrotechnischem Gebiet wird gefertigt nach den Vorschriften des internationalen Schiffsicherheitsvertrages und ist von fast allen seefahrenden Nationen zugelassen. Der Export erfolgt weltweit in mehr als 40 Länder. *(Bildbeitrag Seite 109)*

Das *Congress Centrum Bremen* ist einzigartig in Europa. Es entstand eine Glas-Stahlbau-Konstruktion mit einer Vielzahl von architektonischen Stilelementen. Die vielfältigen Bedürfnisse und Nutzungen wurden durch die unterschiedlichen Raumkonzeptionen berücksichtigt. Fünf große Ball- und Tagungssäle und elf kleine Salons für Gruppen ab 25 Personen bieten Platz für 3300 Gäste. Der Tagungs- und Konferenzbereich ist klimatisiert und entspricht höchsten technischen Anforderungen. Das Grundkonzept bei MARITIM lautet: „Tagen und wohnen unter einem Dach." Durch den ausgezeichneten Standort und die Kombination bzw. direkte Verbindung mit dem *MARITIM Hotel Bremen* bietet das neue Congress Centrum alle Voraussetzungen für die Hansestadt, sich im europäischen Wettbewerb als Messe- und Kongreßstadt zu behaupten. *(Bildbeitrag Seite 172, 173)*

DCP Dettmer Container Packing GmbH & Co. KG, Bremen, wurde im Jahre 1984 gegründet und besitzt auf einem Areal von 70 000 Quadratmetern im Güterverkehrszentrum drei zum Teil beheizte Hallen von insgesamt 31 000 Quadratmetern. Diese bieten optimale Bedingungen für Distributionsaufgaben und eine spezielle Ausrichtung auf das Be- und Entladen von Überseecontainern als einen wesentlichen Teil der Dienstleistung. Die unmittelbare Nachbarschaft zur Kombiverkehrsanlage ist die Voraussetzung für langfristige Logistikkonzepte. DCP ist der kompetente Partner für weltweiten Umschlag. *(Bildbeitrag Seite 127)*

Die *B. Dettmer Reederei GmbH & Co.*, Bremen, unterhält Zweigniederlassungen in Berlin, Hamburg, Duisburg, Mainz, Nürnberg und Magdeburg. Das 1948 von Bernhard und Wilhelm Dettmer gegründete Unternehmen betreibt die Binnenschiffahrt mit trockenen und flüssigen Gütern auf allen deutschen Wasserstraßen und angrenzenden Flüssen und Kanälen. Sie ist heute die größte private Binnenreederei in Europa. *(Bildbeitrag Seite 126)*

Die *Deutsche Schiffsbank AG*, Bremen/Hamburg, ist 1989 aus der Fusion der beiden führenden deutschen Schiffsfinanzierungsinstitute hervorgegangen, deren Gründung auf das Jahr 1918 zurückgeht. Als Spezialinstitut gewährt sie Kredite für den Neubau und Ankauf von See-, Küsten- und Binnenschiffen sowie Fischereifahrzeugen an in- und ausländische Reeder sowie an öffentliche Institutionen. Ihre Mittel beschafft sie sich durch den Verkauf mündelsicherer Schiffspfandbriefe und Schiffskommunalobligationen. *(Bildbeitrag Seite 163)*

Die Sparkasse in Bremen wurde 1825 von namhaften Bremer Bürgern gegründet und wird seitdem als Freie Öffentliche Sparkasse unabhängig von unmittelbarer kommunaler Einflußnahme betrieben. Heute ist sie das bedeutendste bremische Kreditinstitut und bietet ihren Privat- und Firmenkunden die gesamte Palette eines fortschrittlichen Universalkreditinstitutes: vom traditionellen Kontensparen über Bauspar-, Versicherungs- und Leasingangebote sowie Kreditfinanzierung jeder Art bis hin zu anspruchsvollen Finanzdienstleistungen im Auslandsgeschäft. *(Bildbeitrag Seite 158, 159)*

Seit ihrer Gründung im Jahre 1986 hat sich die *Doggerbank Seefischerei GmbH*, Bremerhaven, zum größten und bedeutendsten Fischfangunternehmen im Land Bremen entwickelt. Schwerpunkt sind gefrorene Heringe und Makrelen, die zu 80 Prozent exportiert werden. *(Bildbeitrag Seite 78, 79)*

Dreiha-Werk Hornkohl + Wolf GmbH & Co., Bremen. Im Jahre 1926 gründete Theodor Hornkohl das Unternehmen, das sich auf die Herstellung von Geräten und Zubehör für Heizung, Lüftung und Klimatechnik in Nutzfahrzeugen und Baumaschinen spezialisierte. Als Zulieferer der internationalen Nutzfahrzeugindustrie entwickelt, produziert und vertreibt das Dreiha-Werk mit 200 Mitarbeitern lufttechnische Geräte/Anlagen überwiegend für die Erstausrüstung von Bussen, Lkws, Baumaschinen, elektrischen Bahnen/Bussen und Sonderfahrzeugen bis hin zum Binnenschiff. Das Absatzgebiet erstreckt sich neben Deutschland auf die europäischen Nachbarländer, Skandinavien, Israel sowie das sonstige, auch überseeische Ausland. *(Bildbeitrag Seite 19)*

1965 wurde die *DS-Chemie GmbH,* Bremen, gegründet. Sie ist einer der größten und weltweit anerkannten Hersteller einer breiten Palette von Dichtungsmassen für Verpackungen der Getränke- und Lebensmittelindustrie sowie von speziellen Compounds für Streich-, Spritzguß- und Extrusionsverfahren mit Kunden in über 90 Ländern. Rund 65 Prozent der Erzeugnisse werden weltweit exportiert. Die DS-Chemie hat im Bereich Non-PVC eine führende Position.
(Bildbeitrag Seite 108)

Die *DST Deutsche System-Technik GmbH* wurde 1990 durch Management-Buy Out von den Philips-Managern Bruno Jacobi und Hans-Jörg Zobel gegründet. Die DST verbindet die innovative Kraft eines modernen mittelständischen Unternehmens mit vier Jahrzehnten Tradition und Erfahrung in Entwicklung, Fertigung, Logistik und Service elektronischer High-Tech-Produkte und -Systeme. In Bremen und Kiel entwickeln und erarbeiten 1000 Mitarbeiter — mehr als 400 von ihnen sind Ingenieure, Informatiker und Wissenschaftler — Technologielösungen für die Märkte Sicherheit, Verkehr, Industrie und Umwelt. Geschäftsstellen in Berlin, Bonn, Frankfurt, Gera, Koblenz, München und Wilhelmshaven dokumentieren die unmittelbare Kundennähe des unabhängigen Telematik-Systemhauses DST. Die DST Deutsche System-Technik vertreibt ihre Produkte und Systeme überwiegend in Deutschland, Europa und den USA. Weltweit ist das Unternehmen in 32 Ländern durch Repräsentanzen und Kooperationen vertreten.
(Bildbeitrag Seite 44, 45)

Als einer der Großen im deutschen Kaffeegeschäft hat die *Eduscho GmbH & Co. KG,* Bremen, seit ihrer Gründung im Jahre 1924 jeden Fortschritt unter die Prämisse gestellt, daß der Kunde mit Eduscho-Kaffee stets ein besonders röstfrisches Genußerlebnis verbinden müsse. So dienen die Innovationen in erster Linie dem Erhalt des traditionell hohen Qualitätsanspruchs. Das reinbremische Familienunternehmen mit seinen mehr als 6000 Mitarbeitern setzt sich aber auch für faire Rohkaffeepreise ein, um die Voraussetzungen für die Anbauländer in der Dritten Welt zu verbessern. Andere Signale setzt Eduscho mit deutlichem Erfolg im Umweltschutz, wo in den vergangenen Jahren durch umfangreiche Innovationen in den Röstereien und bei der Verpackung zahlreiche Verbesserungen erzielt wurden und der eingeschlagene Weg konsequent fortgeführt wird. Eine weitere Qualitätsbotschaft verbindet Eduscho mit seinem Engagement in der Kaffeekultur, vor allem durch die wertvolle Sammlung Eduscho, die mit „Bildern aus der Geschichte des Kaffees" Akzente setzt. Diese Summe aus Qualität, Umwelt- und Kulturbewußtsein führte auch zu einer erfreulichen Entwicklung des Bremer Unternehmens über Deutschlands Grenzen hinaus, nämlich in Österreich, der Schweiz und Ungarn, wo Eduscho ebenfalls als ein führender Kaffeeanbieter operiert.
(Bildbeitrag Seite 75)

Wenn es um Oberflächen geht, ist die *euroflamm GmbH,* Bremen, der kompetente Partner. Das 1956 gegründete Unternehmen bietet ein breites Produktionsprogramm: Serienfertigung von beschichteten Bauteilen für Pkw- und Nutzfahrzeugantriebe; Serienteile für hochverschleißbeanspruchte Komponenten im Maschinenbau und in der Landmaschinentechnik; Neufertigung und Instandsetzung von Großmotorenkomponenten und Antriebswellen für Schiffbau und Marine; Großwalzenregenerierung und Beschichtung für die Papier- und Stahlindustrie sowie Schutzschichten aus Metallegierungen, Hartstoffen und Keramik durch thermisches Spritzen. euroflamm entwickelte u. a. die ersten Funktionsschichten für die Pkw-Synchronisation und für die Trinkwasserentkeimung. Rund 50 Prozent der Erzeugnisse werden exportiert.
(Bildbeitrag Seite 17)

Die *Fischereihafen-Betriebs- und Entwicklungsgesellschaft m.b.H. (FBEG),* Bremerhaven, wurde im Jahre 1896 gegründet. Schwerpunkte dieses Hafen- und Umschlagbetriebs sind die Hafenentwicklung und Wirtschaftsförderung, Consulting, Vermietung und Verpachtung

sowie Strom- und Wasserversorgung. Der Fischereihafen verfügt über hafennahe, gut erschlossene Gewerbeflächen; für Investoren bietet die FBEG einen interessanten Service.
(Bildbeitrag Seite 117)

Flughafen Bremen GmbH. 1913 wurde dem Bremer Verein für Luftfahrt die Genehmigung zur offiziellen Errichtung eines Luftstützpunktes erteilt. Die Flughafen-Betriebsgesellschaft mbH wurde 1921 gegründet. Zweck der Gesellschaft ist die Abfertigung von Luftverkehr. Durchgeführt werden internationale Linien- und Charterflüge.
(Bildbeitrag Seite 139)

Galeria Horten in Bremen — eine Welt voller Ideen. Seit der Neueröffnung im Jahr 1973 ist das Warenhaus Horten in Bremen eine Einkaufsstätte mit besonderem Flair. Auf einer Verkaufsfläche von 22 000 Quadratmetern präsentieren sich dem Besucher zehn Warenwelten auf sechs Etagen. Panorama-Parkdeck, zwei Restaurants, Parfümerie International, Reisebüro sowie Service-Einrichtungen vom Hochzeitsgeschenkservice bis zum Verpackungsdienst und Zustellservice machen den Besuch zu einem Erlebnis. *(Bildbeitrag Seite 182, 183)*

Die *Geeste Metallbau GmbH,* Bremerhaven, wurde im Jahre 1989 gegründet. Sie hat sich auf die Herstellung von Schiffssektionen, Stahl- und Stahlwasserbauten sowie die Alu-, Niro- und Spezialstahlverarbeitung spezialisiert. Das Unternehmen besitzt die Zulassungen für sämtliche Klassifikationsgesellschaften, die TÜV-Zulassung TRB 200/HPO sowie den Großen Eignungsnachweis nach DIN 18 800.
(Bildbeitrag Seite 37)

GEWOBA Gesellschaft für Wohnen und Bauen mbH — mit diesem Namen ist die städtebauliche Entwicklung Bremens untrennbar verbunden. In mehr als sechs Jahrzehnten Wohnungsbau beeinflußte das Unternehmen nicht nur vielerorts das Erscheinungsbild der Stadt, auch ganze Stadtteile, wie zum Beispiel die Neue Vahr, sind Werk der GEWOBA. Die über 400 qualifizierten Mitarbeiterinnen und Mitarbeiter bieten die ganze Leistungspalette der Immobilienbranche an: Sie verwalten Mietwohnungen und errichten Neubauten aller Art — häufig auf Grundstücken aus dem Bestand der GEWOBA. Sie verkaufen in Eigentum umgewandelte Mietwohnungen und übernehmen auch die Eigentumsverwaltung für Hausgemeinschaften. Als Sanierungstreuhänder bearbeitet das Unternehmen diverse Stadterneuerungsprojekte in Bremen und Bremerhaven. Dabei ist das Sanierungsvorhaben „Alter Hafen/Neuer Hafen" derzeit die umfangreichste und vielfältigste Aufgabe. Mitten in der Stadt soll das Zentrum Bremerhavens auf frei werdenden Hafenflächen bis an die Weser heran erweitert werden.
(Bildbeitrag Seite 188, 189)

Die *GEWOSIE Wohnungsbaugenossenschaft Bremen-Nord e. G.* wurde im Jahre 1894 vom damaligen Landrat Paul Berthold ins Leben gerufen. Seitdem erstellt und bewirtschaftet sie mit großem Erfolg Miet- und Eigentumswohnungen sowie Erwerbshäuser. Ihr Einzugsbereich umfaßt die Länder Bremen und Niedersachsen.
(Bildbeitrag Seite 193)

Die *HAAGEN & RINAU Mischtechnik GmbH,* Bremen, wurde im Jahre 1896 gegründet. Hergestellt werden heute Universal-Rühr- und Mischmaschinen mit integrierten Homogenisatoren sowie Vakuumtrockner für die kosmetische, pharmazeutische, chemische und die Lebensmittelindustrie. Der Absatz erfolgt weltweit über eine eigene Vertriebsorganisation. Die Produktpalette der Maschinen mit dem eingetragenen Warenzeichen „UNIMIX" reicht vom Labormischer über das Technikumsgerät bis zu Produktionsmaschinen und kompletten Anlagen. Diese Maschinen, die auf internationalen Fachmessen präsentiert werden, sind mit allen erforderlichen Komponenten einer wirtschaftlichen und qualitativ hochwertigen Produktion ausgestattet, u. a. mit SPS- und PC-Steuerung sowie einer Software aus eigener Entwicklung.
(Bildbeitrag Seite 49)

Die Edelfisch Fischspezialitäten-Handelsgesellschaft mbH, Bremerhaven, wurde im Jahre 1992 als Tochtergesellschaft der *Hanseatischen Hochseefischerei GmbH* gegründet. Als Spezialieferant für Gastronomie, Hotellerie, Fischfach- und Lebensmittelhandel vertreibt die Edelfisch GmbH meeresfrische Fischspezialitäten und andere Delikatessen. Der Schwerpunkt liegt bei Edel- und Feinfischen sowie Schalen- und Krustentieren. Unter dem Slogan „Fisch, Hummer und mehr" bietet das Unternehmen erstklassige Qualität, absolute Zuverlässigkeit im Service und eine kundenindividuelle Beratung.

(Bildbeitrag Seite 82)

Die *Hanseatische Immobilien GmbH,* Bremerhaven-Bremen, wurde 1958 gegründet. Gründungsgesellschafter Diplom-Volkswirt Rudolf Hübenthal führt auch heute noch das Unternehmen. Das Dienstleistungsangebot „rund um die Immobilie" umfaßt die Geschäftsbereiche Bau-Consult mit der Projektentwicklung und Baudurchführung von Wohn- und Gewerbeimmobilien, Immobilienvermittlung, Haus- und Vermögensverwaltung und Vermittlung von Versicherungen.

(Bildbeitrag Seite 191)

Die *E. H. Harms GmbH & Co.,* Bremen, wurde 1959 gegründet und hat sich seitdem zu einem bedeutenden Faktor in der Hafen- und Verkehrswirtschaft entwickelt. Das Leistungsprogramm umfaßt Automobiltransporte, -verschiffungen und -umrüstung, Car Feeder Service sowie Binnenschiffahrt. Mit insgesamt 1500 Mitarbeitern, 24 Niederlassungen in Deutschland sowie Niederlassungen in Antwerpen, Göteborg, London, Paris, New York und Baltimore erzielte die Harms-Gruppe 1992 einen Gesamtumsatz von 400 Mill. DM. 400 Autotransporter, 5 Rheinschiffe sowie 7 Ro-Ro-Schiffe stehen für die Transportaufgaben zur Verfügung. Im Jahr 1992 wurden über eine Million Transporteinheiten per Lkw, Bahn, Seeschiff und Rheinschiff abgewickelt. Rund 2500 Automobilhändler, alle europäischen Automobilhersteller und namhafte Importeure in der Bundesrepublik Deutschland gehören zum Kundenstamm. *(Bildbeitrag Seite 128, 129)*

Heuer Internationale Speditions-Gesellschaft mbH siehe S = Schifffahrts- und Speditions-Gesellschaft Meyer

Die *Werner Hoffmeister Fischindustrie GmbH & Co.,* Bremerhaven, wurde 1976 gegründet. Das Unternehmen unterhält drei Zweigstellen in Minden, Essen und Brandenburg und betreibt die Heiß- und Kalträucherei von Seefischen (Spezialität: echter Lachs), die Herstellung von deutscher und schwedischer Fischfeinkost der Marke „Kjell Nilssons" sowie von Lachsersatzprodukten. Hoffmeister besitzt als einziger deutscher Hersteller ein Patent für schwedische Fischfeinkost. Absatzgebiet sind neben der Bundesrepublik die Mitgliedsländer der Europäischen Gemeinschaft und der EFTA. *(Bildbeitrag Seite 83)*

Die *Hofmeister & Meincke GmbH & Co,* Bremen, gegründet am 1. Januar 1908, ist mit ihren Niederlassungen in Weyhe/Dreye, Oldenburg, Bremerhaven und Visselhövede im Bereich Industrievertretung für Edelstahl, Schweißzusatzwerkstoffe, Aluminium, NE-Metalle, Kunststoffe sowie Fahrzeugbauteile, Verschleiß-, Ersatz- und Zubehörteile für Pkws und Nkws tätig. Außerdem befaßt sich H & M u. a. mit dem Plasma- und Laserschneiden sowie mit der Oberflächenveredelung von Edelstahlblechen. Bei H & M sind über 500 Mitarbeiter tätig. Das Unternehmen erzielt einen Jahresumsatz von über 200 Mill. DM und bedient Werften und Schiffbauunternehmen, Maschinenfabriken, den Apparatebau und mit über 70000 unterschiedlichen Einzelteilen Fahrzeugfabriken, den Nutzfahrzeughandel und Autowerkstätten.

(Bildbeitrag Seite 146, 147)

Das *Hotel Naber,* Bremerhaven, bietet seinen Gästen gepflegte Gastlichkeit im Zentrum der „Stadt am Meer". Die 99 teilweise exklusiv ausgestatteten Zimmer mit allem Komfort, die Librarybar, vier Banketträume für bis zu 250 Personen sowie ein individueller und persönlicher Service machen den Aufenthalt zu einem Erlebnis. Festlichkeiten, Tagungen und Seminare werden im Hotel Naber maßgeschneidert, entsprechend den Wünschen und Anforderungen der Veranstalter.

(Bildbeitrag Seite 175)

Die *HUAL Høegh-Ugland Auto Liners A/S,* Oslo, wurde im Jahre 1971 als Joint-venture von der Leif Høegh & Co. A/S, Oslo, und der Ugland-Gruppe, Grimstad, gegründet. Sie betreibt den Transport rollender Güter aller Art. HUAL setzt dazu 14 eigene sowie bis zu 20 gecharterte Ro-Ro-Schiffe in weltweiten Liniendiensten ein. *(Bildbeitrag Seite 125)*

Die *Jacobs Suchard Gruppe Deutschland* mit Sitz in Bremen besteht aus den Einzelunternehmen Jacobs Café (gegründet 1895 als Jacobs Kaffee), HAG GF AG (gegründet 1906 als Kaffee HAG AG von Ludwig Roselius), Tobler Zuckerwaren (gegründet 1867) und Suchard Confiserie (gegründet 1825). Jedes Unternehmen ist für sich ein Begriff für hochwertige Markenqualität. Hergestellt und bundesweit vertrieben werden Röstkaffee, Instant-Getränke, Kaffeespezialitäten und Süßwaren. *(Bildbeitrag Seite 70 – 73)*

Zuverlässigkeit, Qualität und hohe Kompetenz sind die herausragenden Attribute der *Wilhm Jöntzen GmbH* in Bremen. Ob es sich um Faltschachtelverpackungen, Verpackungszuschnitte, Systemzuschnitte oder Verpackungsanlagen handelt: Jöntzen ist seit 1842 auf diesem Gebiet ein anerkannter Spezialist. Mit hoher Effizienz, intelligentem Design und maßgeschneiderter Konstruktion verbindet das Unternehmen eine 150jährige Tradition mit modernster Technik.

(Bildbeitrag Seite 111)

KAEFER Isoliertechnik GmbH & Co. KG wurde im Jahre 1918 von Carl Kaefer unter dem Namen Carl Kaefer & Co. in Bremen gegründet und war zunächst ausschließlich im Schiffbau tätig. Im Laufe der Zeit wurden neue Aufgabengebiete erschlossen. KAEFER Isoliertechnik ist heute führend im Wärme-, Kälte-, Schall- und Brandschutz und leistet mit vielfältigen Tätigkeiten einen aktiven Beitrag zum Umweltschutz. In den 75 Jahren des Bestehens ist aus dem Handwerksbetrieb ein Weltunternehmen geworden, das in Deutschland zu den größten der Branche zählt. 35 Niederlassungen und Filialen im Inland und Tochtergesellschaften im europäischen und außereuropäischen Ausland sorgen für direkten Kontakt zum Kunden vor Ort. *(Bildbeitrag Seite 35)*

Die *Firmengruppe kamü* mit Sitz in Bremen besteht aus vier selbständig operierenden Unternehmen. kamü hat nicht nur das Bild der Hansestadt entscheidend mitgeprägt, sondern betreibt Baustellen auch außerhalb Bremens. Ob Bauen, Renovieren, Ausbauen, konventionell und schlüsselfertig, Beraten, Detaillieren, Konstruieren: kamü ist national wie international der kompetente Partner. *(Bildbeitrag Seite 197)*

Die *KARSTADT Aktiengesellschaft* wurde im Jahre 1891 in Wismar von Rudolph Karstadt gegründet. Sie ist heute das größte Warenhaus-Unternehmen in Europa und seit 1902 auch in Bremen ansässig. Das KARSTADT-Haus in Bremen ist heute eines der Flaggschiffe der KARSTADT AG in Essen. Es wurde im November 1989 nach 22monatigem Umbau total renoviert wiedereröffnet. Verkaufsräume und Haustechnik präsentieren sich in neuem Glanz. Mit einer Verkaufsfläche von rund 30000 Quadratmetern „unter einem Dach" ist KARSTADT Bremen eines der größten deutschen Warenhäuser überhaupt und das größte im Raum Nordwestdeutschland. Auch das Sortiment mit sei-

248

nen rund 200 000 Artikeln (verschiedene Farben und Größen nicht gezählt) wurde den Verbraucherwünschen der neunziger Jahre angepaßt. Die einzelnen Abteilungsbereiche präsentieren sich übersichtlich und kundenfreundlich im Fachgeschäftscharakter und sind bedarfsgerecht einander zugeordnet. Ein neuartiges Kundenwegesystem macht es einfacher, sich im Haus zurechtzufinden.
(Bildbeitrag Seite 181)

Ein besonders lukratives, da äußerst wirtschaftliches Leistungsangebot hält die *Bernhard Kathmann Bauunternehmung GmbH u. Co. Kommanditgesellschaft,* Bremen, für Bauherren aus allen Bereichen bereit: die komplette Baurealisierung aus einer Hand! Zur Erfüllung der gestellten Bauaufgaben, mit Schwerpunkt im Hoch- und Ingenieurbau sowie dem Bau schlüsselfertiger Wohn-, Geschäfts- und Industrieobjekte, unterhält die Kathmann Bauunternehmung ein eigenes technisches Büro mit entsprechend qualifizierten Fachleuten. — Den Ansprüchen moderner Architektur im Hinblick auf die fachkundige Ausführung der Gebäudefassaden wird durch die im Betrieb beschäftigten, erfahrenen und qualifizierten Verblendmaurer und Putzer entsprochen. Zur Vervollständigung der Gesamtleistung Fassade ist diesem Unternehmen eine leistungsstarke, nach dem neuesten Stand der Technik ausgerüstete Bautischlerei angeschlossen. Ihr Fertigungsprogramm umfaßt den Fenster- und Türenbau in Einzel-, Serien- und Sonderanfertigungen aus Holz und Holz-Aluminium sowie Treppen und Einbauschränke. Mit seinem umfassenden Leistungsangebot hat das Unternehmen Kathmann in den 48 Jahren seiner Tätigkeit nicht nur am heimischen Markt das Vertrauen seiner Kunden erworben.
(Bildbeitrag Seite 195)

Seit 1853 besteht die *H. F. Kistner Baugesellschaft mbH,* Bremerhaven. Auf dem Hoch- und Industriebausektor ist sie im Land Bremen eines der größten privaten Bauunternehmen im Familienbesitz (in der 4. Generation). Mit ihren Niederlassungen in Bremen und Bremervörde beschäftigt sie insgesamt 300 Mitarbeiter und bietet eine breite Leistungspalette rund um den Bau: Bauunternehmen, Baustoffhandel, Kalksandsteinwerk, Haus & Hobby-Markt. Ihr Aktionsradius umfaßt die Bundesländer Bremen, Niedersachsen und Hamburg.
(Bildbeitrag Seite 211)

Die *Karl Könecke Fleischwarenfabrik GmbH & Co. KG,* Bremen, mit ihrem Stammwerk in Bremen-Sebaldsbrück sowie Produktionsniederlassungen in der Bremer Neustadt, Delmenhorst und Berlin befindet sich seit der Gründung im Familienbesitz. Hergestellt werden alle Wurstsorten des täglichen Bedarfs, Würstchen, Aspikwaren, Bratenartikel, Schinken, Wurstkonserven sowie Convenience-Produkte. Das Unternehmen distribuiert im gesamten Bundesgebiet sowie im benachbarten europäischen Ausland. Mit über 400 Mill. DM Umsatz 1992 sowie rund 1200 Beschäftigten zählt Könecke zu den größten Fleischwarenfabriken in der Bundesrepublik Deutschland und ist führend im Bereich der vorverpackten Wurst.
(Bildbeitrag Seite 88)

1950 gründete Johann A. Krause die *Johann A. Krause Maschinenfabrik GmbH* in Bremen-Farge. Aus Lohnfertigung und Werkzeugbau entwickelte sich der Prüf- und Sondermaschinenbau. So war es dann auch eine Dauerprüfmaschine, die 1967 den Einstieg in die Automobilindustrie ermöglichte. Stets war der Wille zur Innovation der Motor des Fortschritts. Heute beliefert das Unternehmen alle führenden Automobilhersteller Europas mit Montageanlagen zur automatischen Motor-, Getriebe- und Achsmontage. Transportsysteme und Komponenten sowie eine Reihe von Dienstleistungen wie zum Beispiel Simultaneous Engineering und Kundenschulung runden das Lieferprogramm ab. Starke Partner bei der Abwicklung vor Ort sind die Tochterfirmen in England, Frankreich und Spanien sowie Vertretungen in Schweden, Italien, den USA, Brasilien und der GUS. Über 800 hochqualifizierte Mitarbeiter bei der Johann A. Krause Maschinenfabrik GmbH sorgen mit ihrem Know-how für individuelle Lösungen in der Spitzentechnologie.
(Bildbeitrag Seite 50, 51)

Ursprung der *Assekuranzfirma Gebrüder Krose* ist das Rohtabak-Importhaus Meyer & Krose, das im Jahr 1854 von Otto von Meyer und Konsul Wilhelm Krose gegründet wurde. Der Sohn des Gründers, Friedrich Krose, begann das Versicherungsgeschäft als Assekuradeur. Dessen vier Söhne wiederum gaben 1920 dem Unternehmen den Namen Gebrüder Krose. Nach einer kontinuierlichen Aufwärtsentwicklung dehnte die Firma Gebrüder Krose ihr Arbeitsgebiet weit über die Grenzen Bremens aus und zählt heute zu den zehn größten Versicherungs-Vermittlungsfirmen der Bundesrepublik Deutschland. Viele der führenden deutschen Industrieunternehmen zählen zu den Kunden von Gebrüder Krose. Der Schwerpunkt der Zusammenarbeit liegt auf dem Gebiet der industriellen Feuer- und Haftpflichtversicherung. Eine herausragende Marktposition hat Gebrüder Krose bei den Luft- und Raumfahrtversicherungen. Einen nicht unerheblichen Teil seines Prämienvolumens plaziert Gebrüder Krose in den internationalen Versicherungsmärkten. Für Schiffs- und Transportversicherungen wurde die Tochterfirma Reck & Krose Assekuranz GmbH gegründet, die für 25 in- und ausländische Versicherungsgesellschaften „underwriting"-Vollmachten hat.
(Bildbeitrag Seite 167)

Die *KSB Aktiengesellschaft* mit Hauptsitz in Frankenthal wurde 1871 gegründet und ist mit einer Fertigungsstätte auch in Bremen vertreten. Als weltweit agierendes Unternehmen mit zahlreichen Fertigungsstätten, Vertriebsgesellschaften und Vertretungen rund um den Globus ist KSB der kompetente Hersteller und Vertreiber von Pumpen und Armaturen.
(Bildbeitrag Seite 55)

Gebrüder Kulenkampff AG, Bremen, gegründet im Jahre 1806, ist ein international anerkannter Rohtabakhändler. Das Unternehmen betreibt den Import und Transithandel mit Rohtabaken aus den führenden Rohtabakanbauländern der Welt. Es werden weltweit Rohtabake vermarktet, die zum überwiegenden Teil in den Fermentations- und Packbetrieben der Tochterfirmen in den jeweiligen Ursprungsländern aufbereitet und gepackt werden.
(Bildbeitrag Seite 81)

Seit ihrer Gründung im Jahre 1941 hat sich die *Gottfried Lauprecht Holzwerkstoffe GmbH* zur Nummer eins unter den deutschen Holzwerkstoffimporteuren entwickelt. Neben dem Hauptsitz in Bremen betreibt Lauprecht Niederlassungen in Köln, Erdmannhausen (bei Stuttgart) und Wörlitz (bei Dessau). An diesen vier Standorten werden rund 45 000 Quadratmeter Lagerfläche vorgehalten. Die aus aller Welt importierten Holzwerkstoffe werden zu 80 Prozent in der Bundesrepublik und zu 20 Prozent in den EG-Ländern abgesetzt.
(Bildbeitrag Seite 105)

Die *Fr. Lürssen Werft (GmbH & Co.)* wurde im Jahre 1875 gegründet und ist heute noch im Besitz der Familie Lürssen — in der vierten Generation. Motoryachten und Spezialfahrzeuge für Marine, Polizei und Zoll laufen hier vom Stapel und sind anschließend weltweit im Einsatz. Exportiert wird in über 40 Länder. Weltberühmt wurde die Werft durch die Entwicklung und den Bau von Marine-Schnellbooten und Motoryachten bis 50 Knoten Höchstgeschwindigkeit seit Beginn dieses Jahrhunderts.
(Bildbeitrag Seite 30, 31)

Die *MACOR Marine Systems International GmbH,* vormals Deutsche MacGregor GmbH, Bremen, geht auf das Gründungsjahr 1951 zurück. Das Unternehmen ist heute der weltweit älteste Anbieter von Lukenverschlußsystemen und Fördereinrichtungen für Schiffe aller Größen und Verwendungszwecke. Das breite Programm umfaßt alle Arten von Lukenabdeckungen und eine Vielzahl von Cargo-Access-Einrichtungen für Ro-Ro-Schiffe. Über 4000 Schiffe wurden bis heute mit technisch immer hochwertigeren Ausrüstungen beliefert.
(Bildbeitrag Seite 27)

MARITIM Hotel Bremen siehe C = Congress Centrum Bremen

Die *Meistermarken-Werke GmbH*, Bremen, gehört zur Deutschen Unilevergruppe. Das 1969 gegründete Unternehmen ist Spezialist für Großverbraucher. Es produziert und liefert Spezialmarkenprodukte des Nahrungsmittelbereiches an das weiterverarbeitende Gewerbe, wie Bäckereien, Konditoreien, Gastronomie, Gemeinschaftsverpflegung, Catering, Fast-Food-Betriebe und Nahrungsmittelindustrie. Alle Produkte sind auf die unterschiedlichen Bedürfnisse der Kundengruppen abgestimmt. Das Sortiment umfaßt die Warengruppen Margarine, Fette, Öle, Backmittel und Backmischungen, Feinkostprodukte, Glasuren und Überzugsmassen, Fertigsaucen und vieles mehr.
(Bildbeitrag Seite 85)

Die *Mercedes-Benz AG,* Werk Bremen, stellt heute in dem 1938 von C. F. W. Borgward gegründeten Werk hochwertige Automobile der T-Reihe, der SL-Tourensportwagen und der Kompaktklasse her. Die Produktionskapazität von rund 170 000 Fahrzeugen wird etwa zur Hälfte im Inland abgesetzt; im Export werden über 170 Länder der Welt bedient. Das Werk gilt technologisch als eines der modernsten Automobilwerke der Welt; weltweit einmalig ist zum Beispiel das in Bremen angewandte Verfahren zum vollständigen Recycling des bei der Oberflächenbehandlung anfallenden Lackschlammes.
(Bildbeitrag Seite 15)

Bremen entwickelt sich mit seinem „Messe- und Congress Centrum" zum überregionalen Messeplatz. Der Neubau des Congress Centrums hat ideale Voraussetzungen für die Durchführung von Messen und Ausstellungen modernen fachlichen Zuschnitts geschaffen. Attraktive Messestandorte können sich nicht allein auf verbraucherorientierte Großveranstaltungen beschränken; zunehmend bestimmen überschaubare Fachmessen mit ergänzendem Kongreß- und Tagungsteil für den regionalen und überregionalen Einzugsbereich den Charakter der modernen Messeplätze. Für diese Entwicklung ist Bremen nun vorbereitet. Den Veranstaltungs- und Messeunternehmen werden sehr gute Rahmenbedingungen für den Ausbau bestehender und den Aufbau neuer Ausstellungen und Messen geboten. Die *Messe Bremen GmbH* wird als stadteigene Messegesellschaft Partner der externen Anbieter sein und deren Aktivitäten durch eigene Entwicklungen ergänzen. — Attraktiv ist das „Messe- und Congress Centrum Bremen" auch wegen seiner unschlagbaren Citylage mit guter Verkehrsanbindung und den bis zu 5000 Parkplätzen direkt vor den Messehallen. Die Hallenflächen von insgesamt 20 000 Quadratmetern erlauben mit ihrem Zuschnitt von 1000 bis 5600 Quadratmetern die Anpassung an verschiedene Größenerfordernisse und mit dem direkten Zugang zu den Kongreß- und Tagungsräumen die optimale Durchführung von Veranstaltungen jeglichen Typs. — Messen und Ausstellungen: ein Thema, bei dem Bremen in Zukunft in jeder Hinsicht Profil zeigen kann. *(Bildbeitrag Seite 172, 173)*

Die Bremer Unternehmensgruppe *Messerknecht* ist aus der 1908 gegründeten Firma Diedrich Messerknecht hervorgegangen, die mit Kontorbedarf handelte. Seit 1990 fungiert die Stammgesellschaft als geschäftsführende Holding für diese erfolgreiche Unternehmensgruppe, die sich als Systemhaus für Informations- und Kommunikationstechnik versteht. Folgende Unternehmensbereiche stehen im operativen Geschäft: Messerknecht Bürokommunikation GmbH, Messerknecht Datensysteme GmbH, Messerknecht CIM Consulting und Vertrieb GmbH, Meister Computerpartner GmbH sowie die BIT Büro- und Informationstechnik GmbH mit sechs Niederlassungen in Mecklenburg-Vorpommern. Beratung, Vertrieb, Service, Schulung und Finanzierung sind die Stichworte der Leistungspalette, wobei die Spezialisierung der einzelnen Unternehmensbereiche ein hohes Maß an Kompetenz ermöglicht. Die Gruppe hat insgesamt etwa 400 Mitarbeiter, von denen 150 in Mecklenburg-Vorpommern tätig sind.
(Bildbeitrag Seite 210)

Die *MIDGARD Deutsche Seeverkehrs-Aktiengesellschaft,* Bremerhaven, wurde im Jahre 1905 gegründet. Heute bietet sie eine qualitäts-

gesicherte Konstruktion und Fertigung nach DIN/ISO 9001 in den Bereichen Fördertechnik und Hebezeuge, Betriebsmittelkonstruktionen, löschtechnische Begleitung im Seehafenumschlag. Aufgabenschwerpunkte des Container-Services sind Reparatur, Reinigung, Kühltechnik sowie Seehafen-Logistik, Umschlag, Lagerung und Verpackungen. Rund 60 Prozent der Erzeugnisse werden exportiert.
(Bildbeitrag Seite 131)

Die *Molkerei-Union eG* in Bremen-Lesum wurde 1934 als Molkereigenossenschaft Lesum-Burgdamm gegründet. Mit ihren Betriebsstätten in Lesum und Schwanewede bietet sie ein schmackhaftes und gesundes Nahrungsmittelprogramm: Konsummilch, Schlagsahne, Cottage Cheese und Sahneschichtkäse. Mit 110 Mitarbeitern wurde 1991 ein Warenumsatz von 102 Mill. DM erzielt, der überwiegend im Inland (u. a. 18 Aldi-Läger) vermarktet wird. — 1991 kam die Molkerei über die *Bremer Schweiz Mineralwasserbrunnen GmbH* mit dem natürlichen Mineralwasser „Lesumer Urquelle" auf den Markt. Dieses Wasser aus der ersten Bremer Mineralwasserquelle hat Heilwasserqualität und hebt sich mit seinen Inhaltsstoffen wohltuend von den bisher in Norddeutschland bekannten Mineralquellen ab. Seit über 8000 Jahren ruht das Wasser wohlbehütet im Schoß der Erde, von mächtigen Tonschichten vor schädlichen Umwelteinflüssen bewahrt — jetzt erschlossen für die Gesundheitsbewußten von heute und morgen.
(Bildbeitrag Seite 89)

Die *MTP Mehrweg-Transportbehälter-Pool GmbH & Co.,* Bremerhaven, wurde 1991 gegründet. Als Serviceunternehmen bietet MTP die Reinigung von Mehrwegbehältern und Durchführung von Logistikleistungen, insbesondere die Versorgung mit Verpackung durch Vermietung wiederverwendbarer Verpackungssysteme und Kunststoffpaletten für Lebensmittel, Fischwaren aller Art und sonstige Zwecke an. Die von MTP angebotene ThermoBox ist auseinanderklappbar (dadurch reduziert sich das Volumen der Box um 75 Prozent), wiederverwendbar und hygienisch einwandfrei zu reinigen. Die ThermoBox ist aus Polyethylen hergestellt und zu 100 Prozent recycelbar. MTP betreut Kunden in der Bundesrepublik Deutschland; Schwestergesellschaften wurden in Dänemark, Frankreich und den Beneluxstaaten gegründet.
(Bildbeitrag Seite 137)

Der Ursprung der Firmengruppe Manfred J. C. Niemann/Rich. Herbig/Robert Dörrenhaus liegt in der Gründung der Firma *Manfred J. C. Niemann,* Hanseatischer Metallhandel, im Jahre 1976 in Bremen. In den nachfolgenden Jahren wurden Filialen und Verkaufsbüros in der gesamten Bundesrepublik eröffnet sowie die Unternehmen Rich. Herbig (gegründet im Jahre 1924) sowie Robert Dörrenhaus (gegründet 1892) übernommen. 1990 wurden Niederlassungen in den neuen Bundesländern eröffnet. Auslandsbeteiligungen bestehen in Singapore, Südafrika, Holland und Dänemark. Die Unternehmensgruppe beschäftigt sich mit der Lagerhaltung von Halbzeugen aus NE-Metallen sowie deren Anarbeitung nach Kundenwunsch.
(Bildbeitrag Seite 150, 151)

Die *„Nordsee" Deutsche Hochseefischerei GmbH,* Bremerhaven, ist eine Tochtergesellschaft des weltweit tätigen Unilever-Konzerns. Die Versorgung der europäischen Iglo-Gesellschaften und der bedeutendsten nationalen Fischgroßhandels-Organisation, der Van den Bergh Food Service GmbH, wird u. a. durch eine Beteiligung an der „Deutschen Fischfang-Union" in Cuxhaven sichergestellt. 6000 engagierte Mitarbeiterinnen und Mitarbeiter sind für die „Nordsee" tätig. Sie beweisen täglich aufs neue: „Nordsee" — in Fisch die Nr. 1! 177 „Nordsee"-Fischfachgeschäfte in Deutschland und Österreich sowie 138 „Nordsee"-Restaurants in Deutschland, Österreich, den Niederlanden und in England sind Schaufenster des Meeres und Bindeglied zum Verbraucher. Hier wird alles geboten, was das Essen zum Erlebnis macht: von Riesengarnelen aus Ostasien über Rotbarsch aus dem Nordmeer, Fjordlachs aus Norwegen bis zu Meerbrassen aus Frankreich oder Forellen aus dem Hunsrück. *(Bildbeitrag Seite 92, 93)*

Die Öffentliche Versicherung Bremen, die Landschaftliche Brandkasse Hannover und die Provinzial Lebensversicherung Hannover bilden gemeinsam die *Öffentlichen Versicherungen Bremen (ÖVB)*. Sie arbeiten nach dem Prinzip der Gegenseitigkeit. Die erzielten Überschüsse fließen überwiegend den Kunden zu. Durch die enge Zusammenarbeit mit der Sparkasse in Bremen, der Städtischen Sparkasse Bremerhaven und der Landesbausparkasse Bremen bieten die ÖVB auf dem Bremer und Bremerhavener Markt Finanzdienstleistungen aus einer Hand an. Günstige Beiträge und ein enges Servicenetz im Verbund mit den Sparkassen machen die ÖVB seit Jahren zu einem Versicherungsunternehmen mit überdurchschnittlich hohem Wachstum. *(Bildbeitrag Seite 168)*

PANDI SERVICES J. & K. Brons GmbH, 1865 in Bremen gegründet als J. & K. Brons, ist seit über 90 Jahren als Korrespondent für nahezu alle internationalen P & I-Clubs (Schiffshaftpflichtversicherungen) und Defence-Clubs (Schiffsrechtsschutzversicherungen) der „International Group of P & I-Clubs" tätig, um mit großer Expertise zu allen Fragen des internationalen Seerechts in allen Seehäfen von Emden bis Hamburg die Interessen der versicherten Reeder und Charterer zu vertreten sowie den Schiffen und deren Kapitänen unterstützend zur Seite zu stehen. Das weite Feld der maritimen Seeversicherungen wird durch die *PANDI SERVICES J. & K. Brons GmbH* nahestehende Maklerfirma *PANDI MARINE INSURANCE Vermittlungs GmbH* als international tätiger Seeversicherungsmakler abgedeckt. *(Bildbeitrag Seite 165)*

Die *RF Reedereigemeinschaft Forschungsschiffahrt GmbH,* Bremen, wurde 1975 gegründet, um die seit 1970 mit der „Valdivia" begonnenen Aktivitäten im Bereich der Forschungsschiffahrt auszubauen. Die RF bereedert als privatwirtschaftliches Unternehmen Forschungsschiffe unterschiedlicher Größe, die für alle Disziplinen der Meeresforschung weltweit eingesetzt werden. Die Aktivitäten, die sich auf das gesamte Spektrum der Forschungsschiffahrt erstrecken, führten zur Aufnahme von Consultingtätigkeit auf diesem Gebiet und später zur Gründung der Tochtergesellschaft Nautilus Marine Service GmbH, die wissenschaftliche Geräte entwickelt, vertreibt und wartet. *(Bildbeitrag Seite 199)*

A. G. Röhrs & Co. in Bremen blickt auf eine über 100jährige Firmengeschichte zurück und ist das älteste Bremer Unternehmen in der Kiesbranche. Die Firma liefert Kies, Sand und Transportbeton. Ihr Tätigkeitsfeld ist der gesamte norddeutsche Raum. *(Bildbeitrag Seite 121)*

Die *Firmengruppe Enno Roggemann* wurde 1948 in Bremen gegründet und später um die Häuser in Lüneburg, Harsum bei Hildesheim und Ellerbek bei Hamburg erweitert. In Sachsen-Anhalt wurde in Niemberg (Saalkreis) auf der grünen Wiese einer der modernsten Großhandelsbetriebe in den neuen fünf Bundesländern errichtet sowie eine Tochterfirma in Bernau bei Berlin gegründet. Damit verfügt die Firmengruppe heute über sechs Betriebsstätten mit einer Gesamtfläche von etwa 95 000 Quadratmetern und beliefert Handwerk, Handel und Industrie nach einem ausgefeilten, zuverlässigen, festen Tourensystem mit einem Fuhrpark von gegenwärtig 40 Lkws. Das Leistungspaket umfaßt die Beschaffung, Lagerhaltung sowie Auslieferung und orientiert sich am Bedarf einer vielfältigen Kundschaft. *(Bildbeitrag Seite 103)*

Das *Scandic Crown Hotel,* Bremen, wurde 1991 an historischer Stelle in der Bremer Innenstadt, an der Böttcherstraße, mit Integration des denkmalgeschützten Hauses Atlantis eröffnet. Scandic Hotel ist die größte skandinavische Hotelgruppe, mit 108 Hotels und 43 Restaurants verteilt auf acht europäische Länder und seit 1986 in Deutschland mit zur Zeit elf Hotels vertreten. Scandic Hotel ist eine 100prozentige Tochter des schwedischen Aktienkonzerns Förvaltnings AB Ratos, welcher mit den weiteren Unternehmen Dahl, Stancia und Inter Forward zu einer der ältesten Aktiengesellschaften Schwedens zählt. Sitz des Konzerns ist Stockholm. *(Bildbeitrag Seite 171)*

Die *Schiffahrts- und Speditions-Gesellschaft Meyer & Co. GmbH* sowie die Schwesterfirma *Heuer Internationale Speditions-Gesellschaft mbH* sind seit ihrer Gründung 1967 Spezialisten für die Fruchtlogistik. Die Leistungspalette umfaßt die Schiffsagentur und Klarierung, Löschabwicklung, Kühllagerung, die Transportraumbeschaffung und Abwicklung per Waggon und Lkw, die Speditionsabwicklung hinsichtlich sämtlicher behördlicher und hoheitlicher Abfertigungen, den Containerumschlag und die Containerversendung sowie die Regreßführung im Falle von Transportschäden. Die Fruchtimport- und Transitabfertigung bezieht sich auf Bananen und allgemeine Frucht aus den europäischen und überseeischen Produktionsländern. *(Bildbeitrag Seite 132, 133)*

Im Jahre 1956 gründete Malcolm McLean, der Erfinder des Containers (genormter Stahlbehälter) für den Transport von Stückgütern auf Straße, Schiene und Wasser, die *Sea-Land Service, Inc.* Seit 1966 werden unter anderem auch die bremischen Häfen bedient. Das Unternehmen ist spezialisiert auf logistische Gesamtkonzepte, die auf dem Schiffahrtssektor weltweit Anerkennung finden. Sea-Land bietet seinen Kunden in allen internationalen Fahrtgebieten einen umfassenden Service und deckt flächenmäßig rund 90 Prozent des containerisierten Weltmarktes ab. *(Bildbeitrag Seite 113)*

Schon im 19. Jahrhundert war die Vorgängerfirma der heutigen *Seefisch Vertriebsgesellschaft mbH & Co. KG,* Bremerhaven, auf dem Gebiet des aktiven Frischfischhandels tätig. Die heutige Leistungspalette umfaßt Frischfisch, Räucherfisch, lebende Fische sowie den Handel mit sämtlichen Artikeln des Marinaden- und Feinfischsortiments. Durch sehr gute Auslandskontakte wird ein hoher Importanteil an Rohware sichergestellt. Der eigene Werkfernverkehr ermöglicht eine Direktanlieferung bei der Groß- und Einzelhandelskundschaft. Die Seefisch Vertriebsgesellschaft ist die einzige Fischgroßhandlung mit einer Hälteranlage für lebende Süßwasserfische. *(Bildbeitrag Seite 91)*

Seit ihrer Gründung im Jahre 1913 entwickelte sich die *Siemer + Müller GmbH & Co. Kommanditgesellschaft* zu einem der führenden mittelständischen Bauunternehmen der Unterweserregion. Mit rund 550 Mitarbeitern ist Siemer + Müller auf fast allen Gebieten des Bauens tätig: Tief-, Erd-, Straßen- und Gleisbau, Hoch- und Ingenieurbau sowie Druckrohrleitungsbau für Gas und Wasser. Darüber hinaus hat man sich auf Schienenverbindungsschweißungen und Rammarbeiten spezialisiert. Die auch nach acht Jahrzehnten weiterhin dynamische Entwicklung in diesem Familienbetrieb führte u. a. zu Unternehmensbeteiligungen sowie zur Gründung von Niederlassungen in den neuen Bundesländern. *(Bildbeitrag Seite 194)*

Seit ihrer Gründung im Jahre 1981 (1948) hat sich die *Spinnbau GmbH,* Bremen, weltweit einen Namen gemacht. Sie bietet ihren Kunden ein umfassendes Leistungspaket: Planung, Vertrieb und Engineering von Nonwoven-Gesamtanlagen für thermische, mechanische und chemische Verfestigung; Vlies- und Wirrvlieskrempeln in Einabnehmer- und Doppelabnehmerbauart; Krempeln für Aramid-Fasern; andere Asbestersatzfasern. Bei der Spinnbau wurde u. a. die erste Wirrvlieskrempel entwickelt. Rund 75 Prozent der Produktion werden exportiert. *(Bildbeitrag Seite 52, 53)*

251

Die *Walter Sporleder GmbH & Co. KG*, Bremen, gegründet 1951, ist als Schiffsmakler und Reedereiagent ein typischer Vertreter dieser weltweit an die Häfen gebundenen Unternehmen. Das traditionelle Fracht- und Schiffsabfertigungsgeschäft ist bei dieser Firma heute aber nur noch ein Teil der gesamten Transportlogistik, bei der die gebuchten, bewegten und überwachten Container inzwischen fast mehr Gewicht haben als die rund 300 im Jahr abgefertigten Schiffe.
(Bildbeitrag Seite 123)

Das *Stadttheater Bremerhaven* hat eine über hundertjährige Tradition: gegründet 1867, Neubau 1911 (Architekt Oscar Kaufmann), 1944 zerstört und 1952 (Großes Haus) sowie 1955 (Kleines Haus) wiederaufgebaut. Das Bremerhavener Theater bietet einen abwechslungsreichen Spielplan mit Oper, Operette, Musical, Schauspiel, Kinder- und Jugendtheater, Ballett, Sinfoniekonzerten, Kammerkonzerten und Aufführungen der Niederdeutschen Bühne „Waterkant". Pro Spielzeit finden im Großen Haus (722 Plätze) etwa 260 Vorstellungen statt, im Kleinen Haus (122 Plätze) etwa 225. *(Bildbeitrag Seite 227)*

Als Gründungsdatum der *Stadtwerke Bremen Aktiengesellschaft* gilt die Inbetriebnahme des ersten städtischen Gaswerks im Jahre 1854. Heute liefern die Stadtwerke Strom und Wärme aus eigenen Heizkraftwerken sowie Erdgas und Trinkwasser. Mit rund 3000 Mitarbeitern wird ein Jahresumsatz von 1,3 Mrd. DM erzielt. Beteiligungen bestehen an der Windnutzungs-Gesellschaft/Windpark Wurster Land, der Stromversorgungsgesellschaft Greifswald sowie der Tochtergesellschaft Kommunale Gas Union. *(Bildbeitrag Seite 61)*

Die *STN Systemtechnik Nord GmbH*, Bremen, ein Unternehmen der Bremer Vulkan Verbund AG, wurde 1990 als Holding der beiden Tochtergesellschaften MSG Marine und Sondertechnik GmbH (vormals Teil von MBB, Bremen) und DMT Marinetechnik GmbH (vormals AEG, Hamburg) gegründet. 1992 erfolgte die Verschmelzung von MSG und DMT zur STN Systemtechnik Nord GmbH. Als Spezialist für anspruchsvolle Systemlösungen in Schiffstechnik, Marine, Luftfahrt, Logistik sowie Umwelt- und Verkehrstechnik ist das Unternehmen weltweit aktiv. Rund 60 Prozent entfallen auf den wehrtechnischen, 40 Prozent auf den zivilen Bereich. *(Bildbeitrag Seite 42, 43)*

Gebrüder-Thiele-Gruppe, Bremen. „Mit viel Erfahrung für die Zukunft" — dies ist das Motto der 1848 gegründeten, mit der Entwicklung Bremens eng verbundenen, mittelständischen Firmengruppe. Aktivitätsschwerpunkte sind der Konsumgütergroßhandel, der Produktionsverbindungshandel und der internationale Handel sowie die Fertigung und Assemblierung. Leistungsfähige Distributionsstrukturen — verbunden mit einem umfangreichen nationalen und internationalen Dienstleistungsangebot — machen es möglich, den Anforderungen einer vielfältigen Kundschaft zu entsprechen. Das Lieferprogramm umfaßt mehr als 60000 Artikel, darunter Werkzeuge, Eisenwaren, Haushaltsartikel, Freizeitgeräte, technische und Taklereiartikel, Gießereierzeugnisse, das gesamte Haustechnikprogramm, maschinelle Anlagen und Ausstattungen sowie Halbfertigerzeugnisse. Die Firmen der Gebrüder-Thiele-Gruppe — gerüstet auf das Zusammenwachsen der Weltmärkte — sind in Europa, Ostasien und den USA tätig. Die gewollt heterogene Gruppenstruktur und dezentrale Organisationseinheiten fördern die notwendige Marktnähe und eine strikte Ausrichtung auf die jeweiligen Kundengruppen. *(Bildbeitrag Seite 144, 145)*

Die *Überlandwerk Nord-Hannover AG* mit ihrem Sitz in Bremen beliefert das Gebiet zwischen Weser und Elbe mit elektrischer Energie und in Teilbereichen mit Gas und Wärme. Zu den Aufgaben der ÜNH gehört auch die Verwirklichung von Ver- und Entsorgungskonzepten. An der ÜNH sind der Zweckverband Stade sowie die PreussenElektra be-

teiligt. Als kommunaler Dienstleistungspartner stellt sich die ÜNH der Herausforderung im Umweltschutz und geht neue Wege bei der Verwirklichung alternativer Energieerzeugungskonzepte.
(Bildbeitrag Seite 67)

Die *Unterweser Reederei GmbH*, Bremen — kurz URAG —, besitzt eine mehr als 100jährige Tradition als Spezial-Schiffahrtsunternehmen. Die zentralen Geschäftsbereiche sind die Bugsier- und die Seeschleppschiffahrt, Bergungsdienste, Versorgungsschiffahrt sowie der firmeneigene Werkstattbetrieb. Durch die RF Reedereigemeinschaft Forschungsschiffahrt GmbH, Bremen, an der die URAG zu 50 Prozent beteiligt ist, werden überdies zur Zeit acht Forschungsschiffe bereedert, darunter die FS „Meteor" und FS „Sonne". Die URAG, die rund 350 Mitarbeiter beschäftigt, bildet zugleich das Herzstück der Sparte Seeschiffahrt innerhalb des Konzerns der Lehnkering Montan Transport AG, Duisburg. *(Bildbeitrag Seite 118)*

Die *Vetter Stahlhandel GmbH*, Bremerhaven, wurde 1946 von Friedrich Vetter gegründet. Als einer der leistungsstärksten Großhandelsbetriebe der Region verfügt Vetter heute über ein breites Sortiment an Walzstählen aller Art, außerdem führt er Edelstähle, Metalle, Baustahlmatten und Bauelemente wie zum Beispiel Garagentore, Industrietore, Stahltüren, Rosten und andere Kleineisenteile. Er beliefert alle stahlverarbeitenden Betriebe, insbesondere die Bauwirtschaft, im Raum nördliches Niedersachsen, Bremerhaven und Bremen. Zum weiteren Angebot gehört die Anarbeitung von Stahl, wie Sägen, Bohren, Schweißen, Lochen von Stabstahl; Schneiden und Biegen von Betonstahl und Gewerbematten. U. a. steht eine Brennschneidanlage zur Verfügung. *(Bildbeitrag Seite 153)*

Im Jahre 1932 gegründet, hat sich die *Spedition Berthold Vollers* zu einer leistungsfähigen Seehafenspedition mit Lagerei entwickelt. Heute sind mehr als 300 Mitarbeiter für die Vollers-Unternehmensgruppe in Bremen, Hamburg, Rostock und Antwerpen tätig. Neben dem traditionellen Bereich der Lagerung, Bearbeitung und des Transports von Kaffee gehören die Produktgruppen Kakao, Baumwolle, Wolle, Tabak, Tee und Honig zum Programm. Darüber hinaus ist Vollers ein leistungsfähiger Partner im Bereich der regionalen Stückgutdistribution. *(Bildbeitrag Seite 135)*

Das *VW-Audi Vertriebszentrum WESER-EMS GmbH + Co. KG* in Bremen, eine Tochtergesellschaft der Volkswagen AG, Wolfsburg, nahm 1976 seine Tätigkeit als Generalvertretung der Volkswagen AG auf. Es betreut 180 Volkswagen- und Audi-Partner in Nordniedersachsen und Bremen, von der holländischen Grenze bis zur Elbe. In diesem großflächigen Gebiet sind mehr als 500000 Volkswagen- und Audi-Fahrzeuge zugelassen, für die die VW- und Audi-Partner den notwendigen Service erbringen. Über Schiene und Straße versorgt das Vertriebszentrum unter Einsatz modernster Technik und Logistik jeden der VW- und Audi-Partner mit Originalteilen, Zubehör und Betriebsmitteln innerhalb von maximal 24 Stunden. Auf einer Lagerfläche von 21000 Quadratmetern wird ständig ein Liefersortiment von 43000 verschiedenen Artikeln vorgehalten. Täglich werden rund 8000 bestellte Positionen den VW- und Audi-Partnern zugestellt.
(Bildbeitrag Seite 149)

Die 1946 gegründete *Spedition Würfel GmbH & Co.* hat ihren Hauptsitz in Bremerhaven. Sie bietet ihren Kunden ein umfassendes Knowhow in den Bereichen Logistikberatung, internationale Transporte (Schwerpunkt Volumentransporte) sowie Lagerbewirtschaftung. Die Spedition Würfel entwickelte u. a. die erste bahnfähige Volumenwechselbrücke. *(Bildbeitrag Seite 136)*

List of Companies, Administrations and Associations

Addicks & Kreye GmbH & Co., cargo superintendents, sworn measurers and checkweighers, Bremen. In 1908 Gustav Addicks and Georg Kreye founded the company as successor to the firm of Baurmeister und Weyhusen, and in 1970 the subsidiary Addicks & Kreye Container Service GmbH & Co. was founded, also in Bremen. The latter firm operates container depots in Bremen and Bremerhaven, and is engaged in container trucking and in container repairs and sales. 1992 Addicks & Kreye Container Logistik GmbH & Co. KG, Bremerhaven, was founded for the transport operation. *(Illustrated contribution page 134)*

AOK Bremen/Bremerhaven. Benefits and service — these are two convincing arguments for this health insurance fund, for right at the front of its efforts stands its work in assuring the health of about 300,000 insured persons in Bremen and Bremerhaven. With a comprehensive range of preventive health measures and many meaningful and convincing treatments, "AOK — The Health Fund" makes a big contribution to improving the quality of life. It is always better to stop illnesses before they start, and today that means prevention. The AOK helps fast and unbureaucratically. All decisions are made locally. The AOK provides benefits amounting to a billion marks a year, and is thus an important factor in Bremen's economy. Its motto is: "We stand up for your health — AOK, the Health Fund."
(Illustrated contribution page 169)

aqua signal Aktiengesellschaft, Bremen, stands for more than 125 years of top technology in the field of maritime lighting systems and now also in the related electronics. As a leader worldwide in this field, aqua signal assumes general responsibility for the complete lighting installations on board ship and offshore, and sets standards in quality and innovation. For example, the company was the first manufacturer of dimmable electronic ballasts for fluorescent lamps. About 60 percent of production is exported. The aviation industry is also supplied by the subsidiary airsigna GmbH & Co. KG, Bremen.
(Illustrated contribution page 33)

From its founding in 1902, *Atlanta Aktiengesellschaft,* fruit dealers in Bremen, expanded rapidly and soon had a network of branches covering all of Germany. In the 1970s its international fruit business developed further with branches and agencies in many countries of Europe, so that today the Atlanta Group is number 1 in the European fresh fruit trade. In Germany alone it has more than 40 branches, these being equipped with banana ripening plants, large order-picking and pallet-stacking warehouses, combination cooling rooms and fruit packaging stations. *(Illustrated contribution page 87)*

Atlas Elektronik — a sound decision: *Atlas Elektronik GmbH,* founded in 1902 as Norddeutsche Maschinen- und Armaturenfabrik, develops and manufactures equipment and systems that help people to control technical and industrial processes. Signal and data processing, hydroacoustic technology, highfrequency technology and optronics/optics are the basic technologies for decision electronics from Atlas Elektronik GmbH. They find application in shipping, in environment protection, in network control technology and warehouse automation, in research and defence. As a future-oriented electronics company, Atlas Elektronik invests 14 percent of its turnover in research and development, and also participates in several national and European research projects. A workforce of 3,300 is employed at the headquarters of the Atlas Elektronik Group in Bremen, and engaged in Process Data Systems, Marine Electronics, Logistics and Service, Army, Navy and Simulation. A further 1,000 employees are at work in subsidiary and holding companies in Germany and abroad. Almost half of the group's employees are engineers and technicians.
(Illustrated contribution page 40, 41)

Baecker AG in Bremerhaven is specialized in services for imports and exports of motor vehicles and parts. In accordance with the slogan "allround and mobile", Baecker provides a wide range of services including Pre-Delivery-Inspection, Dewaxing and Waxing, Body repair, painting, accessory installation, sport package conversion, retrofit works and homologation. With a production center of 18,000 sqm, testing programmes for engines, chassis and tyres as well as parking and operation areas of about 330,000 sqm, almost everything at Baecker has to do with the automobiles and parts.
(Illustrated contribution page 143)

Following a well-considered corporate policy, *Hans Baltus G.m.b.H. & Co.* (founded by Hans Baltus in May 1950), rapidly became a leader on the Bremen construction market, and today operates several ready-mix concrete plants supported by a large fleet of truck mixers for supplying building sites in Bremen and Lower Saxony. The use of modern and powerful concrete pumps ensures that the specific requirements of the individual building sites are met exactly and on time. Company-own gravel pits provide sand and gravel, and to maintain supplies to the concrete plants even during weather-caused stoppages in gravel production, adequate storage capacity is maintained at the port handling areas. The company has also made a name for itself in recent decades as supplier for other concrete and asphalt plants, likewise for the restoring of the landscape around flooded gravel pits to attractive landscapes as required for the protection of the countryside. *(Illustrated contribution page 196)*

Bankhaus Neelmeyer was founded by Peter Franz Neelmeyer in Bremen in 1907, and in the 85 years since then it has become a regional bank with universal character and a balance sheet total of about 1.4 billion DM. With about 250 employees in nine branches it serves a large clientele. On the one hand the emphasis is on small and

medium-sized businesses — traditionally the short-dated foreign business is of importance — and on the other in the prosperous private customer business with a full range of services, particularly investment advice and property management. The bank is also active in dealing in and financing of real estate.
(Illustrated contribution page 161)

BEGO *Bremer Goldschlägerei Wilh. Herbst GmbH & Co.,* Bremen, was founded by Dr. h. c. Wilhelm Herbst in 1890. Dental technicians in over 100 countries use the complete systems of equipment and materials developed and produced by BEGO for the entire crown and bridge and partial denture technique.
(Illustrated contribution page 107)

BICC-VERO Electronics GmbH, Bremen, is the German branch of the British-based BICC-VERO Electronics Group. There are other branches in France, Italy, Sweden and the U.S.A. Highly qualified engineers are constantly at work on further developments in thermodynamics, EMV shielding, IP cladding, bus systematics, power supply and, not least, surface finishing and design. So under one roof there are produced functional electronics and mechanical design systems. Both sectors are equipped with the most modern production technologies such as SMT and DNC controls. The many CAD stations are linked via a mainframe with the AV, the production systems, the test rig and QC — the best conditions for a high standard of quality.
(Illustrated contribution page 47)

Bruno Bischoff Reederei GmbH & Co., Bremen, is part of the Bischoff Group. The company was founded in 1899, has about 350 employees today and also includes the following firms: Nicolaus Haye & Co, liner agent and ship broker representing leading shipowners and part-owner of Universal Linienagentur in Bremen and Hamburg, which represents the round-the-world container service of DSR/Senator Line; Weser Distrikt Stauerei Eilemann & Bischoff, stevedores, carpenters and freight packagers; also Paul Klembt GmbH & Co., forwarders and transhipment facility at Bremen's Industriehafen, the latter being part of one of Bremen's most modern cargo-handling operators. The companies of the Bischoff Group have their own offices in Bremerhaven, Hamburg and Lübeck, and Bischoff Reederei additionally in Oslo, Gothenburg, Moscow and St. Petersburg. Within Germany there are representatives in Düsseldorf, Frankfurt, Munich and Stuttgart.
(Illustrated contribution page 119)

BLG *Bremer Lagerhaus-Gesellschaft, Aktiengesellschaft von 1877,* is the Port Operating Company of the free port areas of Bremen and Bremerhaven. With about 3,700 employees it is one of Europe's largest port operating companies. BLG's services comprise the handling of goods, storage as well as the Europe-wide distribution of high-quality cargo. 150 million consumers live in the catchment area of the Ports of Bremen, consisting of Northern, Central and Eastern Europe as well as parts of Southern Europe. This important market is linked excellently with the Ports of Bremen due to an extensive network of rail lines, roadways and waterways. The Container Terminal Bremerhaven is one of Europe's largest single container handling facilities. In 1991, BLG handled 1.2 million (TEU) containers here. Another important activity is the handling of vehicles. In 1991, more than 778,000 vehicles were exported or imported via the BLG facilities in Bremerhaven. In Bremen, special importance is given to traditional general cargo such as cotton, wool, coffee, cocoa, tobacco, forest products, citrus fruits, steel products and chemicals. In 1992, BLG handled a total of 18.2 million tonnes.
(Illustrated contribution page 114, 115)

BMW has been in Bremen for more than sixty years. Closely associated for decades with the name of Müller-Nielsen, the marque has been represented since 1986 by the *BMW Bremen branch.* As one of the most modern BMW dealers in the Federal Republic, the Bremen branch offers not only new and used cars and motor cycles; at the annual car centre they also sell high-quality used BMW cars that are not older than 15 months. Other plus points are a modern workshop with a permanent team of skilled workers, a comprehensive range of parts and accessories, and advantageous financing and leasing arrangements.
(Illustrated contribution page 154, 155)

Juwelier Boersma have been jewellers in Bremerhaven since the firm was founded in 1982. Discerning customers can here choose from a high-quality watch and jewellery collection created by international designers.
(Illustrated contribution page 184)

With an annual beer production of almost five million hectolitres, *Brauerei Beck & Co,* Bremen, the renowned private company of the Hanseatic city, is one of Germany's largest breweries. The Beck's group also includes Haake-Beck Brauerei AG, Rostocker Brauerei GmbH, Bremer Erfrischungsgetränke-GmbH and Nienburger Glas GmbH & Co. Turnover of the group (more than 4,000 staff), is about 1.3 billion DM. Beverage sales exceeded six million hectolitres for the first time in the fiscal year 1991–92.
(Illustrated contribution page 69)

Bremer Landesbank Kreditanstalt Oldenburg — Girozentrale — with its headquarters in Bremen, has branches in Bremen and Oldenburg. This bank was founded in 1983 as a result of a merger between the Staatliche Kreditanstalt and Bremer Landesbank. Not only is it the central savings bank but as a universal bank it also specializes in foreign transactions, securities, shipping finance and loans to the municipal and commercial sector.
(Illustrated contribution page 157)

The founding of the Central Market for Indonesian cigar tobacco in Bremen in 1959 was the first German-Indonesian joint venture, and thus a milestone in the economic relations between the two countries. Since then, sales of Indonesian export tobaccos intended for Europe have taken place in the striking building of the *Bremer Tabakbörse* (Bremen Tobacco Exchange), which is owned equally by the Indonesian plantation companies and Bremen's raw tobacco houses — the so-called "Bremen Group". Here in Bremen's freeport area the cigar industry buyers assemble several times a year to obtain their supplies of high-quality tobacco from Sumatra and Java.
(Illustrated contribution page 77)

Bremer Tageszeitungen AG with its Martinistrasse press house and Woltmershausen printing house employs more than 950 people, added to which are about 1,700 newspaper deliverers. With editorial offices in Bremen (for WESER-KURIER, BREMER NACHRICHTEN, KURIER AM SONNTAG and the supplement WOCHEN-JOURNAL), and others in Achim, Bremen-Nord, Brinkum, Delmenhorst, Lilienthal, Osterholz-Scharmbeck, Syke and Verden, it is by far the largest press enterprise in the state of Bremen. Accordingly, its daily newspapers grouped together in the BREMER ANZEIGENBLOCK occupy the leading position in Bremen's economic area.
(Illustrated contribution page 222, 223)

The Vulkan Group is one of Europe's leading maritime industry concerns. Under the strategic leadership of the holding company, *Bremer Vulkan Verbund AG,* it synergically unites important German shipyards with leading firms in marine electronics and system technology. The group employs more than 25,000 people in all of Germany and is represented at more than 120 locations worldwide. With its six divisions — shipbuilding, naval shipbuilding, industry, electronics and system technology, services and Mecklenburg-Western Pomerania. The Vulkan Group had a total output valued at 4.2 billion DM in 1992. On the threshold of the oceanic century, the challenges which can only be met with the highest expertise, the group pursues a wide range of activities based on the maritime technologies of the future. Climate, food, energy, raw materials, transport, marine construction and maritime recreation are dependent on these technologies. Among the firms comprising Bremer Vulkan Verbund are Atlas Elektronik GmbH, Bremer Vulkan Werft, Geeste Metallbau GmbH, Schichau Seebeckwerft AG, STN Systemtechnik Nord GmbH and Vulkan Engineering GmbH.

(Illustrated contributions pages 28, 29, 37, 40 – 43)

Bremer Wertpapierbörse (Bremen Stock Exchange) can look back on a more than 300-year tradition. As money market for Bremen and Northwest Germany it has been very successful, and turnover has tripled since 1982. As in the past, it continues to offer an attractive service at reasonable prices, market transparency and protection of investors. The share capital is 59 billion DM and the volume of fixed-interest securities is about 850 billion DM.

(Illustrated contribution page 160)

Bremer Woll-Kämmerei AG has, throughout the 110-year history of the company, always been mainly concerned with the manufacture of intermediate products for worsted spinning, that is to say tops of shorn wool, man-made fibres and fibre blends, which are exported worldwide. BWK is one of the leading international suppliers of wool tops. The production facilities in Bremen-Blumenthal are the largest of their kind in the world.   *(Illustrated contribution page 99)*

Bremerhavener Versorgungs- und Verkehrsgesellschaft mbH (BVV) together with the *Bremerhavener Entsorgungsgesellschaft mbH (BEG)* provide Bremerhaven with an efficient service covering utilities and waste disposal. The BVV, founded in 1969, supplies the city 24 hours a day with electricity, gas, water and district heating, while its modern local passenger transport has added much to the quality of life. The BEG with its refuse-fired heat-and-power station, sewage purification plants, refuse dump and composting plant meets the needs of Bremerhaven and other area authorities for environment-friendly and energy-minded waste disposal by using this to provide electricity and district heating. BVV and BEG: the partnership for an environment-oriented future!   *(Illustrated contribution page 65)*

Erwin Brüssel, short- and long-distance freight carriers, forwarders and storage services, based in Bremerhaven. Founded in 1948 as haulage contractor, it quickly developed to become a highly-regarded carrier and forwarder. In 1972 ownership passed to Manfred Brüssel who together with his sons has made the company a specialist carrier for the food sector, so that today the name of Brüssel stands for speed and reliability in fresh-food transport everywhere in Germany, and also in the EC and Eastern Europe. Meticulous planning at the company — today with more than sixty employees — ensures that things proceed smoothly.   *(Illustrated contribution page 95)*

Comet GmbH, Pyrotechnik — Apparatebau, Bremerhaven, manufactures with a staff of 320 employees highgraded quality-products: Small fireworks, sea distress signals and devices, defence technology products, gas pressure generators, pyrotechnic and electric igniters. On top of quality control, special attention is paid to research and development. The full range of pyrotechnical sea rescue equipment is manufactured in accordance to the rules of International Convention for Safety of Life at Sea and is approved by almost all seafaring nations. Export takes place in more than 40 countries.

(Illustrated contribution page 109)

Bremen Congress Center (Congress Centrum Bremen) a glass-and-steel structure with its many interesting architectural details, is unique throughout Europe. A variety of congress and convention facilities meet all purposes and requirements. Five large banquet and conference halls and eleven smaller rooms for groups up from 25 persons provide room for a total of 3,300 participants. All conference and congress facilities are air-conditioned and meet the highest technical standards. The philosophy of the MARITIM group is: to convene and reside under the same roof. Its excellent location and its direct connection with the Bremen *MARITIM Hotel* will make the city of Bremen successfully compete as a fair and congress location throughout Europe.

(Illustrated contribution page 172, 173)

DCP Dettmer Container Packing GmbH & Co. KG, Bremen, founded in 1984, operates three partly heated warehouses totalling 31,000 square metres on an area of 70,000 square metres at Bremen's freight transport centre. This provides optimal conditions for distribution activities and particularly for the loading and unloading of overseas freight containers as a major part of the service. Close proximity to the combined transport terminal is a requirement for long-term logistic concepts. DCP is the competent partner for worldwide transshipment.

(Illustrated contribution page 127)

B. Dettmer Reederei GmbH & Co., Bremen, also has branches in Berlin, Hamburg, Duisburg, Mainz, Nürnberg and Magdeburg. It was founded in 1948 by Bernhard and Wilhelm Dettmer and engages in inland shipping, carrying dry and liquid cargoes on all German waterways and adjoining rivers and canals. It is today Europe's largest privately-owned inland shipping company.

(Illustrated contribution page 126)

Deutsche Schiffsbank AG, Bremen/Hamburg, was formed in 1989 through a merger of the two leading German ship finance institutions, the origins of which go back to 1918. It specializes in providing credit for the newbuilding and purchase of ocean-going, coastal and inland waterway ships and fishery vessels, to domestic and foreign shipowners as well as to public institutions. The bank is funded through the sale of ship mortgage bonds and municipal ship bonds.

(Illustrated contribution page 163)

Die Sparkasse in Bremen (Bremen Savings Bank) was founded in 1825 by a group of prominent Bremen citizens and since then has operated as "independent" savings bank without direct influence by the local authorities. It is today Bremen's leading bank and offers private and corporate customers a complete range of banking and related financial services expected of a progressive bank: from traditional savings accounts through home-building, insurance and leasing arrangements as well as borrowing of all kinds right up to financial services in international business.

(Illustrated contribution page 158, 159)

Since its founding in 1986, *Doggerbank Seefischerei GmbH*, Bremerhaven, has progressed to become the largest and most important fishing company in the state of Bremen. It specializes in frozen herring and mackerel, some 80 percent of which is exported.

(Illustrated contribution page 78, 79)

Dreiha-Werk Hornkohl + Wolf GmbH & Co., Bremen. It was in 1926 that Theodor Hornkohl founded the company, specializing in the manufacture of units and accessories for heating, ventilating and air conditioning in commercial vehicles and construction machinery. As supplier to the international commercial vehicle industry, Dreiha-Werk (with a workforce of 200), develops, produces and sells ventilating equipment and systems mainly for buses, trucks, construction machines, electric trains and buses, inland waterway ships and special-purpose vehicles. In addition to the German market the company supplies to the neighbouring European countries, Scandinavia, Israel, elsewhere abroad and overseas. *(Illustrated contribution page 19)*

DS-Chemie GmbH in Bremen, founded in 1965, is known worldwide as one of the largest manufacturers of a wide range of sealing compounds for packaging in the food and beverage industries as well as special compounds for coating, injection moulding and extrusion processes. With customers in more than 90 countries, some 65 percent of production is exported worldwide. DS-Chemie occupies a leading position in the non-PVC sector. *(Illustrated contribution page 108)*

DST Deutsche System-Technik GmbH was founded in 1990 by way of management buy-out through the Philips managers Bruno Jacobi and Hans-Jörg Zobel. DST combines the innovative strengths of a modern medium-sized company with four decades of tradition and experience in the development and manufacture of high-tech electronic products and systems, and in the provision of logistics and maintenance support. In Bremen and Kiel some 1,000 employees — more than 400 of them engineers, computer specialists and scientists — are engaged in the development of advanced solutions in the fields of security, traffic, industry and environment technology. Branch offices in Berlin, Bonn, Frankfurt, Gera, Koblenz, Munich and Wilhelmshaven mean that the independent telematics system house DST is always close to its customers. DST Deutsche System-Technik markets its products and systems mainly in Germany, Europe and the U.S.A. It is represented in 32 countries worldwide by agents and partner companies. *(Illustrated contribution page 44, 45)*

As one of the major firms in the German coffee business, *Eduscho GmbH & Co. KG*, Bremen, founded in 1924, evaluates progress in terms of what the customer must especially experience with a cup of roast-fresh Eduscho coffee. The innovations are aimed primarily at maintaining the traditional high quality standard. The Bremen family firm (with more than 6,000 employees), advocates fair raw coffee prices to improve the situation of the growers in the Third World. Eduscho is also active in environment protection, where in recent years numerous significant innovations in roasting and packaging have brought improvements. Beyond that Eduscho is involved in sponsoring of coffee-culture, for example with its valuable collection "Pictures from the History of Coffee". With this attention to quality, environment and culture, the company has also progressed favourably beyond Germany, particularly in Austria, Switzerland and Hungary, where Eduscho is now also a leader in the coffee market.
(Illustrated contribution page 75)

When it is a question of surface treatment, *euroflamm GmbH*, Bremen, is the right partner. The company, which was founded in 1956, satisfies a wide range of customer requirements: series production of coated components for automobile and commercial vehicle drives; series-produced parts for highly wear resistant components in machine construction and agricultural machinery; manufacture and repair of components for large engines in shipbuilding and naval construction; repairing and coating of rollers for the paper and steel industries; protective coatings by metal alloys, hard materials and ceramics applied by thermal spraying. Among other things, euroflamm developed the first functional coatings for automotive gear synchronization and for the sterilization of drinking water by ozone. About 50 percent of production is exported. *(Illustrated contribution page 17)*

Fischereihafen-Betriebs- und Entwicklungsgesellschaft m.b.H. (FBEG), Bremerhaven, was founded in 1896. The main activities of this port operating and distribution company concern port development and the promotion of economy, consulting, rentals and leasing, as well as electricity and water supply. The fishing port has well developed industrial sites available which are close to the port. The FBEG offers investors an interesting service.
(Illustrated contribution page 117)

Flughafen Bremen GmbH. "Bremer Verein für Luftfahrt" officially received permission to set up an air base in 1913. The Flughafen-Betriebsgesellschaft mbH was founded in 1921 for the purpose of clearing and despatching of air transport. International scheduled and charter flights are handled. *(Illustrated contribution page 139)*

Galeria Horten in Bremen — a world full of ideas. Since the reopening in 1973 the Horten department store in Bremen has had a special flair. On a sales area of 22,000 square metres the shopper finds ten product worlds on six floors. A panorama parking deck, two restaurants, an international perfumery, a travel agency plus services ranging from wedding presents to packaging and delivery make each visit there a special occasion. *(Illustrated contribution page 182, 183)*

Geeste Metallbau GmbH in Bremerhaven, founded in 1989, specializes in the manufacture of ship sections, structural steelwork and steel hydraulics structures as well as aluminium, stainless steel and special steel working. The company has approval for all the classification societies, likewise TÜV approval TRB 200/HPO and the qualification for DIN 18 800 (Steel Structures). *(Illustrated contribution page 37)*

Urban development in Bremen has been inseparably linked with the firm of *GEWOBA Gesellschaft für Wohnen und Bauen mbH*. In more than six decades of housing construction the company has not only influenced the urban scene, but has been responsible for the creation of whole city districts, such as Neue Vahr. The 400-employee company is active in every aspect of the real-estate sector. It manages rental apartments and puts up new buildings of all kinds — often on its own property. It sells rental apartments converted to private ownership and administers the property for house communities. As restoration trustee it carries through diverse urban renewal schemes in Bremen and Bremerhaven, the most ambitious of these at present being the "Old Port/New Port" scheme, whereby central Bremerhaven is to be extended to the Weser river by utilizing no longer required port areas.
(Illustrated contribution page 188, 189)

GEWOSIE Wohnungsbaugenossenschaft Bremen-Nord e. G. was founded in 1894 by the then district administrator Paul Berthold, since which time it has been active in the construction and management of rental and owner/occupier apartments as well as flatted apartment houses. The housing cooperative is active throughout the states of Bremen and Lower Saxony. *(Illustrated contribution page 193)*

HAAGEN & RINAU Mischtechnik GmbH, Bremen, founded in 1896, specializes today in the manufacture of universal agitating and mixing machines with integrated homogenizers and vacuum driers for the cosmetics, pharmaceutical, chemical and food industries. The company, active worldwide, has its own marketing organization. The machines with the brand name "UNIMIX" range from laboratory mixers through technical apparatus to production machines and complete systems. The machines, which are regularly presented at international fairs, have all components necessary for economical and high-quality production, including MPC and PC controls and a company-developed software. *(Illustrated contribution page 49)*

Edelfisch Fischspezialitäten-Handelsgesellschaft mbH, Bremerhaven, was founded in 1992 as a subsidiary of *Hanseatische Hochseefischerei GmbH*, supplying sea-fresh fish specialities and other delicacies to the catering trade, hotels and specialty fish and food shops. The emphasis is on noble and fine fish, molluscs and crustaceans. Following its slogan "fish, lobster and more", the company offers very best quality, absolute reliability in service and individual advice to the customer. *(Illustrated contribution page 82)*

Hanseatische Immobilien GmbH, Bremerhaven-Bremen, was founded in 1958, and is still led today by founding partner Diplom-Volkswirt Rudolf Hübenthal. The services offered "all around real estate" cover the sectors: building consultancy with project development and construction of residential and commercial real estate, real estate brokerage, real estate and property management and the arranging of insurance. *(Illustrated contribution page 191)*

E. H. Harms GmbH & Co., Bremen, was founded in 1959, and has developed a very substantial role in the provision of port, shipping and transport services to the automobile trade. Harms Group's activities cover the inland transport of vehicles by specialised road trucks and rail services, import and export shipping, car feeder services, inland shipment on Rhine-barges, and the conversion and enhancement of vehicles and provision of PDI services. With 24 branches in Germany plus others in Antwerp, Gothenborg, London, Paris, New York and Baltimore, and a workforce now totalling 1,500, the Harms Group had a turnover in 1992 of 400 million D-Marks. The Group operates 400 car-transporter trucks, 5 Rhine-barges and 7 ro-ro ships. During 1992 more than one million vehicles were handled by truck, railway, ship and barge. About 2,500 automobile dealers, all European car manufacturers and leading German vehicle importers are regular Harms' customers. *(Illustrated contribution page 128, 129)*

Heuer Internationale Speditions-Gesellschaft mbH. See under S: Schiffahrts- und Speditions-Gesellschaft Meyer

Werner Hoffmeister Fischindustrie GmbH & Co., Bremerhaven, was founded in 1976. The company also has branches in Minden, Essen and Brandenburg and engages in the hot and cold smoking of sea fish (a specialty being real salmon), the production of German and Swedish "Kjell Nilssons" brand fish delicacies, as well as salmon substitute products. Hoffmeister is the only German manufacturer with a patent for Swedish fish delicatessen. Hoffmeister's products are sold in the countries of the EC and EFTA. *(Illustrated contribution page 83)*

Hofmeister & Meincke GmbH & Co, Bremen, founded on 1st January 1908 and today with branches in Weyhe/Dreye, Oldenburg, Bremerhaven and Visselhövede, are manufacturers' agents for stainless-steels, filler metals for welding, aluminium and other non-ferrous metals, plastics and vehicle components, wearing and spare parts and accessories for cars and commercial vehicles. The company is also concerned with plasma and laser cutting and with surface finishing of stainless-steel sheet. H & M, with more than 500 employees and annual sales of more than 200 million DM, supplies to shipbuilders and marine engineering works, machine and plant manufacturers, and with more than 70,000 different parts in stock is a supplier to vehicle makers, the commercial vehicle trade and car workshops. *(Illustrated contribution page 146, 147)*

Hotel Naber, Bremerhaven, offers its guests cultivated hospitality in the centre of the "city on the sea". The 99 in part exclusively furnished rooms with every comfort, the library bar, four banqueting rooms for up to 250 persons, plus an individual and personal service, make a stay there a memorable experience. Festivities, conferences and seminars are tailor-made at Hotel Naber exactly in accordance with the wishes of the organizer. *(Illustrated contribution page 175)*

HUAL Høegh-Ugland Auto Liners A/S, Oslo, were established 1971 as a joint venture of Leif Høegh & Co. A/S, Oslo, and the Ugland Group, Grimstad. HUAL is engaged in the transport of rolling cargo. 14 own as well as 20 chartered Ro-Ro vessels are employed in their worldwide network of liner services. *(Illustrated contribution page 125)*

Jacobs Suchard Group Germany with headquarters in Bremen consists of the companies Jacobs Café (founded in 1895 as Jacobs Kaffee), HAG GF AG (founded in 1906 as Kaffee HAG AG by Ludwig Roselius), Tobler Zuckerwaren (founded 1867) and Suchard Confiserie (founded 1825). Each company by itself is reknown for the high quality of its brands. Roasted coffee, instant drinks, coffee specialities and confectionery are produced and marketed throughout Germany. *(Illustrated contribution page 70 – 73)*

Reliability, quality and competence are the particular attributes of *Wilh<u>m</u> Jöntzen GmbH* in Bremen. Whether the need is for folding boxes, blanks or packaging machines Jöntzen has been the renowned specialist in the field since 1842. With highest efficiency, intelligent design and custom-made solutions, the company combines a 150-year tradition with the most advanced technology. *(Illustrated contribution page 111)*

In 1918, Carl Kaefer founded *KAEFER Isoliertechnik GmbH & Co. KG* in Bremen as Carl Kaefer & Co. The activities of the company started in the shipbuilding industry. In the course of time new fields of activities were opened up. KAEFER Isoliertechnik today is one of the leading companies in thermal, cold, sound and fire protection and all activities are carried out with view to environmental protection. During the past 75 years our craftsmanship has grown into an international engineering and contracting company group operating worldwide. 35 branches in Germany and affiliated companies abroad take care of good contacts to customers. *(Illustrated contribution page 35)*

The *kamü group of companies* based in Bremen consists of four independently operating building contractors. kamü has not only helped form the appearance of present-day Bremen but is also active outside Bremen. Whether it is a question of building, renovating, developing, conventional or turnkey, advising, detailing, designing: kamü is the competent partner nationally and internationally. *(Illustrated contribution page 197)*

KARSTADT Aktiengesellschaft was founded by Rudolph Karstadt in Wismar in 1891. It is today Europe's largest department store concern and has been in Bremen since 1902. The Bremen store was reopened in November 1989 after a 22-month reconstruction period, and is today the flagship of KARSTADT AG in Essen. Sales and service facilities are of the most modern. With a sales area of about 30,000 square metres "under one roof", KARSTADT in Bremen is one of the largest German department stores and the biggest in Northwest Germany. And the sales range of about 200,000 articles (not counting colour and size variations), meets the needs of the customer of the 'nineties. The departments are clearly laid out in specialty-shop manner for customer convenience and are logically arranged relative to each other. A novel customer guidance system makes it easier to find one's way around. *(Illustrated contribution page 181)*

Bernhard Kathmann Bauunternehmung GmbH u. Co. Kommanditgesellschaft, Bremen, makes prospective building owners a specially lucrative and exceptionally economical offer: the building work from start to finish from a single source! To this end the company — which specializes in civil engineering and construction and turnkey residential, commercial and industrial projects — maintains its own technical office with suitably qualified experts. It also meets the demands of modern architecture in the skilled execution of building façades by employing experienced and qualified stone-facing masons and plasterers. The company also operates a highly-modern joinery department. Its production programme covers windows and doors as one-off, series and special designs in wood and wood-aluminium as well as stairways and built-in cabinets. In its 48 years in business Kathmann has won the trust of its customers not only in the local market.

(Illustrated contribution page 195)

H. F. Kistner Baugesellschaft mbH, Bremerhaven, has been in business since 1853. In the building and industrial construction sector it is one of the largest family-owned firms (in the fourth generation) in the state of Bremen. With its branches in Bremen and Bremervörde it has a total workforce of 300 and offers a wide range of construction-related services: building contractor, building materials supply, sand-lime brickworks, house & hobby market. The company's activities cover the states of Bremen, Lower Saxony and Hamburg.

(Illustrated contribution page 211)

Karl Könecke Fleischwarenfabrik GmbH & Co. KG, Bremen, meat product manufacturers with the main factory in Bremen-Sebaldsbrück and branch factories in Bremen's Neustadt, in Delmenhorst and Berlin, has been family-owned since it was founded in 1929. Here are produced all the usual types of sausage, small sausages, jellied meats, roast meats, hams, canned sausages and convenience products. The company distributes its wares throughout Germany and neighbouring countries. With a turnover of 400 million DM (in 1992) and a workforce of about 1,200, Könecke is one of Germany's largest meat product manufacturers and a leader in the prepacked sausage sector.

(Illustrated contribution page 88)

Johann Λ. Krause founded the *Johann A. Krause Maschinenfabrik GmbH* in Bremen-Farge in 1950, which began with jobbing work and toolmaking and developed to become a manufacturer of testing and special-purpose machines. In 1967 it was a fatigue testing machine that provided the breakthrough into the automobile industry. The will to innovation was always the motor of progress and the company today supplies all leading European automobile manufacturers with automatic assembly systems for engines, transmissions and axles. Transport systems, components and a range of services such as simultaneous engineering and customer training complete the delivery span. Strong support is also provided by subsidiaries in England, France and Spain and representatives in Sweden, Italy, the U.S.A., Brazil and the CIS. A more than 800-strong highly qualified workforce ensures individual solutions in top technology.

(Illustrated contribution page 50, 51)

Gebrüder Krose Insurance Brokers originates from an old tobacco import house which was established in 1854 by Otto von Meyer and Consul Wilhelm Krose. The founder's son, Friedrich Krose, converted the company's activities to insurance business. The firm was given its present name "Gebrüder Krose" when his four sons succeeded in 1920. Following a continuous upward trend Gebrüder Krose expanded its activities far beyond the Bremen region. Today Gebrüder Krose ranks among the ten largest insurance broking firms in Germany. Gebrüder Krose is specialized to serve large commercial and industrial enterprises. Its main areas of activities are industrial property insurances as well as industrial casualty business. Furtheron Gebrüder Krose has an advanced position in aviation and space related insurances. A substantial share of its premium volume is placed in the international insurance markets. For the handling of marine business the subsidiary "Reck & Krose Assekuranz GmbH" was established. Reck & Krose has underwriting authority for 25 domestic and foreign insurers.

(Illustrated contribution page 167)

KSB Aktiengesellschaft with headquarters in Frankenthal was founded in 1871 and also has production facilities in Bremen. As an internationally active company with factories, sales companies and representatives around the globe, KSB is seen as a reliable and resourceful manufacturer and supplier of pumps and valves.

(Illustrated contribution page 55)

Gebrüder Kulenkampff AG in Bremen, founded in 1806, is an internationally recognized leaf tobacco dealer, engaged in the import and transit trade with raw tobacco from the leading tobacco-growing countries. The leaf tobacco is marketed worldwide, being mostly processed and packed in the fermentation and packing plants of the company's subsidiaries and affiliates in the countries of origin.

(Illustrated contribution page 81)

Since it was founded in 1941, *Gottfried Lauprecht Holzwerkstoffe GmbH* has grown to become the number 1 among German timber importers. It has a total of about 45,000 square metres storage space at its Bremen headquarters and branches in Cologne, Erdmannhausen (near Stuttgart) and Wörlitz (near Dessau). Timber imported from all over the world is resold to 80 percent in the Federal Republic and to 20 percent in the other EC countries.

(Illustrated contribution page 105)

Fr. Lürssen Werft (GmbH & Co.) was founded in 1875, and is still owned today by the Lürssen family — in the fourth generation. Motor yachts and specialized craft for naval, police and customs authorities are launched here for service worldwide. The company, which exports to more than 40 countries, achieved world renown with the development and construction of fast naval patrol boats and motor yachts of up to 50 knots top speed since the beginning of the century.

(Illustrated contribution page 30, 31)

MACOR Marine Systems International GmbH, formerly Deutsche MacGregor GmbH, Bremen, was founded in 1951. Today, the company is the world's oldest-established supplier of hatch covers and Ro/Ro-equipment for ships of all types and sizes. The large product range includes not only all kinds of hatch cover systems but also various types of cargo-access-equipment for Ro/Ro vessels. More than 4000 ships have already been provided with technically more and more advanced equipment.

(Illustrated contribution page 27)

MARITIM Hotel Bremen. See under C: Congress Center Bremen

Meistermarken-Werke GmbH, Bremen, is a member of the Deutsche Unilever Group. Founded in 1969, it is a specialist supplier to large users. It produces and supplies special branded products of the food industry to further processors such as bakers and confectioners, gastronomy, communal feeding, catering, fast-food restaurants and the food industry. All products are matched to the various requirements of the different customer groups. The range covers margarines, fats, oils, baking agents and baking mixtures, delicatessen products, icings and sundry coatings, sauces and much more.

(Illustrated contribution page 85)

In the works founded in 1938 by C. F. W. Borgward, the Bremen factory of *Mercedes-Benz AG* today produces high-quality automobiles of the T series, the SL touring sports car and the compact class. About half of the 170,000 production capacity is sold in Germany, while exports go to more than 170 countries. Technologically the plant is considered to be one of the world's most modern car factories; unique in the world for example is the system used in Bremen for the complete recycling of the paint sediment that occurs during surface treatment.

(Illustrated contribution page 15)

With its Exposition and Congress Center (Messe- und Congress Centrum), Bremen has become an inter-regional location for exhibitions. The new Center is ideally suited for state-of-the-art fairs and exhibitions. Attractive up-to-date locations for trade exhibitions will not limit themselves to larger consumer-oriented events, but will increasingly offer medium-size trade expositions with conventions and congresses, reaching out into the region and beyond. Bremen is well prepared for this. It will offer exposition and fair organisers excellent conditions for expanding and creating fairs, exhibitions and trade expositions. *Messe Bremen Limited (Messe Bremen GmbH)*, a city-owned company, as a partner of exposition and fair organisers will give any support wanted and will extend the Bremen schedule with its own products. The Exhibition Center, with its unbeatable city location, good traffic links, directly connected parking facilities for up to 5,000 vehicles, hall space totalling 20,000 square metres (from 1,000 to 5,600 square metres each), and direct access to the Congress Center and MARITIM Hotel, meets all requirements of modern fairs, exhibitions and trade expositions. Bremen presents a unique profile in this field. *(Illustrated contribution page 172, 173)*

The *Messerknecht* Group in Bremen stems from the firm of Diedrich Messerknecht which was founded in 1908 and dealt in office supplies. Since 1990 the parent company has operated as holding company for this highly successful group and system house for information and communication technology. The group members are: Messerknecht Bürokommunikation GmbH, Messerknecht Datensysteme GmbH, Messerknecht CIM Consulting und Vertrieb GmbH, Meister Computerpartner GmbH as well as BIT Büro- und Informationstechnik GmbH with six branches in Mecklenburg-Wester Pomerania. Consulting, sales, service, training and financing sums up the group's activities, with a high level of competence being assured by the specialization of the individual divisions. The total workforce numbers about 400, of which 150 are in Mecklenburg-Wester Pomerania.

(Illustrated contribution page 210)

MIDGARD Deutsche Seeverkehrs-Aktiengesellschaft, Bremerhaven, was founded in 1905. The company today provides quality-assured design and manufacture to DIN/ISO 9001 in the fields of materials handling and lifting appliances, working appliances constructions, technical support of stevedore operation. The emphasis in container services is on repair, cleaning, refrigeration, seaport logistics, transshipment, storage and packaging. Some 60 percent of the products are exported. *(Illustrated contribution page 131)*

Molkerei-Union eG in Bremen-Lesum originated as a dairy cooperative in Lesum-Burgdamm in 1934. With dairy works in Lesum and Schwanewede it produces an appetizing and healthful range of foods, including cottage cheese, cream layer cheese, milk and whipping cream. With 110 employees a merchandise turnover of 102 million DM was achieved in 1991, mainly on the domestic market (including 18 Aldi stores). In the same year the dairy came on to the market with the natural mineral water "Lesumer Urquelle" through the *Bremer Schweiz Mineralwasserbrunnen GmbH.* This water from the first Bremen mineral water spring is of curative water quality and sets itself off agreeably from the other mineral waters familiar in North Germany. For more than 8,000 years the water has rested in the lap of the earth, well protected by thick clay strata from damaging influences — and now available to the health-conscious of today and tomorrow.

(Illustrated contribution page 89)

MTP Mehrweg-Transportbehälter-Pool GmbH & Co., Bremerhaven, was founded in 1991 as a service enterprise for the cleaning of returnable containers and the performance of logistics services, in particular the supplying of packaging by leasing reusable packaging systems and plastic pallets for food and fish products of all kinds as well as other purposes. MTP's ThermoBox is foldable (thus reducing its volume by 75 percent), reusable, and can be cleaned fully hygienically. The ThermoBox is made of polyethylene and is 100-percent recyclable. MTP serves customers in Germany; there are sister companies in Denmark, France and the Benelux countries.

(Illustrated contribution page 137)

The Manfred J. C. Niemann/Rich. Herbig/Robert Dörrenhaus Group originated with the founding of *Manfred J. C. Niemann,* Hanseatischer Metallhandel in Bremen in 1976. The following years saw the opening of branches and sales offices throughout Germany and the takeover of Rich. Herbig (founded 1924) and Robert Dörrenhaus (founded 1892). Branches were opened in Eastern Germany in 1990. There are also foreign shareholdings in Denmark, the Netherlands, Singapore and South Africa. The group operates warehouse facilities for semi-finished products and works these to the finished state in accordance with customers' requirements. *(Illustrated contribution page 150, 151)*

"Nordsee" Deutsche Hochseefischerei GmbH, Bremerhaven, is a subsidiary of the worldwide active Unilever concern. Supplies to the European Iglo companies and the leading national fish wholesaling organization, Van den Bergh Food Service GmbH, are by way of a holding in the Deutsche Fischfang-Union in Cuxhaven. "Nordsee" has a workforce of some 6,000 and they show every day that "Nordsee" is the No. 1 in fish. The 177 "Nordsee" fish shops in Germany and Austria as well as the 138 "Nordsee" fish restaurants in Germany, Austria, the Netherlands and Britain are shop-windows on the sea and a link to the consumer. Everything is offered here that makes eating an experience: giant prawns from East Asia to redfish from the Arctic Ocean, fjord salmon from Norway to sea bream from France or trout from Germany's Hunsrück. *(Illustrated contribution page 92, 93)*

Öffentliche Versicherungen Bremen (ÖVB) comprises three companies — Öffentliche Versicherung Bremen, Landschaftliche Brandkasse Hannover, Provinzial Lebensversicherung Hannover — operating on the principle of reciprocity, with the accumulated surpluses going mainly to the customers. Thanks to the close cooperation with Bremen Savings Bank, the Municipal Savings Bank in Bremerhaven and the Bremen State Building Society, the ÖVB can offer financing from a single source on the Bremen and Bremerhaven market. Low premiums and a close-knit service network in conjunction with the savings banks and building society have made the ÖVB an insurance company with an above-average rate of growth.

(Illustrated contribution page 168)

PANDI SERVICES J. & K. Brons GmbH, founded in Bremen in 1865 as J. & K. Brons, for more than 90 years has been correspondent for almost all international P & I-Clubs (ship's liability underwriters) and Defence-Clubs (ship's legal costs insurance) of the International Group of P & I-Clubs, to maintain the interests of the insured shipowners and charterers and to assist the ships and their Captains with wide experience in all matters of international maritime law at all seaports from Emden to Hamburg. The wide field of maritime insurances is covered by the associated firm of *PANDI MARINE INSURANCE Vermittlungs GmbH* as international marine insurance broker.

(Illustrated contribution page 165)

RF Reedereigemeinschaft Forschungsschiffahrt GmbH, Bremen, was founded in 1975 to further expand the activities in research and exploration shipping that commenced in 1970 with the "Valdivia". The RF is a private company that manages research ships of various sizes, all of them operating worldwide in the diverse disciplines of oceanic research. The activities, covering the whole field of research shipping, resulted in the taking up of related consulting work and subsequently in the founding of a subsidiary company, Nautilus Marine Service GmbH, which develops, markets and services scientific apparatus.

(Illustrated contribution page 199)

A. G. Röhrs & Co. has a history going back over 100 years, and is the oldest company in Bremen in the gravel business. The company supplies sand, gravel and ready-mix concrete. Its operations cover the whole of northern Germany. *(Illustrated contribution page 121)*

The *Enno Roggemann Group* was founded in Bremen in 1948 and subsequently set up operations in Lüneburg, Harsum near Hildesheim and Ellerbek near Hamburg. Then in Niemberg (Saale District) in Saxony-Anhalt one of the most modern wholesaling complexes in Eastern Germany was erected on a green-field site, followed by a subsidiary in Bernau near Berlin. So the group today has six works with a total area of about 95,000 square metres. The crafts, trade and industry are served by a fleet of at present 40 trucks operating on a fixed and efficient tour system. Procurement, storage and delivery are scheduled to meet the requirements of a diverse clientele.

(Illustrated contribution page 103)

Scandic Crown Hotel was opened in 1991 in the historical Böttcherstrasse in Bremen's city centre, having been integrated with the Atlantis House, which is classified as a historical monument. Scandic Hotel is Scandinavia's largest hotel group, with 108 hotels and 43 restaurants in eight European countries. It has had eleven hotels in Germany since 1986. Scandic Hotel is a wholly-owned subsidiary of the Swedish concern Förvaltnings AB Ratos, which with the other companies Dahl, Stancia and Inter Forward is among Sweden's oldest joint-stock companies. The concern's headquarters are in Stockholm.

(Illustrated contribution page 171)

Schiffahrts- und Speditions-Gesellschaft Meyer & Co. GmbH and the associated firm *Heuer Internationale Speditions-Gesellschaft mbH* have specialized in fruit logistics since they were founded in 1967. The scope of their activities covers shipping agency services, clearance, discharge, coldstorage, providing transport space for dispatch, by road, rail, or sea, arranging delivery and forwarding, including all official and Custom's clearance formalities, handling and dispatch of containers, as well as lodging and conducting claims in the event of transport damage. Handling imports and transit dispatch of fruit covers bananas as well as fruit in general, from European and Overseas countries of production. *(Illustrated contribution page 132, 133)*

Malcolm McLean, the inventor of the container (a standardized steel box) for transport of general cargo on road, rail and water, founded *Sea-Land Service, Inc.,* in 1956. Since 1966 Sea-Land also provides service to the ports of Bremen. The company specializes in logistical overall concepts which have won recognition worldwide in the shipping business. Sea-Land offers its customers a comprehensive service in all international trade lanes and covers about 90 percent of the containerized area in the worldwide market.

(Illustrated contribution page 113)

The forerunner of the present-day *Seefisch Vertriebsgesellschaft mbH & Co. KG,* Bremerhaven, was already active in the wet fish trade in the 19th century. Today the company deals in wet fish, smoked fish, alive fish and all articles in the marinade and fine fish sector. Very good foreign contacts ensure a high import share in raw goods. The company's long-distance transport fleet ensures direct supply to wholesale and retail customers. Seefisch Vertriebsgesellschaft is the only fish wholesaler with facilities for keeping alive freshwater fish in Bremerhaven. *(Illustrated contribution page 91)*

Since its founding in 1913, *Siemer + Müller GmbH & Co. Kommanditgesellschaft,* with a workforce today of about 550, has grown to become one of the leading building contractors on the Lower Weser. It is active in almost all building sectors: civil engineering and construction, road-building, earthworks, track laying and construction engineering, pressure-pipe laying for gas and water. The company also specializes in pile-driving work and in the production of continuous welded rails for the railways. Developments in this family-owned enterprise over eight decades have led to diverse participations and, most recently, to the setting up of branches in Eastern Germany.

(Illustrated contribution page 194)

Since its founding in 1981 (1948), *Spinnbau GmbH,* Bremen, has made a name for itself worldwide. It offers its customers a comprehensive service covering the planning, design and engineering of nonwoven-plants for thermal, mechanical and chemical consolidation; nonwoven and random nonwoven cards in single and double doffer arrangements; cards for Aramid fibres; other asbestos-substitute fibres. Spinnbau developed the first random nonwoven card. Some 75 percent of production is exported.

(Illustrated contribution page 52, 53)

Walter Sporleder GmbH & Co. KG, Bremen, founded in 1951, is as shipbroker and liner agent a typical representative of these worldwide port-bound enterprises. The traditional freight and ship-dispatch business of Sporleders however remains nowadays only a part of the total transport logistics in which the booked, moved and controlled containers are meanwhile bearing more weight than the about 300 dispatched vessels per year. *(Illustrated contribution page 123)*

Stadttheater Bremerhaven has a tradition going back more than a hundred years: founded in 1867, new building in 1911 (Oscar Kaufmann, architect), destroyed in 1944, rebuilt in 1952 (large house) and 1955 (small house). The theatre offers a varied programme with operas, operettas, musicals, drama, children's and young people's theatre, ballet, symphony and chamber concerts and performances by the "Waterkant" company in the Low German dialect. The large house (with 722 seats) puts on about 260 performances per season, while in the small house (122 seats) it is about 225.

(Illustrated contribution page 227)

The year of founding of *Stadtwerke Bremen Aktiengesellschaft* is taken as 1854, when the first municipal gasworks went into operation. The utility today supplies electricity and district heating from its own combined heat and power stations and also provides natural gas and drinking water. It has about 3,000 employees and has an annual turnover of 1.3 billion DM. It has an interest in a wind utilization company, Windnutzungs-Gesellschaft/Windpark Wurster Land, also in the Greifswald electricity supply company, while there is a gas subsidiary under the name of Kommunale Gas Union.

(Illustrated contribution page 61)

STN Systemtechnik Nord GmbH, Bremen, a member of the Bremer Vulkan Verbund AG, was set up in 1990 as holding company for the two subsidiaries MSG Marine und Sondertechnik GmbH (formerly part of MBB, Bremen) and DMT Marinetechnik GmbH (formerly AEG, Hamburg). In 1992 MSG and DMT were merged in STN Systemtechnik Nord GmbH. As specialist for demanding system solutions in ship technology, naval technology, aviation, logistics, environment and transport technology the company is active worldwide. Some 60 percent of the work is in the defence sector and 40 percent in the civil sector. *(Illustrated contribution page 42, 43)*

Gebrüder Thiele Group, Bremen. "We have the experience to take us well into the future" is this group's motto of medium-sized firms. Since the foundation in 1848, the Gebrüder Thiele Group has been closely associated with Bremen's development. The major business activities not only include the wholesale of consumer goods, trade with semi-finished products for specific customer orders and international trade, but also production and assembly. Efficient distribution structures — linked with extensive national and international services — ensure that the requirements of a diverse clientele are met. The available product-range covers more than 60,000 articles, including tools, ironware, household articles, leisure time equipment, technical and rigging articles, foundry articles, the whole range of sanitary and heating equipment, machinery systems and equipments as well as semi-finished products. The companies of the Gebrüder Thiele Group, active in Europe, East Asia and the U.S.A., are prepared to meet the demands of merging international markets. The intentionally diverse group structure and decentralized units of the organization promote the necessary closeness to the markets and a strict orientation on the respective customer groups. *(Illustrated contribution page 144, 145)*

Überlandwerk Nord-Hannover AG with headquarters in Bremen, supplies the region between the rivers Weser and Elbe with electricity and in part also with gas and district heating. It is also concerned with the realization of supply and disposal concepts. Also concerned in ÜNH are the utility Zweckverband Stade and PreussenElektra. As municipal service partner ÜNH is involved in environmental protection and pursues new initiatives in bringing about alternative energy generating concepts. *(Illustrated contribution page 67)*

Unterweser Reederei GmbH, Bremen — known for short as *URAG* — has a tradition of more than a hundred years as specialized shipping company, mostly in port tugboat assistance, deepsea towage, salvage, and offshore supply services. It also operates its own workshop. At the present time eight research ships are operated by RF Reederei-gemeinschaft Forschungsschiffahrt GmbH, Bremen, in which URAG has a 50 percent shareholding. Two of these ships are the "Meteor" and the "Sonne". URAG, with a workforce of about 350, is the main component of the maritime shipping division of Lehnkering Montan Transport AG, Duisburg. *(Illustrated contribution page 118)*

Vetter Stahlhandel GmbH, Bremerhaven, was founded in 1946 by Friedrich Vetter, and is today one of the region's most enterprising steel wholesalers with a wide range of rolled steels, also special steels, metals, reinforcing mats and construction elements such as garage doors, industrial gates, steel doors, gratings and other small iron parts. It supplies to all steelworking firms, especially the building industry, in northern Lower Saxony, Bremen and Bremerhaven, and also does such work as sawing, drilling and welding of steel, punching of merchant bar; cutting and bending of reinforcing bars. An acetylene cutting plant is also available. *(Illustrated contribution page 153)*

Founded in 1932, *Spedition Berthold Vollers* is today a high-performing shipping agent and storage company. The Vollers group of companies employs more than 300 persons in Bremen, Hamburg, Rostock and Antwerp. In addition to the traditional storage, handling and transport of coffee, the company is also concerned with cocoa, cotton, wool, tobacco, tea and honey. Complementary thereto, Vollers is also a well-regarded partner in freight distribution.

(Illustrated contribution page 135)

VW-Audi Vertriebszentrum WESER-EMS GmbH + Co. KG in Bremen, a subsidiary of Volkswagen AG in Wolfsburg, commenced its activities as general agent for Volkswagen in 1976, attending to the needs of 180 Volkswagen and Audi partners in northern Lower Saxony and Bremen, from the Dutch border to the river Elbe. For the more than 500,000 Volkswagen and Audi vehicles licensed in this region the VW and Audi partners provide the necessary service. By way of road and rail the modernly equipped and organized sales centre supplies each and every VW and Audi partner with original parts, accessories, fuel and lubricants within at most 24 hours. Some 43,000 different articles are constantly in stock at the 21,000-square-metre warehouse, from where about 8,000 ordered items go out to the partners daily.

(Illustrated contribution page 149)

Würfel GmbH & Co., carriers and forwarders based in Bremerhaven, was founded in 1946. It offers its customers comprehensive know-how in the areas of logistics counselling, international transport (with the emphasis on volume transport), and inventory control. The company developed among other things the first changeover dropside bodies for combined transport methods. *(Illustrated contribution page 136)*

Bildnachweis/Picture Register

BILDQUELLEN/PICTURE SOURCES

Jürgen Nogai/Ingo Wagner, Bremen: S. 9, 17, 19, 23, 44 u., 49−52, 58/59, 70, 73, 81−83, 85, 87−89, 91, 105, 107−109, 111, 113, 117, 121, 127, 134−137, 139, 141, 144−147, 149−151, 154, 157, 158 o. li., 158 u. li., 159 o., 159 u. li., 160, 161, 167, 172 o., 172 u. re., 173, 175, 179−181, 184, 186, 187, 191, 193, 195, 196, 201, 204, 205, 207, 208, 210, 211, 215, 217, 219, 221, 225−227, 229, 231, 233−235, 237, 238, 243.

Archiv (Werkaufnahmen): S. 15, 29, 37, 40−43, 47, 53, 55, 63 (Reinkelürs), 67, 69, 71, 72, 75, 92 u., 163, 165, 168; Jürgen Bretfeld, Agentur, Bremen: S. 188, 189; Bundesbahndirektion Köln, Lichtbildstelle: S. 45 u.; Titus E. Czerski, Bremen: S. 114 o., 158 o. re., 197; ERNO Raumfahrttechnik GmbH, Bremen: S. 21; Fachausstellungen Heckmann GmbH, Bremen: S. 172 u. li.; Georg Fischer, Hamburg: S. 155; Foto Flite, Kent, England: S. 119; Foto Gorzinski, Mannheim: S. 171; Foto-Profis, Bremen: S. 194; Jörg Hillebrand, Bad Nenndorf: S. 126; Kamprad & Partner: S. 30 o.; Christian Kraus, Bremen: S. 103; Werner Kreiß, Werbeleiter Galeria Horten, Bremen: S. 182, 183; P. A. Kroehnert, Bremerhaven: S. 35, 78, 79, 93 u.; Hero Lang, Industrie- und Luftaufnahmen, Bremerhaven: S. 27, 28, 65, 114 Mi., 114 u., 115 u., 125, 128, 129, 132, 133, 143, 199; Jochen Mönch, Bremen: S. 158 u. re., 159 u. re., 169, 241; C. Moorhouse: S. 31; Heinz Musmann, Detmold: S. 123; Plus 2 Ferryconsultation AB Halmstadt, Schweden: S. 33; Wolfgang Scheer, Schiffdorf: S. 131; Scan-Foto Industriewerbung GmbH, München: S. 44 o., 45 o.; Jochen Stoss, Bremen: S. 222, 223; Team für Photographie (Sandelmann/Rillke), Bremerhaven: S. 92 o., 93 o., 95; time-foto-service, Bremen: S. 77; Carsten Vetter, Bremerhaven: S. 153; Peter Voß, Bremerhaven: S. 118; Wienert: S. 30 u.; Winkler Studios GmbH, Bremen: S. 61, 99, 115 o.